债权治理
对**大股东**掏空的影响

何 融——著

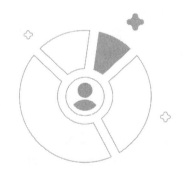

THE EFFECT OF
DEBT GOVERNANCE
ON THE TUNNELING OF
LARGER SHAREHOLDERS

经济管理出版社
ECONOMY & MANAGEMENT PUBLISHING HOUSE

图书在版编目（CIP）数据

债权治理对大股东掏空的影响/何融著.—北京：经济管理出版社，2023.3
ISBN 978-7-5096-8835-9

Ⅰ.①债…　Ⅱ.①何…　Ⅲ.①股份有限公司—股东—企业管理制度—研究—中国
Ⅳ.①F279.246

中国版本图书馆 CIP 数据核字（2022）第 243774 号

组稿编辑：谢　妙
责任编辑：谢　妙
助理编辑：张　艺
责任印制：许　艳
责任校对：董杉珊

出版发行：经济管理出版社
　　　　　（北京市海淀区北蜂窝 8 号中雅大厦 A 座 11 层　100038）
网　　址：www.E-mp.com.cn
电　　话：（010）51915602
印　　刷：唐山玺诚印务有限公司
经　　销：新华书店
开　　本：720mm×1000mm/16
印　　张：12.75
字　　数：243 千字
版　　次：2023 年 3 月第 1 版　2023 年 3 月第 1 次印刷
书　　号：ISBN 978-7-5096-8835-9
定　　价：58.00 元

前　言

　　债权和股权是两种重要的治理结构，相关文献认为债权治理能够作为股权治理的补充，在公司治理中发挥不可缺少的作用，因此本书将系统研究债权治理对大股东掏空的影响。研究发现，债务融资作为一项重要的制度安排，理论上能够通过信号传递机制、约束机制、监督机制以及相机治理机制抑制大股东的掏空行为。实证结果显示，债权的总体治理效应能够降低大股东通过资金占用进行掏空的行为，但是关联交易主体及交易事项的复杂性增加了债权人及相关部门监督大股东通过关联交易进行掏空的难度，使债权的总体治理效应难以发挥作用。不同债权主体及不同期限的债权对大股东掏空的约束能力存在差别，银行借款是由银行作为储户的代理人拥有债权，由于代理问题导致银行的治理作用弱化，所以银行借款更容易成为大股东掏空的工具；而商业信用和发行债券的债权人一般是直接拥有企业的债权，因此表现出的治理作用要强于银行借款。我国地方政府可能会产生债务"软约束"问题，导致短期债权难以发挥出相应的约束作用，而获得短期债权较多的公司因其治理不完善难以获得长期债权，这导致其存在更加严重的大股东掏空问题，并且短期债权对大股东掏空的约束作用弱于长期债权。公司处于财务困境、不同债权主体和债权期限在公司的分布情况，以及公司融资约束程度均能够影响债权治理对大股东掏空的约束作用。债权治理也能够降低大股东掏空对公司所造成的负面影响，由于不同类别和不同期限的债权对大股东掏空的约束作用不同，其对大股东掏空所造成的负面影响的抑制作用也不相同。

　　本书的创新和贡献主要体现在：第一，很少有文献考察债权治理对大股东掏空的影响，而现实中股权集中现象广泛存在，并且在大股东控制下存在大股东与中小股东之间的利益冲突，本书以债权治理为研究对象考察其对大股东掏空的影响，有利于进一步完善债权治理研究框架；第二，本书将相应的债权治理机制置于大股东控制下来考察其对大股东掏空的抑制作用，并在 La Porta 等（2002）模型的基础上分析债权治理对大股东掏空成本，以及对大股东权衡收益和成本后的掏空行为的影响；第三，本书在实证研究中将资产负债率作为债权治理的代理变量，不仅从债权的总体治理效应角度研究了其对大股东掏空的影响，而且从不同债权主体及不同债权期限的角度考察了债权治理对大股东掏空的影响，并基于公司经营状态、融资约束程度以及不同债权主体和不同债权期限在公司债务中的分布情况等视角考察了债权治理对大股东掏空的影响，最后实证分析了债权对大股东掏空治理效应的经济后果。

目　录

第一章　绪　论

第一节　研究背景与意义

一、研究背景

自 Berle 和 Means（1932）发现企业所有权和管理权的分离会导致公司股东—经理人利益冲突的问题以来，大量文献对公司治理的问题进行了研究。Grossman 和 Hart（1988）认为，股权分散下的中小股东"搭便车"会导致股东对经理人缺乏监督，大股东的出现能够加强对经理人的监督，减少经理人损害公司价值的行为。La Porta 等（1999）发现股权集中现象在全球范围内普遍存在，但大股东的出现同时也产生另一类公司治理的问题，即大股东与中小股东之间的代理问题。Johnson 等（2000）将这种行为称为"隧道行为"，即大股东掏空。大股东掏空不仅侵害中小股东的利益、损害公司价值（姜国华和岳衡，2005），而且可能会破坏公司的治理结构（苏冬蔚和熊家财，2013），扭曲资源的配置效率（Filatotchev et al.，2001）。由于我国上市公司"一股独大"的现象比较普遍，相关法律制度的不完善也为大股东掏空获取利益提供了极大的便利，导致我国上市公司大股东掏空现象非常普遍，不少文献从公司的内部治理机制和外部治理机制对大股东掏空的制衡机制进行了研究。大股东不仅能够操纵董事会成员、影响董事会的独立性，而且能凭借股权优势控制股东大会，甚至可能影响 CEO 的激励使经理人配合大股东掏空，其他大股东、机构投资者、外部审计人员和媒体监督人员也会受到大股东的影响而失去治理作用。相关文献从外部治理机制的角度发现法律制度能够在一定程度上缓解大股东掏空行为，但是法律制度也需要通过相应的内部治理机制才能发挥出作用，因此如何通过公司内外部治理机制抑制大股东掏空是一项艰巨的研究工作。

根据现有文献的研究成果，债权治理不仅能够对公司内部人进行有效的监督和约束以缓解信息不对称所导致的事后道德风险问题，而且能够为外部投资者提供一个有效甄别公司真实价值的信号以解决信息不对称导致的逆向选择问题，同时债权相机治理机制也为契约不完全条件下的代理问题提供了一个较好的解决方案。从治理效果来看，债权治理不仅能够保护债权人的利益不受公司内部人的侵害，而且可以缓解外部中小股东与公司内部人的利益冲突，提升公司的价值（Grossman and Hart，1982）。随着债权治理理论的发展及德国和日本的银行治理模式的成功，很多文献从债权治理的角度研究了其对公司价值的影响，但是研究结论却显示债权治理不一定能够提升公司的价值，反而有可能降低公司的价值。

很多学者不约而同地将债权治理降低公司价值的原因归结为大股东掏空。由于法律制度环境不完善，难以有效保护中小股东和债权人的利益，所以债务融资不仅难以对大股东的掏空行为形成约束，而且增加了大股东所控制的资源，可能使债务融资成为大股东利益侵占的工具，从而导致大股东进行更多的掏空（Faccio et al.，2003；宋小保，2014；白云霞等，2013），表现出债务融资降低了公司价值。由于我国企业的债务融资主要来源于银行，而部分银行和企业的产权同源性以及银行为企业无偿提供流动资金的做法严重降低了银行等债权人的治理效率，因而很多文献发现我国债权治理难以提升企业的绩效（李义超和蒋振声，2001；冯旭南，2012）。

我国资本市场的发展大大拓宽了企业的债务融资渠道，企业的债务融资结构从单一的银行借款变为银行借款、发行债券、商业信用等多种形式。尽管银行和企业的产权同源性及债务"软约束"问题的存在可能导致银行借款难以发挥出相应的公司治理效果，但是商业信用期限较短且分散在不同的债权人之间，发行债券一般也是由分散的公众持有，产权同源性及债务"软约束"的制约难以回答商业信用及发行债券是否能发挥一定的公司治理效应这一问题。从债务期限来看，相关文献发现由于我国上市公司治理机制不完善且存在债务"软约束"问题，债权人不愿意为企业提供长期借款，其为企业提供短期借款是为了应对政府促进本地经济增长或缓解就业压力的考虑，这导致长期债权和短期债权可能具有不同的治理效应。兰艳泽和周雪峰（2009）通过整理文献发现负债在公司中发挥对立的作用：一方面，负债具有相应的治理机制，能对公司内部人进行约束，降低公司内部人和外部股东之间的代理问题，称为"约束作用"；另一方面，负债被公司内部人作为一种掏空的手段侵害中小股东的利益，称为"侵占作用"。现有文献对我国债权治理的研究结论几乎都偏向于负债的"软约束"导致债务融资失去了相应的约束作用，从而使债务融资容易成为大股东利益侵占的工具，导致公司价值受损,但是现有文献在研究中忽略了以下几个方面的问题。

首先,由于股权分散的经理人控制和股权集中的大股东控制现象均广泛存在,分别对应经理人控制下的代理问题和大股东掏空现象的代理问题,如果只是从股权分散的框架下研究债权治理的作用显得不够完善。一些文献在研究债务融资与大股东掏空的关系时,认为债权是大股东掏空的被动工具,以公司的资产负债率作为大股东掏空的代理变量,而忽略了债权的治理作用,将债权看作大股东掏空的被动工具。现有文献关于债权治理的研究结果表明,债权能够通过约束机制、信号显示机制、监督机制及相机治理机制发挥治理作用,在股权集中情况下,债务合同要求公司按时偿还本息的"硬约束"依然存在,当公司面临债务违约时,债权人也具有要求公司偿还债务的权利,如果忽略股权集中情况下的债权治理机制,甚至将资产负债率看成大股东掏空的代理变量,明显缺乏合理性。

其次,一些学者就债务融资与大股东掏空的关系进行研究时指出,银行与企业的产权同源性及债务"软约束"问题导致我国债权治理难以抑制大股东掏空,反而债务融资使大股东掌握了更多的资源,加剧了大股东的掏空行为。银行与企业产权同源性及债务"软约束"问题可能会影响债权治理的效果,但是随着我国资本市场的发展及企业债务来源的拓展,企业的债务并不是都来源于银行,银行也会采取改变债务期限的方式来应对企业的债务"软约束"问题,因此产权同源性及债务"软约束"问题难以解释商业信用、发行债券及不同期限的债权是否能够发挥出抑制大股东掏空的治理作用,如果仅根据产权同源性及债务"软约束"问题就全盘否定债权的治理作用,显然是不够全面的。

再次,La Porta 等(2002)发现法治环境等外部治理机制能够通过影响大股东掏空成本进而影响大股东掏空行为,债权治理作为一种治理机制,其治理作用是否也能够通过影响大股东掏空成本对大股东掏空行为形成约束。一般来说,当公司经营不善而影响公司的偿债能力时,在一定程度上增加了债权人的风险,债权人为了收回本息可能会在公司经营不善时对公司进行更多的监督,从而影响大股东掏空的成本,因此有必要从公司经营状态的角度考察债权治理对大股东掏空的影响。

又次,债权人与债务人作为债务契约的双方,他们的自身特征也可能会影响债权人对公司的监督能力,从而影响大股东的掏空成本进而影响债权治理对大股东掏空的约束作用。从债务人的角度来看,面临融资约束程度越大的公司对债权人的依赖越大,债权人也会对融资约束程度大的公司进行更多的监督,融资约束程度大的公司也难以在大股东掏空行为影响公司声誉后获得融资,导致债务人所面临的融资约束程度可能会影响债权治理对大股东掏空的抑制效果;从债权人的角度来看,由于公司存在多种不同主体及不同期限的债权,而不同债权主体及债权期限的利益趋向往往不一致，不同债权主体及不同债权期限在公司债务中的分布情况可能会影响相应债权主体及债权期限对大股东的监督能力，从而影响大股东的掏空成本进而影响债权治理对大股东掏空的约束作用。

最后，由于大股东掏空不仅侵害中小股东的利益，还会对公司价值和会计信息质量造成负面影响，因此，有必要研究债权治理对大股东掏空的抑制作用，并探究债权治理能否降低大股东掏空所产生的负面影响。

二、研究意义

大股东的掏空行为不仅会对中小股东造成侵害导致公司价值下降，还会破坏公司治理结构、造成公司代理成本上升、扭曲资源的配置效率。鉴于掏空可能产生严重的经济后果，学者们对大股东掏空行为给予了高度关注，并试图从公司治理的内部机制和外部机制出发，来探寻何种公司治理机制能够对大股东形成制衡并抑制其掏空行为。目前世界上能够有效制约大股东掏空的国家主要有英国、美国、德国、日本，具体表现为以英国和美国为主的以完善的资本市场机制和有效的法律保护导致大股东掏空成本上升从而降低大股东掏空行为，以及以德国和日本为主的以强大的银行体系对公司进行严格监督这两种模式。

随着债权治理理论的发展以及德国和日本以银行体系为主的公司治理机制取得成功，一些学者对债务融资与大股东掏空的关系进行了研究，但是研究结果显示，由于我国银行与企业的产权同源性及债务"软约束"问题导致我国债权治理难以抑制大股东掏空，反而债务融资使大股东掌握了更多的资源，加剧了大股东掏空行为。产权同源性及债务"软约束"问题可能会影响债权治理的效果，但是随着我国资本市场的发展及企业债务来源的拓展，企业的债务并不是都来源于银行，银行也会采取改变债务期限的方式应对企业的债务"软约束"问题，企业债务来源的多样性及债权期限的不同可能会影响债权治理的效果，因此不能简单地凭借产权同源性及债务"软约束"问题就全盘否定债权的治理作用。本书从企业的债务融资来源及期限出发，考察债权治理对大股东掏空的影响具有较强的现实意义。

从理论方面来看，现有关于债权治理机制的研究成果基本是在股权分散的经理人控制下，为解决经理人与外部股东和债权人等投资者之间的利益冲突而提出来的。现实中股权集中现象广泛存在，并且在大股东控制下存在大股东与中小股东之间的利益冲突，而很少有文献基于大股东控制下研究债权治理对缓解大股东与中小股东之间利益冲突的作用机制。由于股权分散的经理人控制和股权集中的大股东控制现象均广泛存在，因此，本书以债权治理为研究对象考察债权治理对大股东掏空的影响，具有一定的理论意义。

第二节 研究内容与逻辑框架

一、研究内容

本书主要围绕债权治理对大股东掏空的影响展开研究，具体章节及研究内容如下：

第一章为绪论。本章主要介绍本书的研究背景、研究意义、研究方法及可能的创新点，并为全书构建一个清晰的研究框架。

第二章为理论基础与文献综述。本章将对债权治理的研究现状、大股东掏空问题的研究进展及债权治理对大股东掏空的影响等进行梳理，并对现有文献进行归纳总结与述评，针对现有文献较少关注债权治理对大股东掏空的影响，笔者提出了本书的具体研究内容。

第三章为债权治理对大股东掏空的理论分析。本章首先对我国上市公司大股东掏空与债权治理的现实背景进行介绍，其次对债权治理影响大股东掏空的理论进行分析，最后结合我国现实情况就不同债权主体及债权期限对大股东掏空的治理特征进行探讨。

第四章为债权治理对大股东掏空治理效应的实证研究。本章用资产负债率作为债权治理的代理变量来考察债权的总体治理效应对大股东掏空的影响，并分别从公司是否处于财务困境、公司的融资约束程度等方面实证研究其是否能够提升债权治理对大股东掏空的抑制作用。

第五章为不同债权主体对大股东掏空的治理效应。我国资本市场的发展，进一步拓宽了企业的债务融资渠道，我国企业的债务融资结构从单一的银行借款变为发行债券、商业信用等多种形式，由于不同债权主体所具有的特征及参与公司治理的方式不同，其对大股东掏空的抑制能力也可能存在差别，本章分别从不同债权主体的角度对债权治理影响大股东掏空进行实证研究。首先，实证研究不同债权主体的治理效应对大股东掏空的影响；其次，将公司经营状态纳入实证分析，考察债权的相机治理机制对不同债权主体抑制大股东掏空的影响；再次，分别从融资约束程度和产权性质的角度考察不同债权主体对大股东掏空的抑制作用；最后，考虑不同债权主体在公司的分布情况，实证研究当某一类债权主体在公司中占有的债务比例大于其他债权主体在公司中占有的债务比例时，是否会提升该类债权主体对大股东掏空的治理作用。

第六章为不同债权期限对大股东掏空的治理效应。根据债务期限可以将债务分为长期债务和短期债务,相关文献发现不同期限的债权对公司内部人的约束程度不同,当企业债务规模过大或者政府考虑当地就业等原因而导致债务"软约束"时,债权人可能不愿意为企业提供长期债务而倾向于提供短期债务以延续企业的生命,这会导致公司质量下降,造成不同质量的公司具有不同的债权期限结构,因此不同债权期限的治理效应对大股东掏空的影响会存在差别。本章首先实证研究不同债权期限的治理效应对大股东掏空的影响;其次将公司经营状态纳入实证分析,考察债权的相机治理机制对不同债权期限抑制大股东掏空的影响;再次从融资约束程度的角度考察不同债权期限对大股东掏空抑制作用的影响;最后考虑不同债权期限在公司的分布情况,实证研究当某一类期限的债权在公司中占有的债务比例大于其他期限的债权在公司中占有的债务比例时,是否会提升该类债权期限对大股东掏空的治理作用。

第七章为债权对大股东掏空治理效应的经济后果。大股东掏空不仅会侵害中小股东的利益,还会对公司价值和会计信息质量造成负面影响,因此本章从公司价值和盈余管理两个角度实证考察债权对大股东掏空治理效应的经济后果,以便进一步考察债权治理的作用效果。

第八章为结论与政策建议。本章首先对本书的研究结论进行总结,其次根据研究结论提出相应的政策建议,最后对债权治理与大股东掏空这一领域的未来研究进行展望。

二、逻辑框架

本书研究遵循"文献归纳→文献述评并提出研究问题→理论基础与现实依据→实证分析→结论与政策建议"的框架,具体研究框架如图1-1所示。本书主要目的是从大股东掏空程度及大股东掏空经济后果的角度考察我国上市公司的债权治理对大股东掏空的影响。首先,在对债权治理和大股东掏空的研究现状及债权治理对大股东掏空的影响等方面的文献进行回顾和梳理,在此基础上指出现有研究存在的不足并提出本书的研究内容。其次,从理论基础和现实依据的角度考察债权治理对大股东掏空的影响机制,并实证研究债权治理对大股东掏空的影响。在实证分析中,本书不仅用资产负债率作为债权治理的代理变量考察债权的总体治理效应对大股东掏空的影响,而且从不同债权主体及不同债权期限的角度考察了债权治理对大股东掏空的影响,并从公司经营状态、融资约束程度以及不同债权主体及不同债权期限在公司债务中的分布情况等视角,考察了债权治理对大股东掏空的影响。由于大股东掏空行为可能会对会计信息质量和公司价值产生负面影响,本书还从会计信息质量和公司价值的角度考察债权对大股东掏空治理效应的经济后果。最后，针对本书的研究结果，对强化债权治理的效果、完善公司的治理机制提出对策和建议。

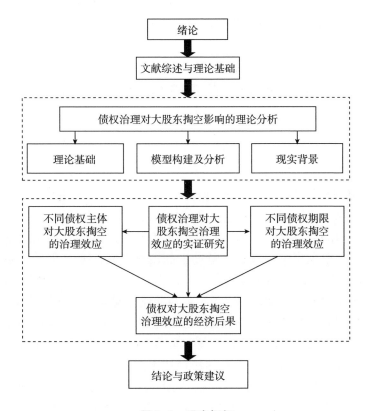

图 1-1 研究框架

第三节 研究方法

　　本书将规范分析和实证分析相结合，综合采用了归纳、演绎、定性和定量等分析方法。具体在第一章、第二章、第八章主要采用规范研究，第三章主要采用规范研究与定性研究、定量研究相结合的方法，第四章至第七章采用定量研究与实证研究相结合的方法。在规范分析中，本书主要以委托代理理论、不完全契约理论为基础，构建相应的模型，并对债权治理影响大股东掏空的机制进行理论分析。定量研究主要是结合相关的数据对我国上市公司债务融资的现状及大股东掏空的现状进行阐述。实证研究主要是在理论分析的基础上提出相应的实证假设，然后从 CSMAR、Wind 等数据库搜集整理相关数据并计算相关指标，建立回归方程，利用 R 和 STATA 等数据分析软件对假设进行实证检验。

第四节　创新点与不足之处

一、创新点

（1）研究视角的创新。债权治理作为一种重要的公司治理机制，相关文献从公司内部人与外部投资者的利益冲突视角考察了债权治理的作用，发现债权治理能够提高公司的投资效率、降低公司的代理成本、提升公司的融资能力，但是很少有文献从大股东与中小股东利益冲突的视角考察债权治理的效果。自 Berle 和 Means（1932）提出公司治理问题以来，相关学者对公司治理进行了系统的研究，研究结果表明公司治理总的来说存在两种代理问题：一种是股权分散状况下的经理人与外部股东和债权人等投资者之间的代理问题，另一种是股权集中状况下的大股东与中小股东之间的代理问题。虽然一些文献就债权治理对缓解经理人与外部股东和债权人等投资者之间的代理冲突进行了研究（Grossman and Hart，1982），但对于债权治理是否能够缓解大股东与中小股东之间代理问题的研究文献非常少见。现实中股权集中现象广泛存在，并且在大股东控制下存在大股东与中小股东之间的利益冲突，由于股权分散的经理人控制和股权集中的大股东控制现象均广泛存在，分别对应经理人控制下的代理问题和大股东掏空现象两类代理问题，所以如果只是在股权分散的框架下研究债权治理的作用显得不够完善。因此，本书将以债权治理为研究对象考察其对大股东掏空的影响，有利于进一步完善债权治理研究框架。

（2）理论层面的创新。现有文献的研究结果表明，债权治理的信号传递机制、约束机制、监督机制以及相机治理机制能够缓和经理人与外部投资者之间的代理冲突，提升公司的价值，但是这些文献基本上是在股权分散的治理结构框架下，考察债权治理对公司经理人与外部投资者代理冲突的影响，很少有文献考察债权治理对股权集中情况下的大股东与外部投资者之间利益冲突的影响。因此本书将相应的债权治理机制拓展至大股东控制下，以考察债权治理机制对大股东掏空的抑制作用，在理论层面具有一定的创新。另外，相关文献发现债务融资使大股东掌握了更多的资源,大股东通过掏空行为能够获得更多的收益从而可能会加剧大股东掏空行为,但是这些文献基本上忽略了债权的治理作用,而将债权看成大股东掏空的被动工具。因此,本书在 La Porta 等(2002)模型的基础上对债权治理影响大股东掏空成本,以及大股东在权衡收益与成本后的掏空行为进行分析,能够弥补现有文献的不足。

(3)研究内容上的创新。虽然有少量文献从债权治理与大股东掏空的视角进行了实证分析,但是这些文献的研究内容和研究视角比较简单,仅仅以债务融资对衡量大股东掏空的变量进行回归分析就否认了债权治理在公司治理中的作用,甚至将公司的债务融资当成大股东掏空的代理变量。本书对债权对大股东掏空的治理效应进行了深入的理论分析,其次在结合我国现实背景的基础上提出研究假设,并进行实证研究。在实证研究中,不仅从债权总体治理效应的角度研究其对大股东掏空的影响,而且从不同债权主体及不同债权期限的角度考察债权治理对大股东掏空的影响,并从公司经营状态、融资约束程度、不同债权主体及不同债权期限在公司债务中的分布情况等视角,考察债权治理对大股东掏空的影响,最后实证分析了债权对大股东掏空治理效应的经济后果,全面地考察了债权治理对大股东掏空的影响,有利于深入认识我国债权治理的现状。

二、不足之处

(1)大股东掏空的手段有很多种而且具有隐蔽性,在实证研究中所采用的衡量大股东掏空的指标可能无法涵盖大股东的所有掏空手段。

(2)债权治理对大股东掏空的影响可能会受到很多因素的影响,而本书可能会遗漏某些变量。

(3)由于无法获得上市公司所有债务契约的详细数据,只能根据债务来源及期限的类别将公司的债务类别进行大致划分,这种粗略的划分可能导致实证的结果存在偏差。因此本书采用多种稳健性检验的方法,尽量降低回归结果的不稳健性。

(4)除了掩饰大股东掏空行为之外,其他动机也会导致公司采用盈余管理。本书直接采用盈余管理行为衡量大股东掏空对公司所造成的负面影响可能存在一定的不足。由于大股东掏空后往往需要采用盈余管理掩饰其掏空行为(陈政,2008;周中胜和陈俊,2006),虽然直接采用盈余管理程度衡量大股东掏空可能存在一定的缺陷,但是在我国上市公司普遍由大股东控制及大股东掏空现象广泛存在的背景下,用盈余管理程度衡量大股东掏空对公司所造成的负面影响,来研究债权对大股东掏空治理效应的经济后果也具有一定的意义。另外,为了弥补上市公司可能会为了扭亏等其他动机对盈余管理的影响所产生的缺陷,因此,本书在第七章中剔除 ST 样本后进行了稳健性检验。

第五节　基本概念界定

一、债权治理

债务融资的治理作用自代理问题提出以来得到了学术界的广泛关注，现有文献从债权人对债务人的信号传递机制、约束机制、监督机制以及相机治理机制的作用，对债务融资的治理机制进行了研究。Williamson（1988）指出债务融资不仅是一种融资方式，而且是一种较好的公司治理机制；张维迎和吴有昌（1995）从融资结构对公司治理影响的角度对研究债务融资治理机制的文献进行了综述；郑志刚（2006）认为债务融资属于公司治理机制的一部分；朱明秀和封美霞（2007）认为债权治理是与股权治理相对应的一个概念，股权融资与债权融资作为公司的两种融资手段，向公司投入股权资本的股东与向企业投入债务资本的债权人为了自己的利益都需要对经营者实施必要的约束和监督；宋淑琴（2014）则提出了与债权治理非常相似的一个概念——信贷契约治理，信贷契约治理是信贷契约和公司治理的复合词，是指银行为了保护自己的利益不被内部人侵害，通过设计信贷契约来界定双方的权利、义务，并通过条款设计来约束经营者可能产生的机会主义行为。

本书认为债权治理作为公司治理机制的一部分，能够通过信号传递机制、约束机制、监督机制及相机治理机制制衡大股东掏空行为。债权的治理作用不仅表现在债务合同签订或者债务人明显违反债务契约条款的情况下债权人对债务人的干预，而且表现在债务融资要求公司按时还本付息的"硬约束"对大股东的约束。由于债务契约与股权契约存在差异，债务契约是债权人与债务人独立签订的契约，债权人可以根据自己的特殊要求与公司签订特殊的条款并对公司进行监督，每个债权人具有独立的债务契约，能够降低股权契约的同质性并减少因没有还本付息时间所导致的中小股东"搭便车"问题，增加债权人对公司的监督动机，从而表现出一定的治理作用。

二、大股东

大股东是指在公司中持股比例相对较高的自然人或法人，由于大股东掌握着公司事务的表决权，对公司的经营决策具有控制权，已有研究多将大股东等同于控股股东。大和小是相对而言的，一般来说不同的公司拥有不同的股权结构，当公司的股权较分散时，拥有较少的持股比例就能成为控股股东，而当公司的股权较集中时则可能需要持有较大比例的股份才能成为控股股东。尽管不同的公司控股股东的持股比例存在差别，但是在研究中往往需要根据第一大股东的持股比例设定一个临界值来判断是否为公司的大股东，La Porta 等（1999）指出当大股东持股比例超过20%或者10%时就能够掌握公司的控制权而成为控股股东，也有一些文献认为大股东持股比例大于5%就能成为控股股东。相关文献发现大股东的现金流权和控制权分离程度越大，大股东掏空动机越强烈，而一些大股东往往会采取金字塔结构以较小的持股比例掌握公司的控制权，提高现金流权和控制权分离程度从而获得更多的控制权收益。大股东控制在我国上市公司中广泛存在，由于一些大股东持股比例少的公司现金流权和控制权分离程度较大，导致大股东掏空动机更加强烈，所以为了避免丢失一些大股东持股比例较少而实际能够掌握公司控制权的样本，本书将大股东持股比例大于10%的样本定义为大股东控制。

三、掏空

Johnson 等（2000）提出了"掏空"这一概念，具体指大股东通过隐秘的手段转移上市公司中的资产或收益等方式来实现自身利益最大化的行为，这一行为将直接损害中小股东的利益。掏空包括两类行为：一类行为是自我交易（Self-dealing Transaction），具体包括盗窃、关联交易、关联担保、侵占公司的盈利机会等方式；另一类行为是通过内幕交易（Insider Trading）、挤压中小股东（Minority Freeze-outs）、稀释每股收益（Dilutive Share Issue）等方式增加自己的收益。由于大股东掏空的手段比较多，为了避免采用单一的指标在衡量大股东掏空行为时存在的不足，本书在实证中同时采用大股东资金占用及关联交易两个指标来衡量大股东掏空行为，并在稳健性检验中采用关联担保进行实证分析。

第二章　理论基础与文献综述

第一节　理论基础

一、利益相关者理论

现代经济学对企业的认识经历了从新古典经济学的厂商理论到产权经济学的企业组织理论的发展过程。新古典经济学的厂商理论将企业看成一个类似于"黑盒子"的简单生产函数，它只是将生产要素按照给定的技术条件进行生产，转化为特定的产品。厂商理论通过对投入与产出和成本与收益的关系进行研究，以严密的逻辑分析了企业实现利润最大化的行为。亚当·斯密在对雇工工资的研究中指出雇工和雇主之间存在利益冲突，将企业看成一种由生产要素到特定产品的"黑盒子"，忽略了企业内部各个利益主体之间的利益冲突，企业的"黑盒子"理论在解释现实问题时存在较大的局限性。Alchian 和 Demsetz（1972）认为企业是包括以下六个方面的契约联结：①联合投入生产；②若干个投入要素的所有者；③与联合投入的契约各方都发生关系；④与这些契约无关的其他投入品所有者重新签订任何一种投入契约的权利；⑤拥有剩余索取权；⑥让渡中心的、契约型的地位和剩余索取权。从契约理论的角度分析企业，企业是一种利益相关者的契约关系，其不仅包括企业内部的契约关系，如公司章程、工资合同等，而且包括企业与外部之间的契约关系，如银行贷款合同、供货合同、销售合同等。企业契约的缔约人为企业的利益相关者，他们在平等和自愿的基础上通过一系列契约组成了企业，各利益相关者根据契约的规定获得各自的权益，同时契约对各缔约人形成一种约束力，一旦某一缔约人违反契约的规定将受到相应的惩罚。

利益相关者这一概念最早见于 1963 年美国斯坦福大学研究小组的一份备忘

录，指的是那些没有其支持，组织便不复存在的各种集团。学术界对于"利益相关者"的定义存在差别，Mitchell 等（1997）归纳了 27 种利益相关者的定义。虽然不同学者对利益相关者的认识存在分歧，但是他们都是从利益相关者角度对企业性质进行探讨，也都将企业看成是由利益相关者的契约关系构成的联结点。利益相关者这一概念被提出之后，很多文献对利益相关者的类型进行了研究，普遍认为利益相关者主要包括股东、债权人、管理者、供应商、一般员工、消费者。Freeman 和 Reed（1983）从对企业拥有所有权、与企业在经济上存在依赖关系和与企业在社会利益上存在关系三个不同的层次对利益相关者进行了分类，其中对企业拥有所有权的利益相关者是指持有公司股票的股东或者持有公司股票的经理人员等，与企业在经济上存在依赖关系的利益相关者包括员工、债权人、领取公司薪酬的经理人员、消费者、供应商等，与企业在社会利益上存在关系的利益相关者主要有政府部门、媒体等。Frederick（1988）认为利益相关者主要包括直接利益相关者和间接利益相关者，其中直接利益相关者主要包括股东、债权人、员工、消费者、供应商、零售商等；间接利益相关者主要包括政府、社会团体、媒体、公众等。Wheeler 和 Sillanpa（1998）将社会性维度引入利益相关者的分类中，将利益相关者分为四类：首要的社会利益相关者、次要的社会性利益相关者，首要的非社会性利益相关者、次要的非社会性利益相关者。其中，首要的社会利益相关者是指与企业有直接的关系并且有人参与，次要的社会性利益相关者是通过社会性的活动与企业形成间接联系，首要的非社会性利益相关者是指与企业有直接联系但是不与具体的人发生联系，次要的非社会性利益相关者指对企业有间接影响也不需要与具体的人发生联系。

利益相关者理论认为，除股东以外的其他利益相关者与股东一样，也对公司做了特殊的投资，即投入了专用性资产，因此公司的利益相关者都属于公司的所有者，公司治理应该通过一定的制度安排使所有的利益相关者都拥有一定的企业控制权，实现利益相关者的共同治理。杨瑞龙和杨其静（2001）提出"从单边治理到多边治理"的概念，鼓励利益相关者参与治理。利益相关者的共同治理不仅能够保护各利益相关者的利益不受其他利益相关者的侵害，提高各利益相关者投入相关专用性资产的积极性，而且能够使各利益相关者发挥不同的治理作用，有助于完善公司的治理体系。唐跃军和李维安（2008）通过实证研究发现利益相关者治理指数对净资产收益率、股本扩张能力、每股收益、主营业务利润率以及总资产收益率均有显著的正面影响；席宁和严继超（2010）发现利益相关者的参与程度、协调程度、治理指数与公司财务绩效之间显著正相关，即良好的利益相关者治理对公司的财务绩效具有积极的影响。虽然利益相关者参与公司治理能够完善公司的治理机制、提升公司价值，但是也有文献指出利益相关者参与公司治理并不是一种无懈可击的治理模式，利益相关者治理意味着权力共享，利益相关者各方不应存在绝对的权力中心，因此有可能导致公司治理目标过多，导致管理者失去经营目标（刘黎明和张颂梅，2005）。我国现在的公司治理主要是以股东大会、董事会、监事会为体系的治理框架，公司治理体系远未达到各利益相关者权力共享的治理模式，利益相关者治理所导致的负面影响还很遥远，利益相关者治理还存在很大的发展空间。由于各利益相关者对公司投入了专用性资产，特别是作为公司重要出资方的债权人，也会承担大股东掏空所导致的负面影响，因此从利益相关者视角探究债权治理对大股东掏空的影响具有一定的研究价值。

二、委托代理理论

由于公司是由全体股东共同出资成立，并由各利益相关者共同所有，如果让全体股东及各利益相关者都参与公司的日常经营管理，可能会造成资源的浪费和公司决策效率的低下，因此有必要将公司委托给一个小的团体，即公司经理人员来执行日常的经营管理和决策。股东则通过股东大会委托董事会对经理人的行为进行监督，各利益相关者也可以按照相关法律法规和政策，通过董事会和监事会对公司的经理人进行监督。作为公司所有者的股东及利益相关者并不参与公司的经营管理，而是通过股东大会将监督权和经营权分别委托给董事会和经理，导致公司所有权和控制权相分离。钱德勒（1977）从企业发展史的角度指出公司所有权和控制权的分离是现代企业的特征，随着科学技术、交通和通信的发展，企业的生产规模越来越大、生产技术和管理的复杂程度不断增加，需要专职的企业管理者进行管理，导致了公司的所有权和控制权分离。

股东及利益相关者将公司委托给经理人管理，公司经理人掌握公司的控制权，股东及其他利益相关者与公司经理人之间形成委托代理关系，其中股东及其他利益相关者为委托人，公司经理人为代理人。在委托代理关系中，委托人和代理人都是追求自身效用最大化的理性人，势必会产生利益冲突，委托人希望代理人付出更多的努力以提高公司获得高利润的可能性，而代理人付出更多的努力意味着需要承担更多的成本，代理人为了自身利益最大化可能会降低自己的努力程度。由于委托人和代理人之间存在信息不对称的情况，因此可能会导致委托人无法知晓代理人的行动，如果代理人的努力结果没有达到预期的规定并无法分辨出这种结果是外部因素造成的还是代理人努力程度不够造成的，也可能导致代理人违背委托人的意愿做出损害委托人利益的行为。

公司中存在多个委托代理关系，根据公司股权结构的不同可以分为股权分散的中小股东与经理人之间的委托代理关系和股权集中情况下的大股东与中小股东之间的委托代理关系。Berle 和 Means（1932）从公司所有权和控制权分离角度指出了分散的中小股东与经理人之间的委托代理问题，即掌握控制权的经理人有可能会为了自己的利益侵害股东的利益。股权分散情况的中小股东与经理人之间的委托代理理论认为，由于外部股权分散在不同的投资者手中，所以难以对经理人进行有效的监督。公司治理所研究的问题就是通过设计合理的内外部治理机制减少经理人的私利行为对公司价值所造成的侵害。学术界对公司股权结构的进一步研究发现股权集中的现象在全球范围内广泛存在，股权集中有利于大股东发挥相应的监督作用以减少经理人损害公司价值的行为，但是这并没有解决公司治理的问题，因为大股东也可能会侵害中小股东的利益，产生大股东和中小股东之间的代理问题。

在经理人控制下，股东、债权人及其他利益相关者为了减少经理人损害公司价值的行为，构建了一套由股东大会、董事会、监事会组成的公司治理体系，虽然董事会在一定程度上由公司经理人控制导致信息不对称，但是股东可以通过参与股东大会对公司进行监督来减少一定的信息不对称。在大股东控制下，大股东不仅能够控制董事会、监事会成员，而且能够依靠自己的股权优势控制股东大会，这在一定程度上加剧了中小股东、债权人等其他利益相关者与大股东等公司内部人之间的信息不对称程度。大股东可能会利用自身所具有的信息优势侵害中小股东、债权人等其他利益相关者的利益，即存在大股东掏空现象。

三、不完全契约理论

契约是由一系列关于权利和义务的条款组成的，契约可以分为完全契约和不完全契约。完全契约的理论基础是人的理性，即契约双方或者第三方都能够知道未来与契约相关的一切事项，并且可以忽略契约签订、验证和执行的成本。尽管委托人和代理人之间存在信息不对称的情况，即代理人知道公司的价值而委托人不知道，但是如果存在一个完备的契约能够将公司可能发生的所有状态进行描述，根据 Townsend（1979）提出的"成本状态验证"（Costly State Verification）方法，委托人可以在事后花费一定的成本验证代理人的行为，那么委托人将能够与代理人协商一个最优激励相容的契约合同来解决委托人与代理人之间的信息不对称所产生的代理问题。但是现实中的契约是不完全的，Maskin 和 Tirole（1999）将契约不完全的原因归结为三个方面：当事人的有限理性不可能预见所有的或然状态；即使当事人能够预见或然状态，但是由于将其写入契约的成本太高，因此不会写入契约；尽管委托人和代理人都可以了解合同的信息，但是法院等第三方证实需要付出相应的成本，如果证实成本过高也会导致契约不完全。

在完全契约的情况下，如果企业中各利益相关者能够将所有的状态和事件进行完全的规定且第三方也能够对契约的各种状态进行证实，那么在契约的履行过程中，各利益相关者的行为和收益可以完全按照契约的条款进行，此时不需要事后谈判，也不存在剩余控制权。而在不完全契约的情况下，契约不能对现实中所有的特定状态进行规定，那么契约的当事人必须对决策权进行分配。Grossman 和 Hart（1986）指出由于契约的不完全性，企业契约包含特定控制权和剩余控制权，其中特定控制权是在契约中已经明确规定的权力，而剩余控制权是企业中没有规定的权利，即谁有权处理契约中没有规定的状态或事件的权力，企业的剩余控制权也称为企业的所有权。Hart 和 Moore（1991）指出由于资产具有排他性，谁拥有企业所有权就排斥了其他利益相关者拥有这些资产的权利，掌握企业所有权的利益相关者可能会利用自己的权利损害其他利益相关者的利益，因此企业所有权配置就显得非常重要。

由于契约的不完全性，相关利益方既不能预测未来每一期的收益，也不能在事前对所获得的所有收益进行合理分配，企业总收益在扣除契约所规定的分配之外还可能剩下一些未分配完的收益，即公司的剩余索取权，而剩余索取权的分配决策掌握在拥有公司剩余控制权的利益方手中。企业是由各利益相关者组成的契约联结，各利益相关者都对公司投入了专用性资产，理应由各利益相关者共享剩余索取权，企业所有权的配置原则是实现剩余索取权和剩余控制权的对称性安排（Meyer et al.，1992），如果剩余索取权和剩余控制权配置不对称，则拥有剩余控制权大于其拥有剩余索取权的一方可能会浪费所拥有的权力甚至可能会利用自己所掌握的权力侵害其他利益方的利益。而事实上很难实现企业剩余控制权和剩余索取权的对称性安排，最合适的解决办法是相关利益者中的一方购买所有其他利益相关者的剩余权利，使其他各利益相关者拥有固定的索取权。根据 Grossman 和 Hart（1986）"谁拥有控制权取决于其投入到企业中的资产专用性特征"的思想，所投入的资产专用性越强的利益方应该购买其他各利益相关者的剩余控制权从而成为剩余控制权的唯一拥有者。根据资产专用性的特征可以将投入企业的资产分为物质资产和人力资产，所对应的两种控制权配置方式分别为经理人拥有剩余控制权和股东拥有剩余控制权。债权人、员工等其他利益各方虽然将剩余权利出售给经理人或者股东，但是他们为了维护自己的利益不受侵害，往往会在契约中规定当其没有获得契约所规定的固定支付时将拥有相应的剩余控制权，使公司的剩余控制权的配置表现出状态依存的特征。根据张维迎（1996）的描述，所谓状态依存的特征是指，设 x 为公司总盈余，y 为股东的最低盈余，w 为员工的工资，r 为债权人的本息，当 $x>w+r+y$ 时，由经理人掌握公司的控制权；当 $w+r+y>x>w+r$ 时，将由股东掌握公司的控制权；当 $w+r>x>w$ 时，将由债权人掌握公司的控制权；当 $w>x$ 时，则员工掌握公司控制权。

由于契约没有对所有的状态和事件都进行完全的规定，并且在契约的签订、执行和证实的过程中存在一定的成本，所以"成本状态验证"等传统的激励方法难以解决委托人和代理人之间的信息不对称所导致的代理问题。由于契约的非完全性，契约难以对企业的所有状态所对应的权利和收益分配进行完全的规定，如果剩余控制权和剩余索取权没有对称安排，那么可能会产生相应的代理问题，影响企业的合作盈余。通过所有权的合理配置，并对企业的不同经营状况下的控制权配置进行规定，有利于解决非完全契约所带来的代理问题。债权实际上是一种相机治理的工具，当企业的利润较高时由股东拥有控制权，而当企业利润较低时，控制权将交给债权人。Aghion 和 Bolton（1992）构建了一个模型从控制权相机转移的角度对债权治理的相机治理机制进行阐述，并且证明了控制权相机转移的机制优于将控制权安排给投资者或者企业家中的任何一方。

第二节　文献综述

一、债权治理研究现状

自 Modigliani 和 Miller（1958）提出资本结构与公司价值无关的理论以来，很多文献从资本结构的角度研究了债务与公司价值的关系。早期的文献从债券的避税效应（Modigliani and Miller，1963）、破产成本（Baxter，1967）等角度研究企业资本结构的决定因素及其对公司价值的影响。随着公司治理理论的发展，很多文献发现债权不仅是一种融资方式而且是一种公司治理机制，能够降低公司内部各利益相关者之间的利益冲突，提升公司的价值。本节将以债务融资的治理效应（即债权治理）为研究对象，对债权治理的由来、作用机制以及治理效果的现有研究成果进行梳理。

（一）债权治理的由来及作用机制

Modigliani 和 Miller（1958，1963）、Baxter（1967）等文献虽然从债务融资的角度研究了公司的资本结构对公司价值的影响，但是这些文献没有从代理问题的角度考察债务融资的治理作用。自 Berle 和 Means（1932）发现企业所有权和经营权分离的问题以来，现有文献从董事会、经理层激励、股权结构等内部治理机制和制度环境，媒体监督、产品市场竞争等外部环境研究了公司治理的机制。但是研究结果并没有为解决公司治理问题提供一个完美的方案。目前，世界上能够有效保护投资者利益的公司治理机制主要有以英国和美国为代表的完善的资本市场机制，以及以德国和日本为代表的以强大的银行体系对公司进行严格监管的机制。这两种成功的治理机制存在巨大的差异，难以确定哪种治理机制更优。20世纪80年代，以银行为主导的治理机制被认为优于以资本市场为主导的治理机制，原因是资本市场的接管具有较大的破坏性（Hoshi et al.，1991）；而在20世纪90年代，学者们又认为以资本市场为主导的治理机制更好。因为银行会过度放贷给一些衰退的公司，一些银行不仅没有促进公司治理，反而与公司内部人勾结侵害外部投资者的利益（Kang and Stulz，2000）。Shleifer和Vishny（1997）指出公司治理的目的是保障投资者的利益，公司的资金主要来源于股票融资和债务融资，分别对应股权投资者和债权投资者；Williamson（1988）指出股权融资和债务融资不仅是一种融资方式，而且是一种能够相互补充的公司治理机制。

初期的公司治理研究基本上是探讨公司内部人侵占外部股东的利益。随着学术界对公司本质的认识进一步深入，学者们认为公司的所有者不仅包括股东，而且包括债权人、雇员等其他利益相关者，这些利益相关者的利益也面临被公司内部人侵害的可能。Jensen和Meckling（1976）指出如果企业家没有100%地拥有一家企业，那么将会产生代理成本。如果公司是通过股权融资，那么将产生股权代理成本；如果是通过债务融资，那么会产生债权代理成本，企业家可能会在获得债务融资后进行高风险的投资，从而影响债权人的利益。股权代理成本和债权代理成本之间存在一种替代的关系，在公司可从外部获得的融资总额一定的情况下，将选择满足总代理成本最小的资本结构即最优的资本结构。Myers（1977）从投资不足的角度指出，当公司负债较高而公司价值低于偿债额度时，公司内部人可能会放弃净现值为正的项目，因为进行该项目的成本将全部或者大部分由公司内部人员承担，而大部分或全部收益却归债权人所有。Black和Cox（1976）指出企业获得债务融资后，可能会改变投资政策，将资金用作股利分配给股东，更为极端的情况是当企业经营状况恶化时，这种将债务资产通过股利分配给股东的方式将使债权人的债务得不到偿还。Mauer和Sarkar（2005）通过数学模型发现公司内部人可能会为了自己的利益提前采取一些投资行为，而不是等所投资项目的风险进一步降低时才采取这些投资行为。提前采取投资的行为可能会损害债权人和公司的价值。

由于债权人的利益可能会受到公司内部人的侵害，债权人势必会采取一定的措施保障自己的利益，具体包括对债务人的监督、信号显示、约束以及控制权相机安排等机制。Jensen和Meckling（1976）、Diamond（1984）、Brealey等（1977）、Townsend（1979）、Jensen（1986）、Grossman和Hart（1982）、Aghion和Bolton（1992）、Dewatripont和Tirole（1994）分别从债权的信号传递机制、约束机制、监督机制、相机治理机制等方面研究了债权的治理机制。

Jensen和Mecking（1976）从代理成本的角度提出了债权人参与公司治理的

问题。由于公司的外部股权投资者和企业家之间存在委托代理关系，如果双方都希望自身效用最大化，将产生股权代理问题，而公司采用债务融资对降低股权的代理成本具有一定的作用，但是同时会带来债权代理成本，公司的最优资本结构应该是权衡股权代理成本和债权代理成本后的结果。为了降低公司的代理成本，债权人会在债务合同条款中要求债务人在规定的时间内偿还本息，这在一定程度上可以提升公司的价值。Townsend（1979）指出负债契约能够解决信息不对称条件下的代理问题，但是其没有考虑契约的非完全性。Grossman 和 Hart（1982）利用债务担保模型对债权治理的作用进行了阐述，指出债务融资能够缓解公司内部人与外部股权投资者的代理冲突，提升公司的价值。Jensen（1986）从自由现金流的角度对债权对经理人的约束作用进行了进一步的分析，认为公司需要为债务融资定期支付利息，这可以减少公司内部人利用过多的现金流从事损害公司价值的行为，提升了公司的价值。

由于信息不对称的存在，债权人对债务人的监督需要搜集相应的信息，而搜集这些信息需要花费一定的成本，金融中介理论认为金融中介的信息优势可以低成本地对债务人进行监督。Diamond（1984）指出众多债权人不仅会造成重复监督，而且每一个债权人付出的成本可能大于监督产生的收益导致监督的"搭便车"问题，而银行作为金融中介不仅具有信息搜集优势，而且能够缓解众多债权人重复监督产生的高监督成本问题，因此银行等金融机构能够对债务人进行更好的监督。Holmström 和 Tirole（2000）指出相对于股东而言，银行可以很好地判断公司项目选择的正确性，可以减少公司投融资方面决策的失误，提高公司的价值。银行虽然能够对债务人进行更好的监督，但是银行掌握了企业大量的内部信息，如果银行利用所掌握的信息进行"寻租"，不仅会降低银行的监督作用，而且可能会损害公司的价值。Rajan（1992）指出银行可能会通过设定不合理的利率、选择项目、契约条款等方式榨取不合理的租金。Sharpe（1990）指出银行比其他人知道更多的客户信息，银行有可能会榨取企业所创造的租金，德国和日本的银行能够以其他投资者的利益为代价补偿自己从而从所控制的企业获得租金。Weinstein 和 Yafeh（1995）发现在其他因素不变的情况下，与银行有关联的公司对其债务支付的平均利率高于与银行无关联的公司。

在不完全契约下，债务合同不能对公司内部人的所有行为进行规定，而公司的经营权掌握在公司内部人手中，公司内部人和债权人之间存在信息不对称，公司内部人可能会利用自己的信息优势侵害债权人的利益，因此债权人有必要设计一定的治理机制维护自身的利益。Aghion 和 Bolton（1992）通过建立相应的模型推导出债务实际上是一种相机治理的工具，当企业的利润较高时由股东拥有控制权，而当企业利润较低时，控制权将交给债权人，这个模型从控制权相机转移的角度对债权治理的相机治理机制进行了说明，并且证明了控制权相机转移的机制优于将控制权安排给投资者或者企业家的方式。Dewatripont 和 Tirole（1994）指出基于债权治理的相机治理机制不仅能够保护债权人的利益，而且能够提升股东的价值。Chava 和 Roberts（2008）指出债权人相机控制的条件就是公司违反债务合同的规定，当公司违反债务合同的规定后公司的控制权将转移给债权人，其实证研究结果显示公司处于财务困境后的过度投资行为明显下降，表明债权相机治理能够取得一定的效果。

为了能更好地发挥债权人的相机治理机制，不少文献还从债务期限结构等方面对相机治理的触发条件进行了研究。Hart 和 Moore（1991）从债务的偿还应该与企业受益流相匹配的角度对债权治理的期限特征进行了研究，研究结论表明债务的期限与资产的期限相匹配将更利于债权治理作用的发挥，如果资产是短期的应该采用短期的债务，资产是长期的应该采用长期的债务。Berglöf 和 Von Thadden（1994）认为，长期债务与短期债务同时存在的债务结构优于单一债务合约的债务结构，企业与多个投资者签订既有长期又有短期的债务合约可以提升债权治理的有效性。

（二）债权治理的效果

债权治理机制能够对企业内部人进行有效的约束以解决信息不对称所导致的事后道德风险问题（Townsend，1979），并为外部投资者提供一个有效甄别公司真实价值的信号以解决信息不对称导致的事前逆向选择问题（Leland and Pyle，1977；Ross，1977），金融中介的出现更是进一步提升了债权治理的监督作用（Diamond，1984），在契约不完全条件下，债权的相机治理机制也能够为公司的代理问题提供一个较好的解决方案（Aghion and Bolton，1992；Dewatripont and Tirole，1994）。债权治理理论上应该能有效地解决公司治理中的代理问题，相关文献的实证研究结果也基本支持债权治理的理论研究。

（1）提升企业的投资效率。Jensen（1986）通过石油公司过度投资的案例说明了债务可减少公司自由现金流所带来的过度投资问题。Nini 等（2009）发现当公司财务状况恶化时，债权人能够限制企业的投资行为。Chava 和 Roberts（2008）发现当公司违反债务合同的规定，债权人掌握公司控制权后公司的过度投资行为明显下降。Nini 等（2012）发现债务人违约之后，债权人采取积极的行为降低了这些公司的并购、投资规模及资产负债率并且增加了 CEO 的更换可能性，表明债权人在公司发生财务困境后能发挥有效的治理作用。唐雪松等（2007）发现债务融资可以减少公司的现金流，抑制公司的过度投资行为。王善平和李志军（2011）发现银行持股公司的债务融资与投资效率的敏感度高于非银行持股公司，即投资效率越高的银行持股公司获得了越多的债务融资，表明银行持股能够缓和债权人与企业之间的利益冲突并提高企业的投资效率。但是李胜楠和牛建波（2005）发现在国有持股比例比较高的公司中，债务融资没有提升公司的投资效率。

（2）降低企业的代理成本。Kim 和 Sorensen（1986）发现内部人持股比例高的企业拥有较高的债务水平。Lang 等（1996）发现企业的债务水平与增长率存在负向的显著性关系，这种负向的关系主要体现在具有较低成长机会的公司当中，而具有较高成长机会的公司不具有这种负相关关系，表明债务融资能够约束代理成本较高的企业。Barclay 和 Smith（1995）、Guedes 和 Opler（1996）等文献发现当企业的代理成本较高时，公司的短期负债增加，表明债权人的约束作用增加。袁卫秋（2005）发现债务融资不仅能降低公司的代理成本，而且能够提升公司的价值。Shepherd 等（2008）研究表明银行的监督作用能够降低公司的代理成本，提升公司的价值。但是田利辉（2005）发现我国的债权治理并没有有效地降低公司的代理成本。袁淳等（2011）以管理费用和资产周转率衡量代理成本，发现公司债券的发行不仅不能降低公司的代理成本，而且公司债券发行额度越大，代理成本越高。

（3）提高企业的融资能力。Rajan 和 Winton（1995）、Denis 和 Mihov（2003）、Shepherd 等（2008）指出债权人可能会为投资者带来融资的便利，降低企业的融资成本。Esty 和 Megginson（2003）发现银行的监督能够降低企业贷款续新的成本。Diamond（1991）、Boot 等（1993）指出当企业与债权人建立长期稳定的良好声誉后，债权人可能会慢慢放松其对债务人的监督和约束，降低企业的融资成本。Hsiao 等（2010）发现企业拥有良好声誉会使其在陷入困境时更容易得到投资者的帮助。

（4）提升企业的经营绩效。汪辉（2003）发现债务融资对公司的托宾 Q 值、市净率和净资产收益率具有正向的解释力，表明债务融资能够提升公司的绩效。Gilson（1990）、Nini 等（2009，2012）发现当公司违反债务合同的规定后，债权人掌握控制权能够提升公司的绩效。谭昌寿（2004）发现净资产率与负债率、债务融资率均呈显著的正向关系，说明债权治理能够发挥一定的作用。还有一些文献的研究结果发现债权治理不能提升公司的价值，如 Majumdar 和 Chhibber（1999）、杜莹和刘立国（2002）、于东智（2003）、李义超和蒋振声（2001）、王满四（2005）等文献均发现企业的负债率与公司的绩效负相关，表明债权治理不仅不能提高公司的价值，反而降低了公司的价值。

二、大股东掏空问题的研究进展

现实中的公司治理框架一般包括股权分散的经理人控制框架和股权集中的大

股东控制框架。本节将从代理问题的演进、大股东的掏空行为、大股东掏空的后果及其相应的制衡机制对大股东掏空的研究现状进行系统梳理。

（一）代理问题的演进及大股东掏空

Berle 和 Means（1932）通过对美国 200 家工业公司的考察，指出了所有权与控制权相分离的状况。由于所有权和控制权的分离，企业的管理者不拥有或者拥有少量的公司所有权，但是实际上企业的控制权是被管理者掌握的，使企业存在着管理者利用所掌握的控制权损害公司资本所有者利益的风险，导致公司治理问题。自 Berle 和 Means（1932）发现，企业所有权和管理权的分离导致公司股东—经理人的利益冲突，从而对公司价值产生负面影响的问题以来，不少学者从解决股东—经理人利益冲突的角度进行了一系列研究，其中相关文献发现虽然股权集中情况下的大股东能够降低股东—经理人的利益冲突，但是产生了新的代理问题。

Grossman 和 Hart（1988）认为股权分散下的中小股东的"搭便车"问题导致股东对经理人缺乏监督，而股权集中将有利于解决中小股东的"搭便车"问题，但是大股东也可能会通过一定的手段获取私人收益。很多学者从大宗股份转让或者拥有不同投票权的股票价格的角度，对控制性股东的私人收益进行了测定。Bradley（1980）对美国控制权市场发生变化的 161 起并购交易的出价进行研究，发现收购方的出价比当时市场价值高 13%，他认为高出的部分不是来自现金流持有权而是来自控制权私人收益。Barclay 和 Holderness（1989）发现大宗股权交易价格高于市场价格水平的 20%，并认为这一溢价反映了控制权私人收益的价值。Lease 等（1984）发现拥有较多投票权的股票比拥有较少投票权的股票存在 5% 的溢价。唐宗明和蒋位（2002）通过大宗股票转让数据发现法人股的转让价格高于净资产价值近 30%。

很多文献认为大股东私人收益来源于其对中小股东的利益侵害，Johnson 等（2000）将大股东获取控制权私人收益的行为称为掏空，即以隐蔽的方式侵害中小股东的利益以谋取收益。刘少波（2007）指出大股东如果为了自己的利益不惜一切地侵害中小股东的利益将使公司难以生存和发展，由此产生"控制权收益悖论"，通过将大股东获得的私人收益划分为控制权收益和超控制权收益，将有利于对"控制权收益悖论"进行解释，其中控制权收益是大股东基于控制权成本补偿所应该获得的收益，超控制权收益则是大股东对中小股东的侵害所获得的收益。不少研究发现大股东的存在是能够提升公司绩效的，大股东能够完善公司的治理体系，加强对经理人为了自身利益最大化而损害股东利益的约束，从而提升公司的经营绩效。Barclay 等（2007）指出大股东的出现是为了获取控制权收益和控制权私人收益，其中控制权收益主要来源于提升公司的经营业绩，而控制权私人收益来源于对其他投资者的侵害。如果大股东以掏空的方式获取超控制权收益，则将损害公司的价值，其损人利己的行为是必须通过法律约束和惩戒的。

（二）大股东的掏空行为与后果

La Porta 等（1999）对全球 27 个国家的样本公司进行实证研究发现，股权集中现象在全球范围内广泛存在。由于这些公司的控股股东一般通过发行多种类别的股票、交叉持股和金字塔结构实现对公司的控制，控股股东的控制权通常都超过其拥有的现金流权，所以产生了现金流权和控制权分离的问题。与此同时，公司的高管通常来源于控股家族，控股股东不仅有能力也有兴趣去侵占其他中小股东的利益，导致大股东和中小股东的代理冲突。Claessens 等（2000）发现东亚 9 个国家的 2980 家公司中超过 2/3 的公司存在单一的控股股东。Claessens 等（2002）发现公司的价值与控股股东的现金流权正相关，公司的价值与控股股东的控制权呈负相关关系。

Johnson 等（2000）首次提出了"掏空"的概念，指出掏空不仅存在于发展中国家，很多发达国家也存在掏空行为。吴育辉和吴世农（2010）等发现，股票减持过程中存在大股东掏空行为，被减持上市公司在减持前 30 个交易日有显著的正累计超常收益，而在减持后 30 个交易日则出现显著的负累计超常收益；被减持上市公司倾向于在减持前披露好消息，或将坏消息推迟至减持后披露；减持规模越大，大股东操控上市公司信息披露的概率就越大；相比其他大股东，控股股东对上市公司的信息操控更严重，获得的减持收益也更高。

大股东的掏空行为不仅侵害了中小股东的利益，而且会损害公司利益。同时，还会降低公司的信息透明度，导致信息不对称程度和代理成本的增加，破坏公司治理以及降低资源的配置效率，甚至会对一个国家的宏观经济造成负面影响。Johnson 等（2000）认为控股股东对上市公司的侵占行为是导致 1997 年亚洲金融危机的主要原因。

（1）大股东的掏空行为损害中小股东的利益，降低公司价值。无论采用何种掏空方式，大股东掏空的直接后果都是影响公司的正常经营，如对现金流的掠夺将直接导致公司现金短缺，对资产的掠夺将导致公司的利润下降，影响公司的盈利能力，导致公司价值下降。姜国华和岳衡（2005）指出大股东占有上市公司资金的后果是上市公司的经营受到严重影响，导致资金短缺和利润下降。Peng 和 Jiang（2010）发现资金占用严重的公司，大股东持有的现金流权比较少，具有更高的负债率、更低的盈利能力，并且具有更大的概率被 ST（特别处理）。

（2）大股东的掏空行为导致公司代理成本增加，破坏公司治理。苏冬蔚和熊家财（2013）研究发现大股东掏空导致 CEO 薪酬以及 CEO 强制性变更，会使两者与公司业绩之间的敏感性均下降，并且导致 CEO 在职消费上升，表明大股东掏空不仅直接侵占中小股东利益，而且破坏公司治理并增加了公司的代理成本。Bertrand 等（2000）指出大股东可能会通过盈余管理歪曲会计数字来掩盖掏空行为，降低公司信息透明度，增加公司的代理成本。Attig 等（2006）对加拿大上市公司的研究发现最终控制人的两权分离度与公司的信息不对称程度呈正相关关系。

（3）大股东的掏空行为降低资源的配置效率。Filatotchev 和 Mickiewicz（2001）指出大股东要实现对中小股东的掏空，需要承担一定的成本，如设立中间公司，在获得债务融资时会面临债权人的各种限制等，而这些成本会降低资源的配置效率。Shleifer 和 Vishny（1997）指出大股东侵占其他投资者的利益所造成的直接影响是外部融资机会的减少，降低了资源配置效率。Filatotchev 和 Mickiewicz（2001）进一步指出，如果存在两个需要同样融资规模的公司，假设整个金融系统的融资总供给恰好满足这两个公司的融资需求，并且这两个公司没有发生大股东的掏空行为，那么每个公司都将获得各自的融资需求，实现资源的优化配置。如果其中一家公司存在掏空中小股东利益的行为并且能够通过给金融系统输送一定的利益使金融系统配合其掏空，那么这家公司获得融资的额度会大于另一家公司，而另一家公司的融资需求可能得不到满足，导致资源配置效率的扭曲。

（三）大股东掏空的治理机制

大股东掏空的制衡机制包括内部治理机制和外部治理机制，内部治理机制是指直接作用于公司内部机体的控制或激励手段（Agrawal and Knoeber，1996），主要包括股东大会制度、股权结构、董事会独立性、机构投资者持股以及管理层激励等机制；外部治理机制是指通过公司外部环境发生作用的治理机制，主要包括法律保护体系、外部审计质量、产品市场竞争程度以及媒体监督等。

1. 内部治理机制

从现有文献的研究结果来看，内部治理机制往往容易被大股东控制，不能有效地对大股东的掏空行为进行制衡。股东大会是由全体股东组成的最高权力机关，能够对公司的重大事项进行决策，如公司的投资计划、融资方案、重要的人事任免以及年度财务报告和利润分配方案等。张跃文（2015）对2315家上市公司年度股东大会的股东出席情况进行统计，发现有1200余家上市公司年度股东大会出席的股东人数少于20人，其中570家公司的出席人数少于10人，有5家公司的年度股东大会只有1人参会。从股东大会的出席情况来看，股东大会难以体现其监督职责并难以对大股东的掏空行为进行有效制约。

Novaes（1999）的研究指出，当公司存在多个大股东时，大股东之间的力量相互制衡、相互博弈，这种股权结构能够有效制约大股东的掏空行为，能够在很大程度上保护中小股东的利益。由于我国上市公司一般是由单一大股东控制的，尽管某些公司存在多个大股东，但这些大股东之间往往存在一定的关联，降低了股权制衡对大股东掏空行为的抑制效果。Maury 和 Pajuste（2005）发现，如果股东来自一个家族，更容易通过合谋来掠夺其他股东的财产，降低企业价值。

随着公司治理理论的发展，很多学者将制衡大股东掏空行为的机制寄托在独立董事的身上。Schellenger 等（1989）研究发现，独立董事的存在对上市公司大股东掏空行为起到抑制作用。Byrd 和 Hickman（1992）从独立董事比例与公司业绩角度进行研究，发现当独立董事的比例较高时，大股东越不容易实施掏空行为，因此提高了公司的业绩。我国的法律规定上市公司的独立董事需要占董事会 1/3 的席位，体现出相关部门对独立董事治理作用的重视程度。独立董事能够发挥出抑制大股东掏空行为的作用的前提是独立董事的独立性。支晓强和童盼（2005）发现，中国上市公司中的独立董事大多与大股东存在一定的关联，影响独立董事的独立性，导致其监督作用难以发挥。余峰燕和郝项超（2011）、何贤杰等（2014）从独立董事的背景考察了独立董事的独立性，均表明独立董事的独立性受其他因素的影响，表现出"不独立"。

经理人作为公司中独特的、不可替代的人力资本的主体，其行为决策对公司的绩效具有重要的影响。Thomas（1988）对英国同行业上市公司的研究表明，经理的影响在公司业绩方差中占 3.9%~7%；Wasserman 等（2001）对不同行业的 42 家上市公司的测算发现这一比例为 14.7%；Mackey（2008）在改进前人研究方法的基础上，发现经理人行为对公司业绩的解释力度高达 29.2%。由于经理人行为是影响公司业绩的重要因素，很多文献从激励经理的角度出发研究解决公司治理中的问题。在股权分散的委托代理框架下，有效的经理激励契约能使经理人与股东利益趋于一致（Holmstrom，1982），从而降低代理成本，提高公司价值。在大股东控制下，李有根和赵西萍（2004）指出经理人自主权将受到限制。当大股东采用掏空的方式侵占中小股东的利益时，Burkart 等（2003）、Zhang 等（2014）指出经理人将与大股东进行合谋，配合大股东进行掏空。很多文献表明，在大股东控制下，对经理人的激励效果明显受到大股东的影响，苏冬蔚和熊家财（2013）通过实证研究发现大股东掏空程度越高，CEO 的薪酬绩效敏感度及变更绩效敏感度越低。刘少波和马超（2016）通过研究发现，经理人是否受到大股东的控制与经理人的异质性有关。

另外，由于机构投资者拥有资金优势、信息优势和较强的专业能力，机构投资者能够以股东的身份参与公司治理或者采用"用脚投票"的方式对公司的行为进行监督，所以一些文献从机构投资者的角度考察了其对大股东掏空行为的影响。肖星和王琨（2005）、洪剑峭和薛皓（2008）及刘志远和花贵如（2009）发现，机构投资者持股比例的上升能够显著降低大股东资金占用程度。Sul 和 Kim

（2006）、Jeon 等（2011）、Baba（2009）、Manos（2003）等对境外机构投资者持股的治理效应进行研究发现，境外机构投资者能够提高上市公司的股利分配水平，降低大股东的掏空程度。由于机构投资者往往是为了在买入目标公司股票后通过股价上涨获得收益，所以机构投资者参与公司治理可能会干扰管理者的正常工作从而对被投资公司产生不利的影响（伊志宏和李艳丽，2013）。另外，如果机构投资者和目标公司高管存在一定的利益关系，反而会导致机构投资者对公司的监督产生负效应，即机构投资者参与公司治理反而损害了公司价值。

2. 外部治理机制

由于上市公司处于渐进改革的制度环境中，其外部的环境因素对上市公司的影响是存在的。La Porta 等（2002）的研究证明了制度环境对资本市场、治理结构、公司价值、权益结构和股利政策有显著影响。一般而言，影响大股东掏空行为的外部环境通常包括法律保护体系、外部审计质量、产品市场竞争程度以及媒体监督等因素。

以 La Porta 等（2002）为代表的学者从法律保护的角度对公司治理效率进行了研究，其研究结果发现法律保护制度的完善有利于抑制大股东的掏空行为，相较于法律保护缺失或者较弱的国家来说，在英国、美国、法国等法律制度相对完善的国家中，大股东的掏空程度相对较弱。Johnson 等（2000）通过分析法国、意大利、比利时等国的典型法律诉讼案例，认为即使是发达国家，由于法律制度对中小股东的保护不力，控股股东也会采取掏空的方式侵占中小股东的利益。唐宗明和蒋位（2002）、Bhattacharya 等（2002）、Bushman 等（2004）、Dyck 和 Zingales（2004）等均证实了法律保护程度抑制大股东掏空的有效性。沈艺峰等（2004）和陈炜等（2008）的研究发现，随着我国法制化进程的加快，大股东的侵害程度呈逐渐下降的趋势。La Porta 等（1999）指出，法律对中小股东的保护能力不仅受法律规则的影响，而且受法律执行力度的影响。从相关文献的研究结果来看，完善对中小股东保护的法律制度能够对大股东的掏空行为起到一定的抑制作用。

大股东能够侵占中小股东利益的原因之一就是大股东与中小股东之间存在信息不对称，而外部审计质量的提高能够提高信息披露的准确度与透明度，大幅提高发现大股东侵占中小股东利益行为的概率，降低大股东的掏空能力。Maury 和 Pajuste（2005）指出较高的外部审计质量能够增强外部投资者的信心，提高公司的治理水平。Francis 和 Wang（2008）通过对 42 家公司的会计信息质量进行研究后发现，只有在聘请国际"四大"会计师事务所进行外部审计时，法律保护程度的提高才会对改善公司盈余信息质量起到积极作用，表明外部审计对法律制度具有补充作用。王鹏和周黎安（2006）、刘成立（2010）的研究也同样发现，外部审计会对大股东的掏空行为出具非标准审计意见，进而对掏空行为形成约束。外部审计能够有效监督内部人侵害行为的一个重要前提就是会计师事务所能够保持独立和公正（Shleifer and Vishny，1997）。唐忠良（2012）的研究发现，会计师事务所作为逐利的理性人，其自身利益最大化行为（如抢占审计市场和赚取高额审计费用）可能会导致会计师事务所丧失独立性和公正性而与大股东合谋，对大股东的掏空行为不予披露。

产品市场竞争程度也是一种抑制大股东掏空行为的外部治理机制。Bai 等（2004）认为解决各种代理问题的一个重要外部机制是产品市场的竞争。Holmstrom（1982）、Nalebuff 和 Stiglitz（1983）的研究表明，企业数量越多，竞争越激烈，企业的信息不对称程度的影响越小。所以市场竞争程度越高，信息越对称，能够在一定程度上对大股东的掏空行为进行制约。姜付秀等（2009）和伊志宏等（2010）的研究也表明，提升产品市场竞争的激烈程度是降低代理成本和提升信息披露质量的有效手段。He（2012）通过对日本上市公司的分析发现，当公司处于竞争较为激烈的行业中时更倾向于发放高额现金股利，来缓解大股东和外部投资者之间的代理问题。Gao 和 Kling（2008）也发现，产品市场竞争能够有效约束大股东资金占用行为。

很多研究普遍认为媒体监督对公司治理有正面促进作用，可以抑制大股东的掏空行为。Chan（2003）指出，当媒体对公司掏空行为进行报道后，对公司失去信心的投资者"用脚投票"导致股价下跌，公司股价的下跌会给大股东带来严重的损失，也可能会影响公司形象，进而影响公司后续的融资行为。因此，大股东可能会在媒体监督的作用下减少对公司的掏空。Dyck（2008）研究表明，媒体报道被认为是新兴市场上有效弥补司法对投资者保护不足的一项重要制度安排。李明（2015）通过研究发现，媒体负面报道后，大股东的掏空行为会明显减少，其影响程度受法律环境、产权性质以及经理人特征的影响。媒体也可能选取对被报道对象有利或者不利的特定细节进行报道，即隐藏某些事实或者突出某些事实（Balan et al.，2004），导致媒体报道偏差，这种偏差可能会影响媒体的监督效果。

三、债权治理对大股东掏空的影响

现有文献的研究成果表明债权治理不仅能够对公司内部人进行有效的约束以解决信息不对称所导致的事后道德风险问题，而且能够为外部投资者提供一个有效甄别公司真实价值的信号以解决信息不对称导致的事前逆向选择问题。债权的监督作用也能够降低公司内部人损害公司价值的行为，债权的相机治理机制也为契约不完全条件下的代理问题提供了一个较好的解决方案。债权治理不仅能够保护债权人的利益不受公司内部人的侵害，而且可以缓解外部中小股东与公司内部人的利益冲突，提升公司的价值。随着债权治理理论的发展及德国和日本的银行治理作用的显现，很多学者在研究中考察了债权治理对大股东掏空的抑制作用，研究结论却显示债权治理不一定能够抑制大股东的掏空行为，一些文献甚至将债权治理损害公司价值的行为归结为大股东掏空。Du 和 Dai（2005）从债务融资对大股东掏空的抑制作用以及加剧大股东掏空行为这两个方面进行了理论分析，并从实证的角度检验了两者的实际效果，结果表明债务融资加剧大股东掏空的行为。现有文献在研究中从制度环境对中小投资者的保护状况、大股东持股比例、债务期限、债务种类、产权性质等角度探讨了债权治理对大股东掏空的抑制效果。

（1）制度环境。Demirgüç-Kunt 和 Maksimovic（1999）研究发现，法律保护程度与长期贷款比例呈正相关关系，在法律保护程度较高的国家，债务期限较长，而在法律保护程度较低的国家，短期借款较多。Filatotchev 和 Mickiewicz（2001）发现，由于对投资者保护程度较低，大股东可能会为了追求私人收益而采取与银行合谋的行为获取贷款资金，导致公司债务融资的投资效率较低，对中小股东造成侵害。Faccio 等（2003）分别考察西欧国家和东亚国家上市公司的两权分离度与资产负债率的关系，结果表明债权治理对大股东掏空的约束与该公司所在地的法律制度环境有关。在债权人法律保护环境较好的国家中，大股东掏空动机与该公司的负债率呈负相关关系，债务融资能够对大股东的掏空行为起到约束作用，然而当一国的法律制度环境较差时，公司的负债率与大股东掏空动机呈正相关关系，债权治理对大股东的掏空行为不具有约束作用。李义超和蒋振超（2001）指出，由于我国市场经济体系尚不完善，我国上市公司的负债率与公司价值存在负相关关系。Faccio 等（2003）的研究结果发现，在能够获取关联贷款的企业中，当投资者保护较差时其两权分离程度与资产负债率的正相关关系更高，而在投资者保护程度较好时则相反，据此推断在第一种情况下高负债率向控股股东提供更多可供侵占的资源，从而证实债务并不能抑制大股东的"隧道行为"。万良勇（2010）认为在我国当前国有金融系统仍占据全社会金融资源较高比重的市场结构下，政府出于金融稳定乃至社会稳定的考虑，必然需要扮演国有金融系统的最终保险人角色，保持金融控制权是中央政府当前所能做出的现实选择。在政府金融控制目标下，国有银行软预算约束机制不可能被打破，中央政府仍然要承担国有商业银行经营过程中可能产生的金融风险，并在危急关头对问题银行实施救助义务，这导致银行难以对大股东的掏空行为形成约束。

（2）大股东持股比例。宋小保（2014）发现，最终控制人两权分离度越大，企业的负债率越高，集中股权结构下负债融资不仅难以发挥应有的相机治理作用，还可能成为最终控制人利益侵占的对象。Bruslerie 和 Latrous（2012）对法国上市公司的实证研究表明，在大股东所持有的公司现金流权比例较低的情况下，往往偏好通过债务融资方式扩大其所能够支配的资源的范围，当大股东的持股比例达到绝对控股地位时，债务融资的破产约束机制和控制权转移威胁将成为大股东降低负债比例的动力。这说明债务融资对大股东具有一定的约束作用，能够对其获取私人收益的过程产生治理作用。Boubakri 和 Ghouma（2010）发现，控股股东的现金流权和控制权分离度与公司发行债券的收益率成正比，而与债券的评级成反比。加强对债券持有人利益的保护可以降低公司发行债券的收益并且提高债券评级。Aslan 和 Kumar（2009）发现，随着控股股东现金流权的增加，控股股东与债权人的利益冲突程度降低，进而将减少债务融资成本，延长债务期限。

（3）债务期限。许慧（2009）发现，上市公司的短期借款比重与大股东的非正常资金占用呈显著的负向关系，特别是地方政府控制的上市公司；而长期借款的比重却与大股东非正常资金占用呈显著的正向关系，且地方政府控制的上市公司尤其突出，而这两种债务期限对于非政府控制的国有联营上市公司均不显著。肖坤和刘永泽（2010）发现流动负债比率与大股东的资金占用水平显著负相关，即流动负债能够在一定程度上抑制控股股东的掏空行为。

（4）债务种类。肖坤和刘永泽（2010）发现，银行借款和公司债券不能有效地监督和约束企业经营者和控股股东；而商业信用总体上能够发挥积极的财务治理效应，在一定程度上约束大股东的掏空行为。雒敏（2011）指出，虽然债务融资总体上对大股东掏空行为没有治理效果，但债务融资中的银行债务及短期借款能够对大股东的掏空行为起到一定的抑制作用。按最终控制人性质进行分组检验的结果表明，商业信用、银行债务与短期借款在非国有控股公司中能够对大股东的利益侵占行为起到更好的治理作用，而长期债务在非国有控股公司和国有控股公司中不但没有起到治理作用，反而加剧了大股东的掏空行为。

（5）产权性质。于东智（2003）认为，我国的制度环境和债权人产权性质导致债权治理的"软约束"，产生了负债比例与公司绩效的负相关现象，使债权治理失效。冯旭南（2012）对我国家族上市公司债务融资的动机进行研究发现，无论是用短期债务融资还是用长期债务融资来衡量，银行借款行为都反映了家族终极控制人的掠夺动机。白云霞等（2013）发现，负债与大股东的利益侵占存在显著正相关关系，相对于国有控股公司来说，私有公司的负债水平更高，其原因在于私有公司大股东通过负债对中小股东利益的侵占程度高于国有公司大股东。张玲和刘启亮（2009）发现，公司的负债水平越高，盈余管理动机越强烈；将公司按照产权性质划分为政府控制的公司和非政府控制的公司之后发现负债水平与盈余管理的正相关关系只在非政府控制的公司中显著，而在政府控制的公司中由于政府控制公司的债务约束软化，负债水平对其盈余管理并无明显影响。并且，市场化程度高、政府干预少、法治水平高的地区，负债水平与盈余管理的正相关关系更显著。高雷等（2006）实证检验了政府干预行为对债务融资与大股东掏空的影响，实证结果表明，政府干预行为导致债务融资与大股东掏空程度呈正相关关系。

（6）公司其他特征。Smith 和 Warner（1979）发现，股东最大化自身价值的行为导致对外公开发行的债务的价值下降，甚至使公司整体的价值下降，而在债务契约中增加股利政策和融资的约束性条款可以减少股东和债权人的价值冲突，减少公司为了自身利益而以债权人的利益为代价侵害公司价值的行为。张亮亮等（2014）发现，高管的政府背景会弱化会计信息在银行信贷决策中的作用，导致公司获得更多的长期债务而降低了公司的价值，并且这种效应在政府干预较强的地区更加严重。兰艳泽（2006）通过对我国上市公司的董事会成员的构成进行了分析发现，董事会成员中银行等债权人占比很少，无法使银行介入公司了解公司的经营状况，从而使银行难以发挥出治理效应。

第三节　文献述评

自 Modigliani 和 Miller（1963）提出资本结构与公司价值无关的理论以来，很多学者对债务融资与公司价值的关系进行了研究。公司的债务融资安排对公司具有信号传递、约束、监督以及相机治理的作用，是一种能够缓和公司内部人和外部投资者之间利益冲突的治理机制。债权治理不仅能够缓解外部投资者与公司内部人之间的信息不对称，随着产权理论和不完全契约理论的发展，还发现其能够在不完全契约情况下解决信息不对称导致的代理问题。债权治理有利于提高公司的投资效率、降低企业的代理成本、提高企业的融资能力以及提升企业的价值。现有关于债权治理的理论文献基本上是基于股权分散的治理结构框架，缓解中小股东与公司内部人之间的代理问题而提出来的，而现实中股权集中现象广泛存在，并且在大股东控制下存在大股东与中小股东之间的利益冲突。由于股权分散的经理人控制和股权集中的大股东控制现象均广泛存在，分别对应经理人控制下的代理问题和大股东掏空现象的代理问题，所以只在股权分散的框架下研究债权治理的作用显得不够完善。

由于大股东掏空不仅侵害了中小股东的利益、损害了公司价值，而且可能破坏公司的治理结构、扭曲资源的配置效率，学术界从公司的内部治理机制和外部治理机制对大股东掏空的制衡作用进行了广泛研究，研究结果表明公司的内外部治理机制在制衡大股东掏空中所起的作用不明显，甚至一些文献指出债权治理不仅不能对大股东的掏空行为形成约束，反而成为大股东侵占利益的"帮凶"，加剧了大股东的掏空行为。但是这些文献基本上忽略了债权的治理作用，将债权看作大股东掏空的被动工具，甚至将公司的资产负债率作为大股东掏空的代理变量。基于股权分散情况下公司内部人与中小股东之间代理问题的债权治理的研究成果表明，债权能够通过约束机制、信号传递机制、监督机制及相机治理机制发挥治理作用。在股权集中情况下，债务合同要求公司按时偿还本息的"硬约束"依然存在，当公司面临债务违约时，债权人也具有要求公司偿还债务的权利，如果忽略股权集中情况下的债权治理机制，甚至将资产负债率看成大股东掏空的代理变量，是缺乏合理性的。

虽然有少量文献从债权治理与大股东掏空的视角进行了实证分析，但是这些文献基本上只是简单地用债务融资的变量对衡量大股东掏空的变量进行回归分析，并没有从理论上就债权治理对大股东掏空的影响进行深入分析，也很少有文献对我国上市公司债权治理的现实依据进行详细的考察。如果仅仅以债务融资的变量对衡量大股东掏空的变量进行回归分析就认为债权治理没有治理作用，甚至将公司的债务融资作为大股东掏空的代理变量，否认债权治理在公司治理中的作用，将容易导致学术界对债权治理产生误会，阻碍债权治理研究的进一步发展。

由于现有文献在研究债权治理对大股东掏空的影响存在不足，本书将以债权治理为研究对象，首先从债权治理对大股东掏空的影响进行深入的理论分析，其次以我国的现实背景为基础提出研究假设。在实证分析中，本书不仅用资产负债率作为债权治理的代理变量，从债权总体治理效应的角度研究其对大股东掏空的影响，而且从不同债权主体和不同债权期限的角度考察了债权治理对大股东掏空的影响，并从公司经营状态、融资约束程度以及不同债权主体及不同债权期限在公司债务中的分布情况等视角，考察了债权治理对大股东掏空的影响。由于大股东掏空行为可能会对会计信息质量和公司价值产生负面影响，因此笔者还从会计信息质量和公司价值的角度考察债权治理对大股东掏空后果的影响，全面地检验债权治理对大股东掏空的效果，以期更深入地认识我国债权治理对大股东掏空的影响。

第三章 债权治理对大股东掏空的理论分析

本章首先对我国上市公司大股东掏空与债权治理的现实背景进行介绍，其次对债权治理影响大股东掏空的机制进行理论分析，最后结合我国现实情况对不同主体及不同期限的债权对大股东掏空的治理作用进行探讨。

第一节 大股东掏空与债务融资现状

一、大股东掏空现状

（一）我国上市公司股权结构特征

我国资本市场在改革开放初期出现流通股和非流通股的两权分置问题和国家股比例过高的问题，导致大股东难以依靠股价上涨获利，因此大股东缺乏相应的激励机制来提高上市公司的业绩。"一股独大"使中小股东由于持股比例非常少而在股东大会上没有话语权，难以发挥相应的治理作用，成为大股东掏空的对象。另外，国家股缺乏独立性质，其经营目的不一定是为了追求上市公司经营利润。大股东在不能依靠公司业绩上涨并通过二级市场变现获取利润的情况下，可能会采用掏空的手段获取利益，具体包括执行一些与公司经营绩效无关甚至损害公司绩效的经营活动，通过不正当的股利、关联交易及资金占用等方式侵害中小股东利益。由于非流通股及国家股对上市公司的经营和治理结构造成了严重的负面影响，我国在2005年启动了股权分置改革，改变非流通股的流通性，使大股东也能够从股价上涨中获利。虽然股权分置改革改变了非流通大股东的股权流通性，但是相关文献研究发现，控制性大股东拥有控制权收益，大股东一般不会将股份拆开在市场上变现，因为将大股东持有的股份拆成中小份额的股份会丧失大股东的控制权所带来的收益。股权分置改革理论上使大股东能够从股价上升中获取利益，但是实际上大股东并没有将其股份在市场上流通，大股东实际追求的利益更大可能还是来源于控制权收益，故而股权分置改革提升大股东追求公司经营绩效的作用将大打折扣。

从图 3-1 可以看出，股权分置改革后第一大股东持股比例下降幅度较小，表明股权分置改革没有改变我国上市公司大股东控制的局面，大股东不愿意将所持有的股份拆散在二级市场出售，说明大股东的控制权收益具有一定的吸引力，大股东依然掌握着公司的控制权以获取控制权收益。图 3-1 显示第二大股东和第三大股东在上市公司中的比重也没有显著上升，表明股权分置改革没有建立起大股东之间的制衡机制，大股东依然掌握着公司的控制权。

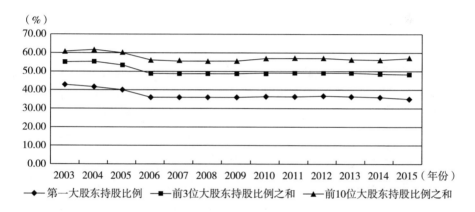

图 3-1　股权集中度

资料来源：根据 CSMAR 上市公司的数据整理。

从图 3-2 所示的终极控制人控制权特征来看，股权分置改革之初，终极控制人所持有的现金流权和控制权均有所下降。在 2006 年股权分置改革后，终极控制人所持有的现金流权和控制权比例上升到股权分置改革前终极控制人所持有的现金流权和控制权水平，进一步说明股权分置改革并没有改变大股东的掏空动机，大股东追求的主要利益来源依然是控制权收益。La Porta 等（2002）、Claessens 等（2002）等文献认为大股东掏空问题产生的原因是大股东拥有的现金流权和控制权的分离，大股东掏空是大股东控制权收益来源的一个重要渠道，我国上市公司的两权分离度没有受到股权分置改革的明显影响，表明股权分置改革没有解决大股东控制下的代理问题，大股东掏空动机依然明显。

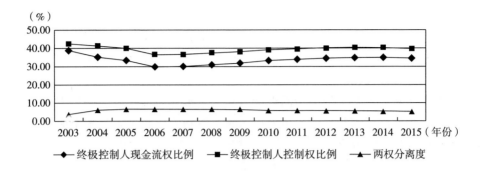

图 3-2　终极控制人控制权特征及两权分离度

资料来源：根据 CSMAR 上市公司的数据整理。

（二）我国上市公司大股东掏空的具体表现

1. 资金占用

上市公司大股东资金占用是我国上市公司普遍存在的问题，资金占用又包括经营性资金占用和非经营性资金占用（李增泉等，2004），其中经营性资金占用主要用应收账款和预付账款表示，而非经营性资金占用主要反映在其他应收款项中。我国资本市场成立初期的大股东资金占用现象非常严重，在 2000 年左右上市公司的平均其他应收账款占总资产的 10% 左右，平均应收账款占总资产的 20% 左右。由于资金占用严重影响了上市公司的治理机制及资本市场的正常运转，因此我国证监会自 2001 年起就密切关注大股东的资金占用行为，并积极采取相关措施对上市公司的大股东资金占用问题进行治理；2002 年中国证监会和国家经贸委发布《上市公司治理准则》，要求上市公司采取有效措施防止大股东以各种形式占用或者转移公司的资金及资源；2003 年中国证监会颁布《关于规范上市公司与关联方资金往来及上市公司对外担保若干问题的通知》，对大股东无偿占用上市公司资金进行规范；2004 年中国证监会发布《关于加强社会公众股股东权益保护的若干规定》，规定上市公司控股股东及实际控制人不得违规占用上市公司资金，损害上市公司和社会公众股股东的合法权益；2005 年国务院批转了中国证监会《关于提高上市公司质量的意见》，对大股东侵占上市公司的现象进行清理，并督促大股东采取现金清偿、红利抵债、以股抵债、以资抵债等多种方式加快偿还所侵占的资金。虽然我国上市公司的资金占用现象在中国证监会的相关政策下得到了一定改善，也在一定程度上降低了公司的经营风险，但是我国上市公司的资金占用现象依然广泛存在，我国上市公司要杜绝大股东的资金占用问题还任重道远。

2. 关联交易

我国上市公司大股东另外一种常用的掏空方式是关联交易，关联交易往往具有两面性：一方面能够降低交易成本、发挥集团公司的协同效应、促进上市公司绩效的增加，另一方面是控股股东可以通过关联交易侵占公司的利益。由于关联交易具有两面性，导致关联交易相对于资金占用更加具有隐蔽性，难以通过法律对关联交易的具体行为进行规定，相关治理机制也难以监督大股东通过关联交易进行掏空，因而使关联交易更容易成为大股东掏空的主要方式。根据 CSMAR 数据库的统计，截至 2015 年 12 月底，我国沪深 A 股（不含创业板和金融类企业）上市公司共有关联交易的记录 536181 条，其中上市公司与关联公司之间的交易记录有 485611 条，上市公司的各关联公司之间的交易记录有 50570 条。本书只考察上市公司与其关联公司的关联交易行为，上市公司与关联公司的 485611 条记录中，以人民币计价的交易记录有 470435 条，其他货币计价或者计价货币种类信息缺乏的记录 15176 条。由于人民币计价的交易记录占上市公司与关联公司的交易记录的 96.9%，为了避免其他货币计价造成的统计口径不一致或数据缺失影响数据的统计质量，因此本书只统计了以人民币计价的上市公司的关联交易行为，得到 1997~2015 年每笔关联交易的平均交易金额及关联交易笔数的情况，如图 3-3 所示。

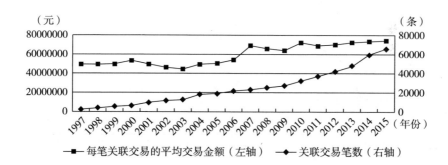

图 3-3　1997~2015 年每笔关联交易的平均交易金额及关联交易笔数

资料来源：根据 CSMAR 上市公司的数据整理。

从图 3-3 可以看出，关联交易笔数及每笔关联交易的平均交易金额呈上升趋势，那么每一年的关联交易总额的上升幅度无疑会更大。这些规模巨大的关联交易发生在与上市公司具有某种关联关系的主体之间。根据《企业会计准则第 36 号——关联方披露》，与上市公司具有某种关联关系的主体包括上市公司的母公司、子公司、受同一母公司控制的其他企业、主要投资者个人及与其关系密切的家庭成员、上市公司的合营企业、上市公司的联营企业等，表明上市公司关联交易的关联主体比较复杂。复杂的关联交易主体加大了相关治理机制对关联交易的监督难度，使关联交易更容易被大股东操纵以谋取私利。

根据 CSMAR 数据库进行整理，共有 12 种不同种类的关联方主体与上市公司发生了关联交易，其交易情况如表 3-1 所示。上市公司的大部分关联交易发生在上市公司的母公司、子公司或受同一母公司控制的其他企业之间，即上市公司的控股股东成为上市公司关联交易发生的主要对象，关联交易之所以频繁发生在其与控股股东之间与关联交易能够为大股东提供利益侵占的便利是分不开的。

表 3-1　上市公司与不同类型的关联方交易情况

关联方主体类型	交易笔数（条）	交易金额占比（%）
上市公司的母公司	104776	34.9
上市公司的子公司	54531	11.3
与上市公司受同一母公司控制的其他企业	167250	27.3
对上市公司实施共同控制的投资方	111	0.0
对上市公司施加重大影响的投资方	11851	2.1
上市公司的合营企业	9514	2.6
上市公司的联营企业	41229	7.8
上市公司的主要投资者个人及与其关系密切的家庭成员	864	0.1
上市公司或其母公司的关键管理人员及与其关系密切的家庭成员	11831	0.3
上市公司主要投资者个人、关键管理人员或与其关系密切的家庭成员控制、共同控制或者施加重大影响的企业	8249	1.2
其他	60229	12.6

资料来源：根据 CSMAR 上市公司的数据整理。

从不同关联交易事项来看，关联交易的具体方式包括商品交易、提供或接受劳务、担保抵押、合作项目、研究与开发成果等。合作项目、研究与开发成果等类型的关联交易等能够发挥集团公司的协同效益以提升公司的研究创新能力，从而提升上市公司的价值，而担保抵押、商品交易、资金交易、提供或接受劳务等关联交易对于是否能够发挥集团公司的协同效益存在较大的不确定性，商品交易、提供或接受劳务这些类型的关联交易往往会给交易双方留下很多可以操控的余地，影响信息披露效果。担保抵押和资金交易虽然能够在企业缺乏资金的时候为企业提供资金周转，但是由于资产的质量也存在很大的不确定性，导致担保抵押、商品交易、资金交易、提供或者接受劳务等关联交易更容易成为关联方利益输送的渠道。

根据 CSMAR 数据库对关联交易的事项进行统计的结果（见图 3-4）显示，大部分的关联交易是商品交易、担保抵押、提供或接受劳务等形式，而合作项目、研究与开发成果等能够发挥集团公司协同效益的关联交易占比较少，其中商品交易、担保抵押、提供或接受劳务、资金交易的关联交易笔数和交易金额占总关联交易的笔数和金额分别达到 83.8% 和 91.8%。而大多数关联交易发生在上市公司及与其控股股东有关联的企业中，进一步反映了大部分关联交易与大股东利用关联交易进行掏空具有一定的关系。

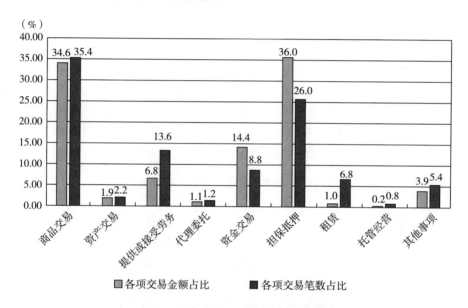

图 3-4　不同关联交易事项的统计结果

注："其他事项"包含"赠予""非货币交易""股权交易""债权债务类交易""合作项目""许可协议""研究与开发成果""关键管理人员报酬"等事项。

资料来源：根据 CSMAR 上市公司的数据整理。

3. 关联担保

为关联方提供担保的行为可能会使信息不对称问题更加严重，加大了上市公司的财务风险和经营风险，关联担保抵押一直以来被认为是控股股东恶意侵占上市公司利益的行为，受到国家相关部门和学术界的重视。2000 年 6 月中国证监会发布的《关于上市公司为他人提供担保有关问题的通知》（证监公司字〔2000〕61 号）、2003 年 8 月中国证监会与国务院国有资产监督管理委员会联合发布《关于规范上市公司与关联方资金往来及上市公司对外担保若干问题的通知》，以遏制关联担保抵押带来的危害。根据 CSMAR 数据库对关联担保抵押行为的统计（见图3-5），国家相关政策并没有有效遏制上市公司关联担保抵押的行为，1997~2015 年关联担保抵押金额呈快速上升趋势，关联担保抵押的交易金额及笔数占关联交易金额及笔数的比重也呈上升趋势，而从图3-3看出关联交易的交易金额及笔数都是呈上升趋势的，进一步说明了关联担保抵押交易金额及笔数的上升趋势比较明显。

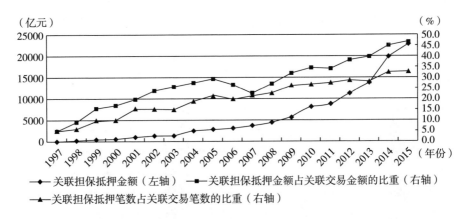

图 3-5　1997~2015 年我国上市公司关联担保抵押情况

资料来源：根据 CSMAR 上市公司的数据整理。

从大股东资金占用、关联交易及关联担保的情况可以看出我国大股东掏空问题依然相当严峻。虽然中国证监会等相关部门采取了一系列的积极措施遏制大股东的掏空行为，但只是取得了局部效果，总体上依然没有解决甚至没有缓解大股东的掏空行为。在国家相关政策规范下，虽然上市公司资金占用金额占公司总资产的比例有所下降，降低了公司的经营风险，也使大股东不易被监管部门发现其掏空行为，但是我国上市公司大股东资金占用的总金额及总笔数都在逐步上升，表明上市公司可能会以更隐蔽的手段逃避监管层谋取私利。对于关联交易来说，关联方主体的复杂性及关联交易方式的多样性为关联交易的监管带来了一定的难度，也使上市公司的信息披露产生更大的不透明性。上市公司的关联交易主要发生在其与大股东或者大股东控制的相关企业之间，所采用的也是商品交易、担保抵押、提供或接受劳务、资金交易等隐蔽性较强的关联交易方式，而不是合作项目、研究与开发成果等透明度比较高且能够发挥企业协同效应的交易方式，逐年上升的关联交易金额及笔数表明了大股东利用关联交易进行掏空的行为日益猖獗。关联交易中的关联担保抵押一直以来受到政府和学术界的重视，政府虽然采取了一系列的措施专门遏制大股东的关联担保抵押行为，但是并没有取得显著的成效。从大股东资金占用、关联交易及关联担保等所反映的大股东掏空现状来看，我国上市公司大股东掏空问题依然严峻，相关政策没有彻底解决或减缓大股东掏空的问题。大股东掏空问题的真正解决还任重道远，需要引起学术界及相关政府部门足够的重视，深入研究大股东的掏空方式及手段并加大整治力度，彻底解决大股东掏空问题，避免大股东掏空行为对上市公司治理、信息披露、经营及绩效所造成的负面影响，使我国资本市场能够进一步健康发展。

二、我国上市公司债务融资现状

资金作为企业生产运营过程中不可缺少的资源，企业的资金来源一般包括权益融资、内源融资以及债务融资。对于已经上市的公司来说，权益融资主要包括配股和增发两种形式，而配股和增发均对上市公司的盈利能力有一定的要求。内源融资主要来源于折旧和留存收益，折旧是依据公司的资产状况按照规定提取的，留存收益同样对上市公司的盈利有一定的要求，因此上市公司难以在短时间内通过留存收益和折旧获得资金，当公司急需资金时最容易采取的融资方式是债务融资。采用按时还本付息获得资金的债务融资作为上市公司重要的资金来源，具有不同的形式，其中按照期限可以将债务融资分为长期债务融资和短期债务融资，按照债权人的来源可以将债务融资分为银行借款、发行债券以及商业信用。

1949~1978年，这一时期我国企业的融资来源比较单一，银行成为企业资金来源的主要渠道。中国的市场化改革改变了我国银行作为财政政策工具的局面，企业也获得了一定的经营自主权，企业的营业利润也不需要全部上缴国家，而是将部分利润用作企业的发展或者补充经营所需要的流动资金，银行也不再无偿为企业提供流动资金，这些市场化改革改变了我国企业的融资状况。我国实行市场经济体制改革以前，企业可以无偿从银行获得流动资金。1980年，全国国有及规模以上非国有企业的平均资产负债率仅为18.7%，随着我国企业和银行获得自主经营权，企业不再无偿通过财政的工具从银行补充流动资金，而是以贷款的形式从银行获得资金，企业的资本结构发生了根本性变化，导致企业的资产负债率从1980年的18.7%上升到1987年的52.3%（黄辉，2012）。由于长期以来银行为企业无偿提供流动资金，导致企业的生产效率非常低，当企业不能通过银行无偿获得资金时则需要通过银行获得大量的贷款维持企业的生产经营，增加了企业的债务压力。20世纪90年代初成立证券市场的目的就是减轻企业的债务压力、改变我国企业长期在银行无偿提供资金状况下所集聚的无效率生产状态、建立现代企业制度、优化企业的治理结构，以提升我国企业的经营绩效。

在我国证券市场成立初期，上市公司的资金来源以银行借款为主。图3-6是

1990~2015 年我国上市公司的权益融资、债务融资以及内源融资的占比情况，债务融资成为我国上市公司资金的主要来源，2005 年以前债务融资占上市公司资金来源的比例一直维持在 60%~80%。随着股权分置改革及一系列优化企业治理结构、提升企业绩效方面政策的落实，我国上市公司的融资结构发生了显著的变化，由 1990 年主要依赖银行借款获得资金来源的方式变为从银行借款、债券发行、IPO 等多种融资渠道获得资金。由于企业经营绩效逐渐获得改善，内源融资占上市公司资金来源的比重逐渐上升并成为上市公司主要的资金来源。虽然股权分置改革后债务融资在上市公司所有资金来源中的比重有所降低，但是债务融资一直是我国上市公司的重要资金来源，图 3-7 显示，2015 年我国上市公司的债务融资占资金来源的比重达到 46.6%，表明债务融资在我国上市公司的融资来源中还是占有重要的地位。

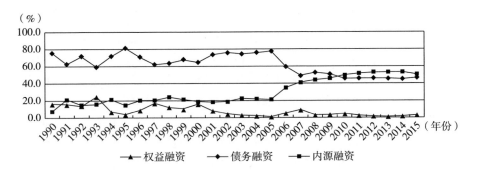

图 3-6　1990~2015 年我国上市公司的资金来源情况

资料来源：根据 CSMAR 数据库计算得来。

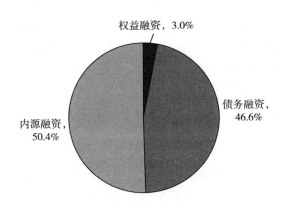

图 3-7　2015 年我国上市公司资金来源结构

资料来源：根据 CSMAR 数据库计算得来。

从我国上市公司债务融资的来源来看，在我国资本市场发展初期，银行借款是上市公司债务融资的主要来源，1990~1991 年的银行借款占上市公司总债务融资的比例达到 80% 以上（见图 3-8）。随着我国上市公司融资渠道的拓展，我国上市公司的债务融资来源发生了显著变化，发行债券和商业信用占债务融资的比例逐渐上升。

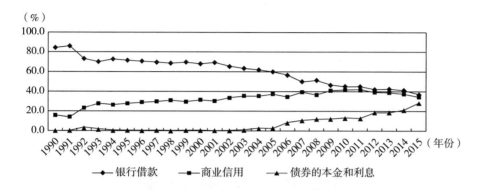

图 3-8　1990~2015 年我国上市公司的债务融资来源情况

资料来源：根据 CSMAR 数据库计算得来。

在 2007 年 8 月 14 日中国证监会发布《公司债券发行试点办法》之前，我国上市公司没有公开发行公司债的渠道而只能发行企业债和一些短期融资工具，企业债的发行额度也要受到国家发展改革委设定的额度限制，导致我国上市公司发行债券的积极性不高，债务融资占上市公司的融资比例也很低。随着相关政策的完善，企业发行债券在融资结构中的比重越来越大，近些年呈快速发展的趋势，有望超过银行借款成为企业债务融资的主要渠道。商业信用一般来源于与企业经营业务具有密切关系的企业，其对企业的经营状况比较了解，在银行与企业信息不对称比较严重的情况下，有些企业能够利用商业信用缓解公司的资金压力，表明商业信用具有一定的信息优势（刘仁伍和盛文军，2011；陆正飞和杨德明，2011）。公司采用商业信用融资不仅获得了资金，更重要的是通过商业信用结交了重要的商业伙伴，商业信用能够作为银行借款的补充，其在上市公司融资中的比重也缓慢上升。随着发行债券和商业信用在上市公司融资中的地位逐渐上升，银行借款在上市公司融资中的地位逐渐下降，2015 年银行借款、商业信用和发行债券在上市公司债务融资中的地位相当，占比分别为 37.3%、34.5% 和 28.2%（见图 3-9）。

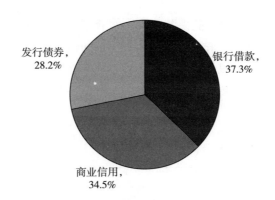

图 3-9　2015 年我国上市公司债务来源结构

资料来源：根据 CSMAR 数据库计算得来。

第二节　债权治理机制

　　根据委托代理理论及利益相关者理论，企业是由股东、债权人、管理者、供应商、一般员工、消费者等组成的契约联结，各利益相关者都对公司进行了专用性投资，理应获得公司的剩余控制权。由于资产具有排他性（Hart and Moore，1991），谁拥有企业控制权就会排斥其他利益相关者拥有这些资产的权利，其他利益相关者将各自的权利委托给掌握控制权的利益相关者从而形成委托代理关系，代理人可能会为了自己的利益损害委托人的利益。债权人作为公司的利益相关者，在正常情况下一般不掌握公司的经营权和控制权，如果公司在获得债务融资后进行过度投资、发行更高优先级别的债券以及将资金用作股利分配给股东等将有可能损害债权人的利益，债权人有必要与公司签订一系列债务合同以保障自己的利益不受侵害。从现有文献的研究结果来看，债权人与公司签订保障自身利益的合同条款以及对公司的监督作用不仅能够保护债权人的利益，而且能够降低公司的股权代理成本，完善公司的治理机制。根据现有文献的研究成果，可以从以下四个方面对债权治理的机制及其特点进行阐述。

一、债权的约束机制

　　Jensen（1986）从自由现金流的角度就债权对经理人的约束作用进行了分析，公司定期为债务融资支付本息减少了公司内部人持有的现金流，减少了损害公司价值的行为，提升了公司的价值。如果公司没有债务而是全部采取股权融资的方式，公司内部人将有可能在获得股权融资后采取偷懒的行为，若外部投资者在预料到公司内部人的偷懒行为后便不再为其提供资金，则会导致代理成本的增加。Grossman 和 Hart（1982）从债务担保模型的角度指出债务融资能够约束公司内部人在获得融资后的偷懒行为，缓解公司内部人与外部股权投资者的代理冲突，提升公司的价值。Townsend（1979）指出如果投资者在事后花费一定的成本对公司内部人的行为进行验证，那么满足激励相容条件的合理债务契约能够解决信息不对称条件下的代理问题。Harris 和 Raviv（1990）指出公司内部人并不总是从外部投资者的利益出发，当公司违反债务合同时，债权人具有迫使公司进入破产清算程序的权力，这在一定程度上可以对公司内部人进行有效的约束。除了实际的破产清算程序能够对内部人进行约束之外，债权人也可以通过破产清算威胁对正常经营状况下的公司内部人进行约束。Kahan 和 Rock（2009）提供了一些正常运营中的企业管理层受债权人约束的案例。Akins 等（2020）发现债权人在公司能够按时偿还利息且没有违约行为的情况下，可以通过管理层替换限制条款影响管理层的任免、选举和任期。

债权治理还可以依靠声誉机制对企业内部人进行约束。Klein 和 Leffler（1981）的研究表明，企业在长期经营过程中与债权人之间的博弈是一种无限次的重复博弈机制，将促使企业遵守合同条款规定的内容，否则下一次企业借债将面临困难，因此声誉机制能够促使债务人自动履行债权人与债务人双方协商的合同条款。Diamond（1989）、Hirshleifer 和 Thakor（1992）分别建立声誉模型对企业内部人的资产替代行为进行研究，由于债权人能够通过债务人的历史行为来判断企业的好坏，企业的声誉越高，借款成本就越低，因此企业将减少拖欠债权人贷款及获得债务融资后的过度投资行为。

二、信号传递机制

公司的外部投资者将公司委托给公司内部人管理，但委托人和代理人之间存在信息不对称，信息不对称将有可能导致事后的道德风险和事前的逆向选择问题。其中，事后的道德风险问题是指公司内部人在获得外部投资者的资金后可能会利用自己的信息优势，以委托人的利益为代价谋取自己的利益；逆向选择问题是指公司内部人知道公司的真实价值，一些低质量的公司可能会冒充高质量的公司，投资者不知道每个公司的质量而只知道市场上所有公司的平均情况。一般质量高的公司风险较低，但是承诺的收益率不高；而质量低的公司承诺的投资收益率可能较高，投资者可根据公司承诺的收益率进行投资。一些风险高的低质量公司可能会因承诺过高的收益率而获得投资，导致风险低的高质量公司由于承诺收益低反而没有获得应有的投资，这不仅导致投资资源的错配，而且增加了投资者的风险。为了使投资者甄别出好的公司，Ross（1977）从信号传递的角度分析了债务的作用，对企业内部人采取合适的激励机制，企业在所承受范围内发行更多的债券能够提升经营者的报酬，高质量的企业相对于低质量的企业来说发行更多的债券将使经营者获得更多的收益，而低质量企业由于债务的边际预期破产成本较高，所以只能发行较少的债券。外部投资者可以凭借公司的债务融资比例来判断企业价值的高低，确定自己的投资项目。Leland 和 Pyle（1977）通过内部人持股比例信号传递模型研究了债权的激励机制，由于项目具有不确定性而企业家知道项目收益的分布，为了使外部投资者相信企业的真实价值，企业家的持股比例能够体现项目的质量，因为公司的价值是企业家持股比例的函数。他们的模型发现，企业家持有公司的股份越多，公司的价值越高，同时公司的负债水平与企业家持有的股份正相关，即公司的负债水平能够反映出公司的价值，即公司负债水平越高，公司的价值越高。

三、债权人的监督机制

债权人不仅可以在公司违反债务合同规定后对公司的经营活动进行干预，而且可以在公司正常经营的过程中发挥相应的监督作用。Jensen 和 Meckling（1976）认为债权人的监督支出是债权代理成本的一部分。张文魁（2000）从偿债保障机制的角度指出企业负债不仅起着税盾和财务杠杆的作用，而且还能够强化对经理的监督，发挥相应的公司治理作用。由于信息不对称的存在，债权人对债务人的监督需要搜集相应的信息，而搜集这些信息需要花费一定的成本，金融中介理论认为金融中介的信息优势可以低成本地对债务人进行监督。Diamond（1984）指出众多债权人不仅会产生重复监督，而且每一个债权人付出的成本可能大于监督产生的收益，导致监督的"搭便车"问题，而银行作为金融中介不仅具有信息搜集优势，而且能够减少众多债权人重复监督产生的高监督成本问题，因此银行等金融机构能够对债务人进行更好的监督。陈骏（2010）指出债务契约的治理机制不仅包括契约签订前的审计和考核，而且包括契约签订后的持续监督。在债务契约签订前，银行会通过会计信息了解企业的财务状况和经营状况，据此决定是否发放贷款以及贷款合同的内容和额度，发放贷款后，银行会考察企业资金的投向和使用情况，一旦发现企业违反债务契约规定将及时收回贷款，在企业无法按期归还贷款的情况下，银行还可能会执行破产清算程序以维护自身利益。Fama（1985）认为适度负债可以缓解外部投资者和内部人控制的利益冲突问题，因为银行等债权人具有信息优势，能够对经理人的行为进行监督并影响公司决策。

Cantillo 和 Wright（2000）认为银行的信息优势不仅在事前能够选择好的项目，事中能够对债务人进行有效的监督，而且在处理公司违约时的重组谈判中具有重要的作用。Hoshi 等（1990）发现与银行关系密切的公司在陷入财务困境后业绩恢复较快，因为这些公司的"搭便车"问题以及非对称信息问题没有其他公司严重，公司陷入财务困境后的重新谈判成本较低。Chemmanur 和 Fulghieri（1994）指出在公司陷入破产困境时，银行专家能够对困境公司的价值进行合理评估，实行有差别的清算，使清算更有效率。Höwer（2016）发现银行的信息优势能够提高债权人对困境公司的清算效率，但是困境公司与银行的关系会对清算效率产生影响。

四、债权的相机治理机制

尽管委托人和代理人之间存在信息不对称的问题，但如果存在一个完备的契约能够对公司可能发生的所有状态进行描述，则委托人可以在事后花费一定的成本验证代理人的行为，那么委托人将能够与代理人协商一个最优激励相容的契约合同来解决委托人与代理人之间的信息不对称问题。由于契约的不完全性，债务合同不能对公司内部人的所有行为进行规定，在事后花费一定的成本去验证代理人的行为也难以解决双方之间的委托代理问题，在不完全契约的情况下，需要通过合理的控制权配置解决契约所规定双方的权利和义务之外的公司决策权问题。Aghion 和 Bolton（1992）指出债务实际上是一种相机治理的工具，当企业的利润较高时由企业家掌握控制权，而当企业利润较低影响债权人的利益时将由债权人掌握公司的控制权，并且证明了控制权相机转移的机制优于将控制权安排给投资者或企业家。Maskin 和 Tirole（1999）指出，尽管缔约方不能对未来的状态进行清晰的描述，但是只要可以预测未来各种状态下的收益，就可以设计一个完全的合同对代理人的行为进行有效的约束，即合约的不完全与状态的可描述性无关。根据 Maskin 和 Tirole 的研究，可以通过债务契约对公司各种财务状况下的控制权进行合理的分配，为债权的相机治理机制的合理性提供进一步的理论支持。Dewatripont 和 Tirole（1994）指出，在不完全契约的情况下，通过相机治理机制，债务融资的"硬约束"不仅能够保护债权人的利益而提升公司的价值，而且可以提升中小股东的价值。青木昌彦和张春霖（1994）指出，股权治理难以解决转轨经济中的企业内部人控制问题，应该发挥银行等债权人的相机治理作用，当公司的财务状况良好时，银行对企业的经营决策不加以干预，而当公司陷入困境时，银行应该掌握公司的控制权，并对公司进行相应的干预和监督，将有利于完善公司的治理结构。

从债权治理的机制及特点可以看出，债权治理不仅能够对公司内部人进行有效的约束以解决信息不对称所导致的事后道德风险问题，而且可以为外部投资者提供一个有效甄别公司真实价值的信号以解决信息不对称导致的事前逆向选择问题。债权的监督作用不仅能提升公司的价值，而且为契约不完全条件下的代理问题提供了一个较好的解决方案。债权治理不仅能够保护债权人的利益不受公司内部人的侵害，而且可以缓解外部中小股东与公司内部人的利益冲突，提升公司的价值，但是现有文献关于债权治理能够缓解公司内部人与中小股东的利益冲突的研究，都是在股权分散框架下提出来的，而股权集中现象在全球范围内广泛存在，相关文献发现在股权集中情况下存在大股东侵害中小股东及债权人利益的问题，债权治理在股权集中的框架下是否能够发挥相应的治理作用还有待进一步研究。

第三节 公司不同经营状态下的债权治理效应分析

债务作为上市公司的重要资金来源，与股权一样，其对公司具有重要的治理作用。Williamson（1988）指出债权和股权是公司两种重要的资金来源，是公司资本结构的主要部分，也是相对应的两种重要的治理结构，债权治理比股权治理具有更强的约束力，能够在适当的时候作为股权治理的补充，在公司治理中发挥不可或缺的作用。现有文献研究结果表明债权治理的信号传递机制、约束机制、监督机制以及相机治理机制能够缓和公司内部人与外部投资者之间的代理冲突，增加公司的价值。但是这些文献基本上是在股权分散的治理结构框架下，考察债权治理对公司内部人与外部投资者代理冲突的影响，很少有文献考察债权治理对股权集中情况下的公司内部人与外部投资者利益冲突的影响。由于在大股东控制下债权人同样面临资产替代、破产成本等利益侵害，所以债权人有必要采取一定的措施保障自己的利益不受侵害。在股权集中情况下，债务合同要求公司按时偿还本息的"硬约束"依然存在，在公司债务违约时，债权人仍然拥有要求公司偿还债务的权利，并在公司经营不善影响债权人的利益时获得公司控制权的原则没有实质性改变，在股权分散状况下的债权治理机制也应该能够在股权集中状况下发挥相应的治理作用，本节将从债权治理的信号传递机制、约束机制、监督机制以及相机治理机制出发阐述债权治理对大股东掏空的抑制作用。信号传递机制、约束机制、监督机制一般在公司正常经营情况下发挥相应的治理作用，而相机治理机制是在公司出现经营不善等特殊状况进而影响债权人的利益时才发挥治理作用，因此有必要基于企业不同经营状况对债权治理影响大股东掏空的理论进行分析。

一、公司经营良好情况下债权治理影响大股东掏空的理论分析

根据契约理论，公司是由股东、经理人、债权人以及雇员等利益相关者组成的契约联结，各利益相关者都对公司投入了不同的专用性资产，理应掌握公司剩余控制权。但是公司的剩余控制权具有排他性的权力，不能由所有利益相关者掌握，而只能由某一方利益相关者掌握，其他利益相关者将自己的剩余控制权通过契约的形式委托给掌握公司控制权的一方，形成委托代理关系。剩余控制权与剩余索取权相对应，一般由股东掌握剩余索取权，其他利益相关者将剩余控制权委托给股东后拥有获取固定索取权的权利，如债权人拥有获取固定收益的权利、雇员拥有获取固定工资的权利等，使股东成为公司剩余索取权的唯一拥有者，使实现公司价值最大化转化为实现股东利益最大化。股东虽然拥有公司的全部剩余索取权，但是在股权分散的情况下，全体股东将公司的控制权委托给经理人进行管理，导致了控制权与索取权的分离，经理人可能会利用所掌握的控制权损害股东的利益，产生经理人与股东之间的代理问题。事实上，除了美国和英国等具有很好的投资者保护制度的经济体之外，股权集中的现象在全球范围内广泛存在（La Porta et al.，1999），而在股权集中的情况下存在大股东与中小股东利益冲突的大股东掏空现象。

不少学者就公司的内部治理机制和外部治理机制对大股东掏空的制衡作用进行了研究，指出大股东能够凭借股权优势控制股东大会、操纵董事会成员影响董事会的独立性、影响 CEO 的激励使经理配合大股东进行掏空、贿赂外部审计人员和媒体监督人员。虽然相关文献发现法律制度等外部治理能够在一定程度上缓解大股东掏空行为，但是法律制度也需要通过相应的内部治理机制才能发挥作用，因此如何通过公司内部和外部治理机制抑制大股东掏空是一项艰巨的研究工作。从全球的公司治理现状来看，英国、美国、德国、日本等是目前能够成功解决大股东掏空问题的国家，其中包含两种成功的治理模式：一种是以英国和美国为代表的以完善的资本市场机制和有效的法律制度对中小投资者提供保护的市场治理模式；另一种是以德国和日本为代表的以银行治理为主的治理模式。由于第一种治理模式所需要的完善的法律制度难以在短期内建立，Shleifer 和 Vishny（1997）指出，如果发展中国家或者转型中的国家的公司治理能够成功地实现向以德国和日本为代表的主银行制度的转变，将是这些国家的幸事。银行治理作为债权治理机制的一部分，银行不仅能够利用自身具有的信息优势对公司进行监督，而且能够与公司签订对公司内部人具有较强约束能力和激励能力的债务契约，银行治理在完善德国和日本等国家的公司治理机制方面发挥了重要的作用。

本部分将分别从信号传递机制、约束机制、监督机制三个方面对债权治理对大股东掏空的抑制作用进行分析。

首先，债权治理的信号传递机制对大股东掏空的抑制作用。大股东掏空问题产生的原因是大股东所掌握的控制权和现金流权不匹配（La Porta et al.，2002；Claessens et al.，2002），Jensen 和 Meckling（1976）指出公司采用债务融资的方式可以增加公司内部人持有公司股份的激励，降低公司内部人与外部股东之间的代理冲突。在 Jensen 和 Meckling（1976）的模型中，公司起初的资本结构为100%的股权融资且由企业家拥有全部股权，当公司为了扩大生产需要获得更多的资金时，一般有股权和债权两种资金来源，采用股权融资将稀释企业家所持有公司的股份并导致股权代理成本的产生，而采用债务融资则不会稀释企业家所持有公司的股份，反而会间接增加企业家所持有公司的股份从而提升企业家的激励，但是会产生债权代理成本，公司的最优资本结构是权衡股权代理成本和债权代理成本后的结果。大股东掏空问题的产生是由于大股东所持有现金流权和控制权的不匹配，在大股东控制下，公司进行债务融资理应能够在不稀释股权的情况下获得资金并增加大股东等公司内部人持有公司股份，增加对大股东的激励作用，减少大股东所掌握的控制权与现金流权不匹配所导致的大股东掏空问题。

设大股东持有公司的股份金额为 A，其他中小股东所持有的股份金额为 B，假定公司的债务融资金额为 D，设公司的资产收益率为 r_1，债务利息率为 r_2，当公司的资产收益率大于债务利息率时公司才会采取债务融资，即 $r_1 > r_2$，则大股东的收益为：

$$r = \frac{A}{A+B} \left[(A+B) \times r_1 + (r_1 - r_2) \times D \right] = A \times r_1 + \frac{A}{A+B} \times (r_1 - r_2) \times D \qquad (3-1)$$

式（3-1）表明随着公司债务融资规模的增加，大股东的收益增加，即大股东的剩余索取权增加，债务融资降低了大股东的控制权与现金流权的不匹配程度。根据 La Porta 等（2002）、Claessens 等（2002）等文献的研究结论，大股东的控制权与现金流权的不匹配程度越低，大股东掏空动机越小，即债权治理的信号传递作用理应能够降低大股东的掏空程度。

其次，债权治理的约束机制对大股东掏空的抑制作用。债权相对于股权属于"硬约束"，当公司不能按时还本付息时，债权人有权力执行破产程序从而对公司内部人形成威胁。大股东掏空常用的方式有资金占用、关联交易及资产转移等，债权不仅能够以破产威胁的方式对公司内部人造成压力，而且还能够使公司按时还本付息，降低大股东资金占用的可能性，甚至还可以减少公司内部人利用公司现金流的过度投资行为（Jensen，1986），从而减小对外部中小股东的侵害。

最后，债权治理的监督机制对大股东掏空的抑制作用。公司采用债务融资的方式没有稀释公司的股权，公司在债务合同的规定下需要按时还本付息，在一定程度上为大股东带来了激励和约束，能够抑制大股东的掏空行为。但是，债权人为了维护自己的利益不受到公司内部人的侵害，除了会与公司签订相应的合同条款之外还会对公司进行监督，债务合同的条款也需要在债权人对公司进行监督的基础上才能更有效地发挥相应的治理作用。张文魁（2000）指出企业负债不仅起着税盾和财务杠杆的作用，而且能够对公司内部人进行监督，提升公司的治理水平。Faccio 等（2001，2003，2010）、Claessens 等（2002）认为一个地区的公司治理水平影响大股东的掏空行为，大股东掏空问题在东亚等地区的公司中普遍存在。王超恩和张瑞君（2015）从理论和实证分析得出高质量的内部控制能够降低大股东的掏空水平。从大股东的掏空方式来看，现有文献研究表明大股东往往通过关联交易、资金占用、股利政策等方式对上市公司进行掏空（刘娥平和贺晋，2014），这些掏空方式不仅侵害了中小股东的利益，而且会影响债权人的利益。如果大股东通过关联交易转移公司的资产造成公司资不抵债，将影响公司债务的偿还，大股东利用债务融资发放股利更是对债权人利益的直接侵害（Smith and Warner，1979），这促使债权人对大股东的掏空行为进行监督，刘娥平和贺晋（2014）发现债权人的监督能够对大股东掏空行为进行约束。由于信息不对称，债权人对债务人进行监督需要花费一定的成本搜集相关信息，Cantillo 和 Wright（2000）认为银行的信息优势不仅能够使银行在事前选择好的项目，事中对债务人进行更好的监督，而且对处理公司违约时的重组谈判具有重要的作用。银行借款依靠信贷合同赋予的权利和义务对借款人发挥治理作用，其对大股东掏空的监督离不开信贷合同。我国商业银行的贷款流程包括受理与调查、风险评估与审批、合同签订、发放与支付、贷后管理五个部分，银行借款对大股东掏空的监督机制也体现在信贷全流程管理的每个具体环节中。

二、公司经营不善状态下的债权治理影响大股东掏空的理论分析

在完全契约情况下，尽管公司内部人与外部投资者之间存在信息不对称，但是仍然能够通过有效的激励约束条件和加强监督促使公司内部人不损害外部投资者的利益。而现实中的契约是不完全的，契约没有完全规定公司所有的状态和事件，并且在契约的签订、执行和证实的过程中存在一定的成本。如果剩余控制权和剩余索取权没有对称安排，那么拥有较多控制权的一方可能会侵害拥有较少控制权的利益相关者。在股权集中的情况下，大股东所拥有的控制权与现金流权不匹配可能导致大股东掏空问题，即不完全契约理论下剩余控制权和剩余索取权没有对称安排的一种表现。大股东掏空的方式不是直接触犯法律和违反债务合同的规定，契约非完全性导致契约难以对大股东的行为进行详细的规定，这将使大股东利用契约非完全性所产生的漏洞进行掏空，损害公司的价值。债权人在公司经营不善时获得控制权的相机治理机制是一种重要的治理机制，能够缓解契约非完全性所带来的代理冲突，减少大股东的掏空行为。

债权人享有公司利益的固定索取权，如果要求债务合同完全规定公司的所有事项是不现实的，在公司正常经营情况下股东拥有公司的剩余索取权，董事会和监事会对股东负责，按照股东价值最大化的理念经营公司。当公司经营状况不善导致不能按时偿还债务时，债权人有权根据《中华人民共和国企业破产法》的规定要求企业清偿债务，在债务人宣告破产前，债务人或出资额占债务人注册资本 1/10 以上的出资人可以向人民法院申请重整，法院将根据实际情况执行清算程序或重整程序。如果在法院受理债权人的破产清算案件后，债务人或出资额占债务人注册资本 1/10 以上的出资人没有提出重整申请，或重整申请没有获得批准，那么将执行破产清算程序，法院指定清算组对企业进行清算，按照所欠职工工资和劳动保险费用、税款、债权人的顺序进行清偿，清偿完毕后，债务人主体消失。在债务人或出资额占债务人注册资本 1/10 以上的出资人提出重整申请后，法院会对破产清算和重整所带来的价值进行权衡，如果重整产生的价值大于清算价值，那么法院一般选择重整。无论是选择重整程序还是破产清算程序，原公司的控制者都处于被动状态，债权人都掌握了控制公司的主动权。尽管重整程序可能会降低债权人的控制力度，但是债务人的重组谈判需要取得债权人的支持，如果债权人在重组过程中发现是大股东的掏空行为引起公司经营状况不善导致其不能按时偿还债务，那么债权人也能够依法追究大股东的责任，我国债权人有权依法追究大股东责任的依据主要有公司人格否定制度、撤销权制度、合并重整制度。

1. 公司人格否定制度

公司人格否定制度也被称为"揭开公司的面纱"，主要目的是根据特殊情况限制公司的有限责任制度。公司的有限责任制度降低了股东的风险，股东只是以对公司的出资额为限承担公司的经营责任，如果大股东因为有限责任制度而滥用职权追求自身利益最大化，可能会对债权人及其他利益相关者的利益造成损害，公司人格否定制度作为公司有限责任制度的补充，可以防止掌握公司控制权的股东滥用公司的法人性质和有限责任制度来逃避债务或者其他责任。公司人格否定制度能够有效避免公司控股股东掏空公司后留下"空壳"，以及让债权人及其他投资者承担大股东掏空所导致的公司价值损失。如果是由大股东的掏空行为影响公司的偿债能力，债权人不仅有权申请公司破产清算清偿债务，而且能根据《中华人民共和国公司法》的规定，要求大股东弥补其受到的损失。因此，大股东可能会基于公司人格否定制度减少其掏空行为。

2. 撤销权制度

撤销权制度是指破产管理人根据法院签发的命令撤销已经发生的所有权或者债权转移交易，《破产法》中对撤销权进行立法的目的包括两个方面：一方面，维护和恢复破产财团的价值，平等保护所有债权人的利益；另一方面，限制公司内部人在申请破产之前转移公司价值的行为。其中，第一个立法目的是在公司价值不变的情形下公平地保护公司的所有债权人及其他利益相关者，尽管公司破产清算时是按照一定的顺序清偿公司的债务，但是公司破产清算可能不足以全额清偿全部债权人，某些债权人可能会在公司出现偿付危机时提前催收债务，那么会导致其他债权人不能得到平等的保护，损害了其他债权人的利益。第二个立法目的是从限制内部人为了自身利益而损害公司价值的方面出发的，撤销权制度能够限制公司控股股东在公司破产前转移公司财产或者清偿与其存在关联关系方的债务，甚至采用虚构债务的掏空手段侵害公司利益的行为。

3. 合并重整制度

大股东可以利用其在公司集团中的控制地位，通过关联交易实行隐蔽的掏空行为，损害公司集团中子公司的债权人和中小股东的利益，因此在破产过程中不能仅仅以单一的法律实体作为破产对象，否则将难以对大股东利用集团公司进行掏空的行为加以限制。合并重整制度能够限制大股东通过关联交易、集团公司进行掏空损害债权人及中小股东利益的行为。错综的关联关系及内部交易加大了外部投资者与公司内部人之间的信息不对称程度，关联企业中往往存在大量的关联债务和关联担保，大股东可能会利用关联企业之间的交易掏空上市公司，然后以破产的形式逃避责任。合并重整就是法院根据实际的情况不仅考虑单个实体企业的独立特征，而且对与之相关联的企业的资产和负债进行合并，将集团当作单一的破产财产进行破产清算与重组。王佐发（2014）根据我国上市公司合并重整的实践，将我国上市公司合并重整分为四种类型：分别破产，合并审理；一家破产，其余连带；先行合并，再审破产；整体受理，阶段推进。由于我国上市公司一般都存在大股东，有些大股东通过关联交易转移上市公司的资产导致上市公司陷入财务困境，然后通过重整程序引进重组方或通过债转股挤压中小股东的股份，引进的新的重组方成为公司控股股东后将再一次利用关联交易掏空上市公司进行重组，如此循环地对中小股东进行掏空。合并重整制度将上市公司与控股股东所控制的其他企业合并后进行重整，能够有效保护债权人及中小股东的利益，对大股东掏空行为形成威慑，提高我国上市公司的治理水平。

破产清算虽然能够为债权人提供一定的保护，但是破产清算存在破产成本，股东在债权人执行破产程序后只能收回很少的本金甚至不能收回本金，大股东预期到破产清算给自己带来巨大的损失时也有可能会"孤注一掷"，更进一步加剧对上市公司的掏空。郑国坚等（2013）发现，当公司陷入财务困境使大股东面临破产威胁时，大股东可能会加剧对上市公司的掏空行为。因此，仅仅依靠破产清算机制可能不能有效地对大股东的掏空行为进行约束，而债权人在公司经营不善的情况下获得公司控制权的相机治理机制能够弥补破产清算机制的缺陷。另外，虽然一些公司在大股东掏空下因经营业绩不善而陷入财务困境，但一些公司在遏制大股东的掏空行为后能够改善业绩，避免中小股东在破产清算中遭受损失，即债权的相机治理机制也能够避免优质的公司被清算，从而保护中小股东的利益。债权作为一种"硬约束"，在公司经营不善时将控制权转移给债权人，不仅能够避免大股东的掏空行为，而且能够保护中小股东的利益。

上述分析表明在公司经营不善的状况下，债权人不仅能够通过获得控制权减少大股东的掏空行为，而且能够通过向法院申请公司清偿债务对大股东的掏空行为形成威慑。尽管债务人可能在债权人向法院申请公司清偿债务后会申请重整，但是在公司失去偿债能力后，债权人获得了较大的控制权；如果债权人知道是大股东的掏空行为引起公司经营不善而导致不能按时偿还债务，那么债权人也能够依法追究大股东的责任；公司人格否定制度、撤销权制度及合并重整制度能够为债权人追究大股东的掏空行为提供保障和威慑，抑制大股东的掏空行为。

另外，由于相关文献发现债务融资使大股东掌握了更多的资源，大股东通过掏空能够获得更多的收益，可能会加剧大股东掏空行为，所以本章接下来将对债权治理影响大股东掏空成本，进而影响大股东的掏空行为进行分析，进一步探讨债权治理的作用机制。

第四节　债权治理与大股东掏空成本

债权治理理论上能够通过所具有的机制对大股东的掏空行为产生抑制作用，我国也为完善债权治理的现实基础、建立债权治理在上市公司体系中的重要地位提供了较多的政策支持和法律安排。随着债权治理在公司治理中的作用被重视，相关文献对债权治理的效果进行了实证考察，部分文献的实证研究结果与债权治理的预期效果一致，即债权治理能够完善公司的治理结构并能抑制大股东的掏空行为，但是也有部分文献发现债权治理不仅不能够抑制大股东的掏空行为，反而加剧了大股东的掏空行为。Du 和 Dai（2005）从债务融资对大股东掏空的抑制作用以及加剧大股东掏空行为这两个方面进行了理论分析，并从实证的角度检验了两者的实际效果，实证结果表明债务融资加剧大股东掏空行为。Faccio 等（2001）

指出在法律制度不完善的东亚地区，债权成为大股东利益掠夺的工具，公司进行更多的债务融资意味着大股东在不稀释股权的情况下掌握更多的资源，为大股东掏空提供便利。

虽然债务融资使大股东掌握了更多的资源，大股东通过掏空能够获得更多的收益可能会加剧大股东掏空行为，但是债务契约具有法律效力，当大股东掏空行为导致债务人违反债务契约的规定时可能会受到一定的法律制裁。另外，大股东掏空行为损害了公司的价值、破坏了公司的治理结构并增加了公司的偿债风险，债权人为了保障自身的利益不受侵害可能会对大股东的行为进行监督。法律惩罚和债权人的监督势必会增加大股东掏空成本，债务融资虽然增加了大股东控制的资源可能会加剧大股东掏空行为，但是掏空成本的上升也可能会抑制大股东的掏空行为，因此债权治理对大股东掏空的影响效果将取决于大股东对掏空所获得的收益与付出的成本进行权衡的结果。公司经营不善影响公司的偿债能力，在一定程度上提高了债权人的风险，债权人为了收回本息可能会在公司经营不善时对公司进行更多的监督。这是债权治理影响大股东掏空成本的典型情景。La Porta 等（2002）构建了一个模型，从法律制度的角度分析了掏空成本对大股东掏空行为的影响。为了考察大股东掏空成本对债权治理抑制大股东掏空行为的影响，本书在 La Porta 等（2002）模型的基础上对债权治理影响大股东掏空成本，进而影响大股东权衡收益与付出成本后的掏空行为进行分析。

由于公司是由大股东控制的，设大股东持有公司的股份比例为 α，$0<\alpha<1$，大股东可能会在获得债务融资 L 后，通过关联交易等掏空方式转移一部分价值获得私人收益 s，公司获得债务后实际的投资额度为 L-s。大股东为了掏空需要支付一定的成本，如设立中介公司、承担法律风险等，La Porta（2002）认为大股东掏空所承担的成本函数是掏空程度 s 和制度环境对投资者的函数，由于制度环境会影响公司内部人与外部投资者的信息不对称程度，进而影响大股东掏空行为。本书设掏空所承担的成本为 C（s，k），其中 k 为信息不对称程度，k 越大信息不对称程度越低，并假设 C_s（s，k）>0，C_k（s，k）>0，C_{ss}（s，k）>0，C_{ks}（s，k）>0，其中第一个不等式反映了大股东掏空程度越高所需要承担的成本越高，第二个不等式反映信息不对称程度越低大股东掏空需要承担的成本越高，第三个不等式反映大股东掏空所需承担成本的增长幅度大于掏空程度增长的幅度，第四个不等式反映信息不对称程度越低，大股东掏空所承担的边际成本越高。设债务融资需要支付利率 i，公司的生产函数为 L^β，$0<\beta<1$ 反映资本的边际报酬递减规律，大股东要求的贴现率为 r，$0<r<1$。根据持续经营假设，企业的债务到期后能够通过发行新债进行延续，那么大股东的最优决策是在获得债务融资规模 L 后采取适当的掏空程度 s，使以下目标函数最大化：

$$V(s) = s - C(s, k) + \alpha \int_0^\infty \left[(L - s)^\beta - iL \right] e^{-rt} dt = s - C(s, k) +$$

$$\frac{\alpha (L - s)^\beta}{r} - \frac{\alpha iL}{r} \qquad (3-2)$$

为了求大股东的最优掏空程度 s，通过式（3-2）对 s 求一阶导数并令其等于 0，得到：

$$1 - C_s (s, k) - \frac{\alpha \beta (L-s)^{\beta-1}}{r} = 0 \qquad (3-3)$$

设满足式（3-3）的掏空程度为 s^*，s^* 为大股东的最优掏空程度：

$$C_s (s^*, k) = 1 - \frac{\alpha \beta (L-s^*)^{\beta-1}}{r} \qquad (3-4)$$

式（3-4）两边对 k 求导数得到：

$$C_{ks} (s^*, k) + C_{ss} (s^*, k) \frac{ds^*}{dk} = \frac{\alpha \beta (\beta-1) (L-s^*)^{\beta-2}}{r} \frac{ds^*}{dk}$$

化简得到：

$$\frac{ds^*}{dk} = \frac{C_{ks} (s^*, k)}{\dfrac{\alpha \beta (\beta-1) (L-s^*)^{\beta-2}}{r} - C_{ss} (s^*, k)} \qquad (3-5)$$

由 $C_{ss} (s, k) > 0$，$C_{ks} (s, k) > 0$，$0 < \beta < 1$，得到分子大于 0，分母小于 0，即 $\dfrac{ds^*}{dk} < 0$，信息不对称程度越低，增加大股东掏空的成本后能够减少债务融资所导致的大股东掏空行为。债权治理是一种被动的治理方式，债权人在公司正常运营时很少参与公司的经营决策，而是在公司经营行为产生后对公司的经营活动进行监督并影响公司后续的融资能力从而发挥治理作用。债权治理的约束机制、监督机制能够提高大股东掏空的成本，减少大股东的掏空行为。但是相关文献发现，债务融资使大股东掌握了更多的资源，也可能会加剧大股东掏空行为。式（3-5）的结果表明，债权人与大股东之间的信息不对称程度越低，越能够减少债务融资所导致的大股东掏空行为。

一般来说，当公司经营不善时，债权的相机治理机制能够使债权人对公司进行更多的监督，从而降低公司与债权人之间的信息不对称程度，增强债权治理对大股东掏空的约束作用。另外，债权人与债务人作为债务契约的双方，各自的特征也可能会影响债权人对公司的监督能力，从而影响债权人与公司之间的信息不对称程度，进而影响大股东掏空的成本以及债权治理对大股东掏空的约束作用。从债务人的角度来看，融资约束程度越高的公司对债权人的依赖越大，债权人对融资约束程度越高的公司进行的监督越多，融资约束程度高的公司也难以在大股东掏空行为影响公司声誉后获得融资，而债权人对大股东进行过多的监督或者大股东掏空影响公司的声誉可能会增加大股东掏空的成本，影响债权治理对大股东掏空的抑制效果；从债权人的角度来看，由于公司存在不同债权主体及不同期限的债权，而不同债权主体及期限的债权的利益趋向往往不一致，不同债权主体及不同债权期限的债权在公司债务中的分布情况可能会影响相应主体及期限的债权对大股东的监督能力，影响这一类债权人与公司之间的信息不对称程度，进而影响该类债权治理对大股东掏空的约束作用。

第五节　不同主体及不同期限的债权治理效应分析

从我国上市公司债务融资现状的分析可以发现，我国上市公司的债务融资具有不同的种类，其中根据不同期限可以分为长期债务和短期债务，根据不同来源可以将债务融资分为银行借款、商业信用和发行债券。不同的债务来源对应不同的债权人及不同的治理特征，其发挥治理作用的效果可能不同，不同期限的债权也具有不同的约束能力，有必要结合我国的制度环境分别从不同债权主体及不同债权期限的角度对债权的治理特征进行阐述。

一、不同债权主体对大股东掏空的影响

债务融资的具体来源主要包括银行贷款、银行短期融资、企业债券、金融租赁、政府贴息贷款等，不同的债务来源对应不同的债权主体，也对应不同的治理特征，其发挥的治理作用也不相同，本部分将基于不同债权主体的具体治理特征分析债权治理对大股东掏空的影响。

1. 银行借款

长期以来我国上市公司的债务融资主要是银行借款，随着上市公司资金来源增加及经营能力增强所带来的内源融资比例增加，银行借款在上市公司资金来源中的地位有所下降，但是其在我国上市公司债务融资中依旧占据非常重要的地位。2015 年银行借款占据债务资金及总资金的比例分别约为 40% 和 20%，如图 3-10 所示，表明银行借款还是我国上市公司的重要资金来源。

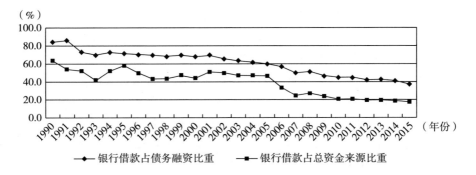

图 3—10 银行借款在我国上市公司资金来源中的地位

资料来源：根据 CSMAR 数据库整理计算得来。

　　长期以来，由于我国银行和国有企业的产权性质同属于国家以及商业银行自身治理机制的不完善，使我国银行难以发挥相应的治理作用，因此我国启动了一系列的商业银行改革措施以完善商业银行的治理结构。银行业改革的目的不仅是提升商业银行经营绩效，也包括促进商业银行发挥相应的治理作用，推动整个中国企业经营环境的改善。我国商业银行改革始于 1993 年发布的《国务院关于金融体制改革的决定》，该决定指出要按照现代商业银行的经营运行机制贯彻"自主经营、自担风险、自负盈亏、自我约束"的经营方针。1995 年《中华人民共和国商业银行法》正式颁布，要求商业银行在开展信贷业务时应当对借款人的借款用途、偿还能力、还款方式等情况进行严格审查并与借款人订立书面合同，到期贷款的本金和利息受法律保护，并要求商业银行实行审贷分离、分级审批的制度。为了规范贷款行为，保证信贷资产的安全，提高贷款使用的整体效益，促进社会经济的持续发展，中国人民银行于 1996 年颁布《贷款通则》，规定借款人应当具备产品有市场、生产经营有效益、不挤占挪用信贷资金、恪守信用等基本条件，并对贷款程序和贷款管理进行了规范，要求银行根据借款人的领导者素质、经济实力、资金结构、履约情况、经营效益和发展前景等因素对借款人进行信用评估及调查，发放贷款后银行应当对借款人履行合同的情况及经营情况进行追踪和检查。虽然《中华人民共和国商业银行法》和《贷款通则》对银行的信贷管理进行了规范，但是商业银行自身治理机制的不完善也会导致相关法律规定形同虚设，阻碍相关法律规定的执行。因此，2003 年我国启动了四大商业银行的股份制改革，以优化商业银行的股权结构和治理机制。目前中国工商银行、中国农业银行、中国银行、中国建设银行经过一系列的改革，基本上优化了自身的内部治理结构，能够在相关的激励约束机制下严格管理信贷质量，但是很多企业在贷款过程中还是存在贷款资金挪用、骗贷、过度授信等问题。为了在贷款流程上进一步防范信贷风险，原中国银行业监督管理委员会发布了《固定资产贷款管理暂行办法》《项目融资业务指引》《流动资金贷款管理暂行办法》和《个人贷款管理暂行办法》（以下称为"三个办法一个指引"），"三个办法一个指引"要求银行实行信贷全流程管理，从资金流向和用途对借款人进行监督并实行实贷实付制度，防止贷款被挪用。

商业银行改革及监管框架的完善使我国商业银行的抗风险能力显著增强，经受住了2008年国际金融危机的严重冲击，表明我国商业银行改革总体上取得了显著的成效。同时，一系列改革扫除了银行与企业的产权性质同属于国家而影响银行借款对企业约束的障碍，为企业从银行获得贷款后按照贷款合同按时还本付息提供了法律约束，加强了银行借款对企业的治理作用。大股东掏空问题与上市公司治理机制不完善密切相关，而银行作为金融中介机构具有较低的信息搜集成本、较好的信息优势及较强的信息处理能力（Diamond，1984；Fama，1983），使银行借款能够发挥治理作用。与董事会、监事会、股东大会等机构依靠投票决策发挥治理作用的内部治理机制和产品市场竞争、媒体监督等被动地发挥治理作用的外部治理机制不同，在企业正常运行状态下，银行借款是依靠信贷合同赋予的权利和义务对借款人发挥治理作用。由于我国银行并不持有上市公司的股份，一般不在上市公司的董事会中占有重要的席位，所以在公司正常经营状况下，银行并不具备直接决策公司重大事项的权力，而银行作为公司重要的资金来源，其对公司的影响和干预能力也不如产品市场竞争、媒体监督等外部治理机制那样被动，一些学者将银行治理界定为介于内部治理机制和外部治理机制之间的一种公司治理机制，正是突出了银行治理的特殊性。

由于银行借款是依靠信贷合同赋予的权利和义务对借款人发挥治理作用，所以银行借款对大股东掏空的影响离不开信贷合同。首先，受理与调查、风险评估与审批是贷款合同签订前银行需要分析企业的相关财务信息和经营状况的关键环节，在这两个环节中银行需要了解企业的信用记录及控股股东的信用记录、借款人及项目发起人的相关关系、借款用途及还款来源等信息，然后根据所了解的信息进行全面的风险评价，银行对于公司治理主要起到信息甄别和信息处理的作用。如果审查过程中发现大股东存在掏空行为将降低企业获得银行贷款的可能性，并且银行有可能在风险评估报告中指出大股东的掏空行为，从而能够发挥信息披露的作用。外部投资者能够从银行的审查结果中了解该公司是否存在大股东掏空行为，由于银行借款是公司重要的融资渠道，所以大股东可能会考虑贷款审查从而减少其掏空上市公司的行为。其次，合同签订及贷款发放与支付环节要求贷款人应在合同中与借款人约定具体的贷款金额、期限、利率、用途、支付方式、还贷保障及风险处置等要素和有关细节，公司进行合并、分立、股权转让、对外投资、实质性增加债务融资等重大事项前要征得贷款人同意，并实行实贷实付原则，贷款人应在合同中与借款人约定提款条件以及贷款资金支付接受贷款人管理和控制等与贷款使用相关的条款，提款条件应包括与贷款同比例的资本金已足额到位、项目实际进度与已投资额相匹配等要求，由于银行对资金的用途实行实时监控，大股东难以避开银行的监督进行掏空，所以可能会减少大股东的掏空行为。最后，在贷后管理环节要求贷款人应定期对借款人和项目发起人的履约情况及信用状况、项目的建设和运营情况、宏观经济变化和市场波动情况、贷款担保的变动情况等内容进行检查与分析，建立贷款质量监控制度和贷款风险预警体系，若借款人出现违反合同约定的情形，贷款人可以依法追究借款人的违约责任，大股东掏空行为势必会影响公司的偿债能力，如果在审查过程中发现是大股东掏空行为导致公司不能按时偿还银行贷款，银行将有权追究大股东的责任，也可能会减少大股东的掏空行为。

"三个办法一个指引"的推出不仅提升了银行业自身的管理水平，同时在贷款全流程管理的指导下，银行通过加强对借款人的事前调查，在贷款过程中采用实贷实付原则，在贷后管理中对借款人的信息状况及资金使用情况进行检查和分析也有利于银行对借款人进行实时监督，减少借款人损害公司价值的行为，以便更好地发挥银行借款对公司的治理作用。信贷全流程管理进一步促进了银行借款发挥公司治理作用，银行对借款人的治理作用从我国银行与企业分离并确立银行的法人主体地位后开始慢慢显现，银行作为独立的法人拥有自主经营权并自负盈亏，银行有动力为了自身的利益而追求贷款的质量及回收，甄别经营状况好的公司并采取措施对贷款进行实时监督。《中华人民共和国商业银行法》和《贷款通则》从法律法规的层面明确了银行在借款前须了解借款人的信息，在借款中要采取相应的措施确定资金的用途，并对银行按时收回本息赋予了法律意义，而"三个办法一个指引"从具体的执行层面对银行的借款流程进行了优化和指导，使银行建立了贷款全流程管理及实贷实付框架，进一步加强了银行对借款人的审查力度，遏制了大股东通过资金挪用侵害公司价值的行为。

2. 发行债券

发行债券是美国等发达国家的企业的重要融资渠道，在 2005 年以前我国上市公司很少采用发行债券的融资方式，主要原因是我国长期以来没有区分清楚"公司债券"和"企业债券"，未能有效落实《中华人民共和国公司法》和《中华人民共和国证券法》的有关规定，在体制上束缚了债券在我国的发展（王国刚，2007）。在 2007 年《公司债券发行试点办法》颁布以前，我国发行的债券主要是企业债券，企业债券是我国债券市场上特有的产品，国外的债券市场主要是公司债券，没有企业债券。王国刚（2007）指出我国债券发行主体基本为国有企业，发债获得的资金几乎都投入政府部门批准的投资项目、审批机关并非债券市场监管机关，由国家发展改革委员会负责以及政府为债券发行提供信用支持等特征表明企业债券的本质属于政府债券范畴，而国家发展改革委员会对债券发行总量的控制限制了企业债券市场的发展。随着《中华人民共和国公司法》和《中华人民共和国证券法》的完善，以及《公司债券发行试点办法》的颁布，2007年9月，长江电力股份有限公司首发公司债券，开启了我国公司债券发行的先河，极大地推动了我国债券市场的发展，发行债券成为我国上市公司重要的资金来源。

　　发行债券和发行股票类似，都属于公司直接融资的手段，都需要满足一定条件的主体通过规定的程序才能获准发行。例如公司债券的发行，根据《公司债券发行试点办法》，发行公司债券的主体应该满足以下规定：公司的生产经营符合法律、行政法规和公司章程的规定，符合国家产业政策；公司内部控制制度健全，内部控制制度的完整性、合理性、有效性不存在重大缺陷；经资信评级机构评级，债券信用级别良好；公司最近一期期末经审计的净资产额应符合法律、行政法规和中国证监会的有关规定；最近三个会计年度实现的年均可分配利润不少于公司债券一年的利息；本次发行后累计公司债券余额不超过最近一期期末净资产额的40%，金融类公司的累计公司债券余额按金融企业的有关规定计算。对于企业债券、短期融资券、中期票据等其他债券的发行，根据相应的规定文件，也需要发行主体在发行规模、盈利要求、资金用途等方面满足相应的条件，相应的承销商和信用评级机构需要提供公司经营状况的说明文件。公司发行债券后还必须要按照规定及时披露信息，除了定时披露发行人的相关信息外，还需要对可能影响债券投资人利益的其他重大事项进行及时的披露，所谓的重大事项主要包括：发行人的经营方针和经营范围的重大变化；发行人发生未能清偿到期债务的违约情况；发行人发生超过净资产10%以上的重大损失；发行人作出减资、合并、分立、解散及申请破产的决定以及涉及发行人的重大诉讼等事项。由于大股东的掏空行为不仅影响发行主体的信用水平，也影响发行主体的绩效，因此作为发行债券主体的大股东为了顺利获得发行债券的资格，会减少其掏空行为。

　　从债券持有人对公司的监督角度来看，由于发行债券的债券持有人数量较多，如果都以个人身份独立参与公司治理可能会对公司的正常经营活动产生干扰，影响公司的经营效率，导致债权人治理成本过高，因此需要将分散的债券持有人的力量集中才能使债券持有人更有效地发挥相应的治理作用，随之产生了债权人会议制度和债券受托人制度。债权人会议制度作为债券持有人的议事机构，就有关公司债券持有人之间的共同利害关系事项进行决议，但是与董事会、监事会等公司的法定机构不同，债权人会议只能对与债权人具有利害关系的事项进行决议，主要包括：制定或撤销债券持有人代表、提起诉讼、免除债券受托人的责任、设立或解除债券担保、减少或抵销本息、债转股、要求债务人提前清偿债务等事项（吴春岐，2012）。虽然债权人会议不具备董事会、监事会等公司的法定机构拥有公司日常经营决策的权力，但是债权人会议可以凭借所拥有的知情权和异议权对大股东掏空行为产生影响。知情权是指债权人会议拥有对公司重大经营活动和经营状况了解的权利，当公司进行合并、分立、重组、减少注册资本、对他人进行担保、担保物价值减少等事项发生时理应通知债权人，不得对债权人进行隐瞒和欺骗。异议权是指债权人对涉及自身利益的事项有权向发行公司提出疑问或质疑，要求发行公司对公司的行为进行解释、提前清偿债务或者增加担保物价值以保障自身利益，当发行公司存在不公平行为、抽逃资金、隐匿财产以逃避债务、不履行到期债务偿还义务或者推迟债务偿还期限时，债务人会议有权对公司进行监督并提出异议（沈晨光，2015）。

债券受托人制度是信托机构协助公司发行债券，债券持有人通过购买债券享有债权人的权利，并将享有的权利和发行公司提供的担保财产委托给信托机构，我国《公司债券发行试点办法》规定的债券受托人主要由发行的保荐人或者其他经中国证监会认可的机构担任。在债券受托人制度下，债券持有人不能直接对发行债券的公司行为产生影响，而是委托债券受托人对合同所规定的事务进行专业化管理从而对发行债券的公司进行监督，债券受托人需要对发行公司的分红、变卖资产、改变公司经营策略、为其他公司提供担保、进行新的借贷等行为进行监督（沈晨光，2015），以了解债务人的财务和经营状况。《公司债券发行试点办法》中规定债券受托人应当履行以下职责：持续关注公司和保证人的资信状况，当出现可能影响债券持有人重大权益的事项时，召开债券持有人会议；公司为债券设定担保的，债券受托管理协议应当约定担保财产为信托财产，债券受托管理人应在债券发行前取得担保的权利证明或其他有关文件，并在担保期间妥善保管；在债券持续期间内勤勉处理债券持有人与公司之间的谈判或者诉讼事务；当预计公司不能偿还债务时，要求公司追加担保，或者依法申请法定机关采取财产保全措施；当公司不能偿还债务时，受托参与整顿、和解、重组或者破产的法律程序；债券受托管理协议约定的其他重要事务。

大股东掏空虽然是采用隐蔽的行为侵害公司的利益，但是必须通过公司的经营行为或者资产转移才能实现掏空，而债权人会议制度和债券受托人制度能够对公司的经营行为及资产转移进行监督，可能会对大股东的掏空行为产生影响。

3. 商业信用

除了银行借款和发行债券，上市公司的债务融资来源渠道还有商业信用。商业信用主要是企业依靠自身的信誉建立债权债务关系实现商品交换，我国企业的产权性质同属于国家的历史背景使商业信贷成为企业周转资金的重要方式，长期以来其占上市公司资金来源的 15%～20%，一些年份甚至接近 30%。商业信用发生的对象往往是与公司具有业务往来的对象，交易双方在彼此了解公司的经营现状并建立了良好信誉的基础上自愿签订相关协议。商业信用关系的存在形式主要是商业票据，常用的票据有支票、本票和汇票等，由于商业信用的债权人和债务人是具有业务往来的生产经营者，商业信用产生的前提条件是彼此之间能够了解对方的经营状况，使商业信用的债权人与债务人之间的信息不对称程度降低。张杰等（2013）的研究结果表明，当银行与企业之间的信息不对称程度较大而不愿意为企业提供资金时，商业信用能够发挥较好的替代作用，表明商业信用双方的信息不对称程度要低于银行与企业之间的信息不对称程度。江伟和曾业勤（2013）进一步指出了商业信用的信号传递作用，商业信用能够为银行贷款传递企业质量的好坏，能够增加企业从银行获得的资金。虽然商业信用的建立主要是依靠双方的声誉状况及对彼此的了解情况，但是商业信用的发展也离不开相关制度和文化等外部环境的完善。由于我国具有“仁、义、礼、智、信”的文化传统，信用一直是个人立身的重要根本，所以在我国资本市场建立初期相关法律制度不完善时，信用是商业信用发展的重要外部因素。随着我国制度的完善，《中华人民共和国票据法》《中华人民共和国合同法》等法律法规的实施也为商业信用的发展提供了法律保障，双方对彼此的了解情况及声誉机制、文化价值观念和法律约束构成了商业信用发挥治理作用的依据。虽然商业信用的产生不需要有关部门的批准，也不像银行一样受到证监会、人民银行等监管机构的约束，在形式上也没有严格的流程和规定，但是由于商业信用的债权人与债务人之间的信息不对称程度较低，因此大股东难以避开债权人进行掏空，更难以利用商业信用获得的资金进行掏空。另外，由于商业信用的期限一般较短，企业拖欠账款将会影响企业以后利用商业信用获得资金的能力，因此大股东利用商业信用获得资金进行掏空的动机较低。如果大股东的掏空行为影响公司的信用状况，则会降低企业利用商业信用获得资金的能力，因而商业信用能够发挥出抑制大股东掏空的公司治理作用。

二、不同债权期限对大股东掏空的影响

根据不同的期限可以将不同种类的债权划分为长期债权和短期债权，相关文献对不同债权期限的治理作用进行了研究，Flannery（1986）指出当投资者在企业发行债券之前不了解企业的质量时，高质量的企业将选择发行短期债务以降低债务融资成本，使发行较多短期债务的企业质量要好于发行较多长期债务的企业质量。Hart 和 Moore（1994）、Berglöf 和 Von Thadden（1994）等文献均指出短期债务能够增加债权人对内部人监督的灵活性，更能够约束公司内部人损害公司价值的行为。但是上述文献是从理论视角指出短期债务比长期债务在公司治理中具有更大的优势，其出发点都是认为公司能够决定本公司的债务期限结构。但是我国上市公司的债务期限结构并不一定是由公司自身决定的，当公司经营绩效较差时债权人可能不愿意为公司提供长期债权，会导致公司的债务融资以短期债权为主。20世纪90年代，我国上市公司虽然改变了长期以来银行补充企业流动资金供应的状况，但是债务融资机制依然存在较大缺陷，债务"软约束"问题依然存在。债权人不愿意提供长期债务而倾向于提供短期债务以应对债务"软约束"及企业经营风险过大的问题，导致我国上市公司的短期债务占比较高。

从我国上市公司的融资现状来看，上市公司短期借款的比重在1998年之前逐渐上升，这反映出当时债务"软约束"现象非常普遍且债权人不愿意向债务人提供长期债务。随着企业经营状况的不断改善，企业的经营风险降低，银行开始慢慢增加长期贷款，使长期贷款的比重在2000年以后逐渐上升，我国上市公司的债务期限表现出由"短"变"长"的过程（见图3-11）。

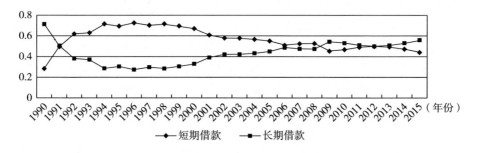

图 3-11　债务融资的期限结构

虽然短期债权能够增加债权人对内部人监督的灵活性，增加其对公司内部人的约束，但是在"软约束"下，债务人不能按时偿还债务本息时债权人也难以对债务进行有效的约束，因此短期债权虽然增加了监督的灵活性但是不一定能发挥出实质性的约束作用，反而使债权人在短期债权到期时被动地为企业继续提供短期借款。如果债务"软约束"使债权人被动地为企业提供短期借款，那么将导致拥有较多短期债务的公司质量下降，而质量较低的公司可能存在更加严重的代理问题，因此，短期债权对上市公司的治理作用可能弱于长期债权。

本章小结

本章首先对我国上市公司大股东掏空与债权治理的现实背景进行了介绍，其次详细地阐述了债权治理的理论基础并对债权治理影响大股东掏空进行了理论分析，最后结合我国现实情况就不同债权主体及债权期限对大股东掏空的治理特征进行了探讨。本章研究得到的结论如下：

（1）大股东资金占用、关联交易及关联担保等反映大股东掏空行为的指标表明我国大股东掏空问题依然相当严峻，虽然相关政府部门采取了一系列的积极措施遏制大股东的掏空行为，但是总体上依然没有解决甚至缓解大股东的掏空行为。

（2）债权人作为公司的利益相关者，在公司正常经营的情况下一般不掌握公司的经营权和控制权，债权人的利益存在被公司内部人侵害的可能，因此，债权人有必要与公司签订一系列的债务合同以保障自己的利益不被侵害，债权人在合同规定的范围内行使自己的权利。债权人与公司签订保障自身利益的合同以及对公司进行监督，不仅能够保护债权人的利益，而且能够降低公司的代理成本，发挥一定的公司治理作用。债权治理不仅能够对公司内部人进行有效的约束以解决信息不对称所导致的事后道德风险问题，而且能够为外部投资者提供一个有效甄别公司真实价值的信号以解决信息不对称导致的事前逆向选择问题。债权的监督作用能够降低公司内部人损害公司价值的行为，债权的相机治理机制也能为契约不完全条件下的代理问题提供一个较好的解决方案。债权治理不仅能够保护债权人的利益不受公司内部人的侵害，而且可以缓解外部中小股东与公司内部人的利益冲突，使债权治理能够凭借监督机制、信号传递机制、约束机制以及相机治理机制成为约束大股东掏空行为的有力工具。

（3）债务融资使大股东掌握了更多的资源，大股东通过掏空能够获得更多的收益从而可能会加剧大股东掏空行为，而债权治理可能会影响大股东掏空成本，进而影响大股东在通过债务融资增加掌握的资源以增加掏空获得的收益与付出成本之间进行权衡的结果。一般来说，当公司经营不善影响公司的偿债能力时，在一定程度上提高了债权人的风险，债权人为了收回本息可能会在公司经营不善时对公司进行更多的监督，增加大股东掏空的成本从而减少大股东的掏空行为。另外，债权人与债务人作为债务契约的双方，各自的特征也可能影响债权人对公司的监督能力，从而影响大股东的掏空成本，进而影响债权治理对大股东掏空的约束作用。具体表现为不同主体及期限的债权在公司债务中的分布情况，以及公司面临的融资约束程度可能会影响相应债权主体及债权期限对大股东的监督能力，从而影响大股东的掏空成本，进而影响债权治理对大股东掏空的约束作用。

（4）根据不同期限可以将债务融资分为长期债务和短期债务，根据不同债权来源可以将债务融资分为银行借款、商业信用和发行债券。不同来源的债权治理具有不同的治理特征，其发挥的治理作用不同，不同期限的债权对大股东掏空也具有不同的约束能力。

第四章 债权治理对大股东掏空治理效应的实证研究

第三章从理论和现实背景方面对债权治理影响大股东掏空的逻辑进行了详细的分析,债权治理理论上能够通过所具有的机制对大股东的掏空行为产生抑制作用,我国也为完善债权治理的现实基础、建立债权治理在上市公司治理体系中的重要地位提供了较多的政策支持和法律保障,促使债权治理成为约束大股东掏空的有力工具。公司是否处于财务困境以及公司融资约束程度也可能影响债权治理对大股东的监督能力,从而影响大股东的掏空成本,进而影响债权治理对大股东掏空的约束作用。本章将以 2003~2015 年我国沪深 A 股非金融上市公司为样本,从实证的角度研究我国债权治理对大股东掏空的影响。

第一节 研究假设

债权治理理论认为通过约束机制、信号传递机制、监督机制及相机治理机制能够抑制大股东的掏空行为,因此债权治理可能会对大股东掏空产生抑制作用。基于此,笔者提出假设 4.1。

假设 4.1:债权治理能够抑制大股东的掏空行为,具体表现为公司的资产负债率与大股东的掏空行为负相关。

相机治理机制是债权治理的重要机制,债务合同所具有的"硬约束"特征使公司在经营不善出现偿债危机时,债权人有权要求公司清偿债务从而对大股东的掏空行为形成威慑。由于大股东掏空行为大多是通过隐蔽的方式进行的,所以虽然不能通过法律对大股东的具体掏空行为进行制止,但是大股东的掏空行为在一定程度上提高了公司的债务违约风险,债权人要求清偿债务的威慑可能会抑制大股东的掏空行为。公司偿债能力与公司的经营绩效密切相关,当公司的经营绩效较差时会降低公司的偿债能力，提升债权人对大股东掏空行为的威慑力，减少大股东的掏空行为。基于此，笔者提出假设 4.2。

假设 4.2：债权治理的效果与公司经营绩效有关，当公司经营绩效较差时，债权对大股东掏空的治理作用要强于公司经营绩效较好时的治理作用。

王贞洁和沈维涛（2012）认为债权治理包含两个环节：一是在放贷前对债务人的审查；二是在放贷之后对债务人实施有效的监督。公司的融资约束程度越高，债权人在公司治理中的地位越重要，一方面，融资约束程度越高的公司信息不对称程度越严重，债权人在为融资约束程度较高的公司提供债务后可能会进行更多的监督；另一方面，融资约束程度越高的公司越难以获得资金，债权人在放贷之前对公司的审查也会更加严厉，大股东也越看重企业的声誉而较少采取损害公司价值的行为，因此债权治理在融资约束程度较高的公司中更有可能发挥出抑制大股东掏空的治理作用。基于此，笔者提出假设 4.3。

假设 4.3：融资约束程度越高的公司，债权治理对大股东掏空的抑制作用越强。

第二节　实证研究设计

一、变量选取

本章主要是实证研究债权治理对大股东掏空的影响，将公司经营状态纳入实证分析中考察债权的相机治理机制是否能够对大股东的掏空行为形成威慑减少降低大股东的掏空行为，再将融资约束程度纳入实证分析中考察其对债权治理抑制大股东掏空行为的影响。从本章的实证目的可以看出，实证中需要被解释的变量是能够反映大股东掏空行为的变量，解释变量则是反映债权治理、公司经营状态、融资约束程度的变量，另外还包括一些影响大股东掏空和债权治理的控制变量。

1. 被解释变量

大股东掏空的衡量。Johnson 等（2000）指出掏空主要包括盗窃、关联交易、关联担保、侵占公司的盈利机会、内幕交易、挤压中小股东和稀释每股收益七种类型。由于我国上市公司的大股东资金占用、关联交易特征非常明显，很多文献从资金占用及关联交易的角度对大股东的掏空行为进行衡量。张祥建等（2007）、魏明海等（2013）从关联交易的角度对大股东的掏空行为进行了研究，李增泉等（2004）、雒敏（2011）、刘善敏和林斌（2011）则从大股东资金占用的角度研究了大股东的掏空行为，本书将采用大股东资金占用和关联交易两个指标衡量大股东的掏空程度。

大股东资金占用包括经营性占用和非经营性占用（李增泉等，2004），其中经营性占用主要用应收账款、预付账款来表示，而非经营性资金占用主要用其他应收款来表示。马曙光等（2005）认为大股东掏空主要以隐蔽的方式进行，许多上市公司为了隐瞒大股东的资金侵占而不在关联方应收账款中披露，直接将关联方应收款项作为大股东掏空的度量指标可能会低估大股东的掏空行为，因此直接采用其他应收款/总资产对大股东资金侵占进行衡量。雒敏（2011）、姜国华和岳衡（2005）在实证研究中都是以其他应收款/总资产衡量大股东的掏空行为。另外，一些文献发现大股东也存在支持上市公司的行为，当上市公司经营绩效较差时，大股东可能会通过资金支持行为提升上市公司的业绩，使大股东资金占用既可能表现出借入方也可能表现出借出方（李增泉等，2004）。基于这种思路，在用资金占用行为衡量大股东掏空时，需要扣除上市公司占用大股东资金的部分，高雷和张杰（2009）采用（其他应收款-其他应付款）/总资产衡量大股东的掏空行为。本书借鉴高雷和张杰（2009）的方法，以大股东净资金占用（tunning1）衡量大股东通过资金占用进行掏空的行为。

根据本书第三章的分析，《企业会计准则第36号——关联方披露》将与上市公司具有某种关联关系的主体分为上市公司的母公司、子公司、受同一母公司控制的其他企业、主要投资者个人及与其关系密切的家庭成员、上市公司的合营企业、上市公司的联营企业等十多种类型，而大部分关联交易发生在上市公司的母公司、子公司或者受同一母公司控制的其他企业之间。控股股东能够影响这三类关联交易主体与上市公司的经营行为，根据前文CSMAR的统计结果，1997~2015年，上市公司与这三类关联交易主体的关联交易笔数及关联交易金额分别占上市公司总交易笔数及总交易金额的69.4%和73.5%。张祥建等（2007）也认为大量的关联交易发生在母公司、子公司、受同一母公司控制的企业之间，使关联交易成为大股东实施资产掠夺的选择。本书在衡量大股东通过关联交易渠道进行掏空时，仅考虑这三类关联主体与上市公司之间的关联交易。从不同关联交易事项来看，根据CSMAR数据库对关联交易事项的分类标准，关联交易的具体方式包括商品交易、提供或者接受劳务、担保抵押、合作项目、研究与开发成果等20种形式，1997~2015年，商品交易、担保抵押、提供或者接受劳务、资金交易4类关联交易的交易笔数和交易金额分别占总关联交易的笔数和金额的83%和91%。相关文献也从这些关联交易事项的角度对大股东的掏空行为进行了探讨，魏明海等（2013）从商品交易和提供劳务两个方面对大股东的掏空行为进行衡量，郑建明等（2007）从关联担保的角度对大股东的掏空行为进行了研究，张祥建等（2007）则将关联交易分为商品交易与劳务、往来款项、担保或抵押、租赁与托管、资产重组、代理6种类型并认为这6种类型的关联交易都是大股东掠夺中小股东利益的渠道。由于商品交易、担保抵押、提供或者接受劳务、资金交易这4类关联交易在关联交易中占比较大，因此本书用这4类关联交易的金额总和衡量大股东通过关联交易渠道进行掏空。为了对大股东掏空与支持行为进行区分，与大股东资金占用指标类似，大股东既可能通过关联交易侵占上市公司利益也可能通过关联交易支持上市公司的发展，需要根据关联交易的利益流向对关联交易的性质进行区分（佟岩和程小可，2007）。现金是企业经营中较为重要的资源之一，大量的关联交易可能是为了实现资金周转，得到现金的一方可以视为有所收益，因此本书以现金流向为标准，以关联交易金额净流出额占总资产的比例来衡量大股东通过关联交易进行掏空。

2. 解释变量

（1）债权治理的衡量（debt）。很多文献采用资产负债率考察债务融资与大股东掏空关系，Jensen和Meckling（1976）研究公司的代理成本时将公司的资本结构分为债权和股权，然后考察债权人的监督作用对公司代理成本的影响。Williamson（1988）也是从公司的资本结构出发，指出债权和股权不仅是公司的两种重要资金来源渠道，而且是公司两种重要的治理机制。由于很多文献是从公司资产负债率的角度考察债务的治理作用，因此本书借鉴现有的文献，采用公司的资产负债率作为解释变量衡量债权治理。

（2）公司经营状态的衡量（st）。当公司的经营绩效较差时会降低公司的偿债能力，提升债权人对大股东掏空行为的威慑力，减少大股东的掏空行为。本书借鉴吕长江和赵岩（2004）的做法将ST公司作为财务困境公司衡量公司的经营状态，考察债权相机治理机制对大股东掏空的影响，当公司被ST时表明公司的经营业绩严重下降，债权人的利益面临遭受重大损失的风险，根据债权的相机治理机制，债权人在此时会加强对上市公司的监督和干预。另外，公司在被ST后面临退市风险，这会降低其融资能力，使得上市公司对债权人更加依赖，债权人在上市公司中的地位也将提升，这进一步增强了债权人参与上市公司治理的能力。本章用变量st衡量公司的经营状况，当公司处于ST状态时，st的取值为1，反之取值为0。

（3）融资约束程度的衡量（FC）。衡量企业融资约束程度主要采用投资-现金流敏感度指标、KZ指数、WW指数、SA指数。Fazzari等（1988）提出用投资-现金流敏感度指标来衡量企业的融资约束。投资-现金流敏感度越高，企业的融资约束程度越高，但是Moyen（2004）指出由于现金流实际上是企业未来收益的代理变量，现金流较高的企业表现出更好的投资机会，因此用投资现金流敏感度指标衡量企业的融资约束程度存在一定的局限性。其他文献提出了 KZ 指数、WW 指数和 SA 指数衡量企业的融资约束程度。Kaplan 和 Zingales（1997）认为企业的现金持有量增加会降低企业的融资约束程度，导致投资-现金流敏感度指标可能不能很好地衡量企业的融资约束程度，因而提出用公司经营性净现金流、股利、现金持有、资产负债率以及托宾 Q 值等财务指标综合加权，得到 KZ 指数来衡量企业的融资约束程度。但是 KZ 指数也遭到大量学者的质疑，Whited 和 Wu（2006）发现 KZ 指数在度量融资约束程度时存在着不少与事实相反的情形，如融资约束程度最大的企业在债券信用等级、投资率、销售增长率等方面反而是最高的，因此他们在 KZ 指数的基础上进行了改进，提出了 WW 指数。由于投资—现金流敏感度指标、KZ 指数、WW 指数等衡量融资约束程度的指标都是用公司的财务指标衡量企业的融资约束程度，有可能产生内生性问题，导致研究结论存在偏误，因此 Hadlock 和 Pierce（2010）设计了 SA 指数，其具体计算公式为：$-0.737 \times Size + 0.043 \times Size^2 - 0.04 \times Age^2$，其中 Size 为企业规模的自然对数，Age 为企业成立时间长短。由于 SA 指数能够解决衡量融资约束程度时的内生性问题，因此本章借鉴 Hadlock 和 Pierce（2010）的方法，采用 SA 指数衡量企业的融资约束程度。为了避免行业及年度对公司融资约束程度的影响，将 SA 指数通过行业和年度进行标准化得到 FC，当公司的 SA 指数大于相应年度的行业均值时，FC 值取 1，表明公司受到的融资约束程度较大，否则取 0。

3. 控制变量

为了控制其他因素对大股东掏空及公司价值的影响，本书在回归分析中控制了公司治理特征以及公司层面的其他一些变量，具体包括第一大股东的持股比例、两权分离度、股权制衡度、董事会的独立性、CEO 是否兼任董事长、产权性质、审计意见类型等公司治理特征的变量和公司规模、每股净资产、股利分配率、每股收益、经营活动产生的现金流量净额占总公司资产的比例、账面市值比等公司经营特征的一些变量，另外本书还控制了公司的行业特征和年度特征。

（1）第一大股东的持股比例（sh1）。这一指标反映大股东的控制能力，随着第一大股东持股比例的上升，大股东对公司的控制能力增强。Morck 等（1988）认为大股东持股比例对公司价值的影响不是简单的线性关系，当大股东持股比例低于某一水平时，大股东的持股表现出"壕沟效应"，公司价值随着大股东持股比例的上升而下降；当大股东持股比例高于某一水平时，大股东持股表现出"利益协同效应"，公司价值随着大股东持股比例的上升而上升。由于大股东持股比例会影响大股东的掏空行为，因此本书在实证中对第一大股东的持股比例进行控制。

（2）两权分离度（cv）。Claessens 等（2002）认为大股东掏空问题产生的原因是大股东拥有的现金流权和控制权的分离，两权分离度越大，大股东的掏空动机越强，对公司价值的损害程度越大。Faccio 等（2001）用两权分离度分析了大股东的掏空行为。本书借鉴 Claessens 等（2002）的计算方法，以大股东现金流权和控制权的差衡量两权分离度，其中控制权的计算方法是取各控制链条上持股比例的最小值，现金流权的计算方法为每一个控制链条上持股比例的乘积。

（3）股权制衡度（sh210）。当公司存在多个大股东时，大股东之间会相互监督，会抑制大股东的掏空行为，本书用第二至第十大股东的持股比例之和衡量其他大股东与第一大股东的制衡程度。

（4）董事会的独立性（director）。叶康涛等（2011）研究发现董事会独立性能抑制大股东的掏空行为。独立董事作为公司治理的重要制度安排，主要作用在于提升董事会的独立性从而抑制公司内部人损害公司价值的行为，本书采用独立董事人数占董事会人数的比重来衡量董事会的独立性。

（5）CEO 是否兼任董事长（power）。CEO 在公司运作中处于核心地位，拥有执行公司日常经营管理的权力，提升 CEO 的权力能够提升 CEO 与大股东的谈判能力，从而影响大股东的掏空行为。权小锋等（2010）认为影响 CEO 权力的因素主要包括学历、任职时间长度、社会声望、是否兼任董事长以及在大股东单位的任职情况。本书认为 CEO 能够兼任董事长，在一定程度上就能够反映 CEO 的社会地位和在公司中的权力，在实证中用 CEO 是否兼任董事长这个指标控制 CEO 权力对大股东掏空的影响。

（6）产权性质（state）。相关文献发现具有政府背景的企业更容易从银行获得贷款（江伟和李斌，2006；张敏等，2010；张兆国等，2011），并影响银行等债权人对企业的监督行为和债权治理对大股东的约束能力。另外，国有性质的企业缺乏独立的人格，其所追求的不仅是盈利而且包括社会就业、稳定和发展等多重目标，而非国有性质企业的大股东往往是追求自身利益最大化的独立人格主体，所以非国有企业的大股东掏空上市公司的动机更强。马曙光等（2005）发现大股东的资金侵占行为在非国有企业中更高。本书将实际控制人性质是国有的公司取值为 1，否则为 0，控制公司产权性质的影响。

（7）审计意见类型（audit）。外部审计作为公司治理的重要机制，能够对公司内部人损害公司价值的行为进行监督。王鹏和周黎安（2006）、刘成立（2010）的研究结果发现外部审计能够通过对大股东掏空行为严重的公司出具非标准审计意见，来抑制大股东的掏空行为。本书将外部审计报告出具标准非保留意见时取值为 1，否则为 0，控制外部审计对大股东掏空行为的影响。

（8）公司规模（size）。公司规模影响公司的治理水平和发展状况，一方面，公司规模越大，大股东控制的资源越多，大股东的掏空程度越严重；另一方面，公司规模越大，公众对公司关注程度的上升会降低大股东的掏空程度，导致小规模的公司更容易遭受大股东掏空（张逸杰等，2006）。本书用公司期末总资产的自然对数衡量，并在实证中控制公司规模的影响。

（9）每股净资产（bvps）。所有者权益合计期末值/实收资本本期期末值，反映每股股票所拥有的价值，每股净资产越高，股东拥有的每股资产价值越多。每股净资产与企业的成长性和资产专用性特征有关，影响企业的融资方式，成长性和资产专用性水平越高的企业越倾向于使用股权融资，而成长性和资产专用性水平越低的企业越倾向于使用债权融资。另外，每股净资产水平也能影响企业的经营特征和盈利水平，可能对大股东的掏空行为和公司价值产生影响，本书在回归分析中对每股净资产进行控制。

（10）股利分配率（divratio）。在无交易成本和税收的情形下，公司的股利政策并不影响股票持有者的收益，但是现实中股利收益税率高于资本利得税率的现象很难解释大多数公司大量发行现金股利的现象。一些文献发现公司的股利政策与公司的代理理论相关，马曙光等（2005）通过研究发现现金股利也是大股东掏空的手段之一，其与资金侵占具有可替代性。

（11）每股收益（eps）。净利润/总股数即为每股收益，反映了企业的价值和经营能力，每股收益越大的公司对债权融资的依赖性越低，那么债权治理将可能难以发挥出抑制大股东掏空行为的作用。每股收益越大，大股东也容易取得债权人的信任，根据本书的理论分析，大股东能够在保证不损害债权人利益的情况下利用债务的便利掠夺特性加剧其掏空行为。公司业绩较好反映了公司完善的公司治理或者大股东追求经营好公司，使每股收益越高的公司大股东的掏空行为越少。

（12）经营活动产生的现金流量净额占公司总资产的比例（cashflow）。经营活动产生的现金流入与经营活动产生的现金流量净额/总资产，一方面，经营现金流越多的公司，大股东越容易控制更多的现金从事掏空行为；另一方面，关联方应收账款也可以作为大股东经营性占用上市公司资金的一种形式，而cashflow能够促进资金回收，降低应收账款从而降低大股东的资金占用行为。因此，cashflow对大股东掏空的影响在回归之前难以得到一致的定性结论。

（13）账面市值比（mb）。资产总计/市值，账面市值比作为Fama-French三因子模型中影响股票价格收益率的重要因子，在Fama-French的模型中被认为与公司的经营风险有关，使高账面市值比的公司获得较高的收益率。

（14）行业特征：虚拟变量。

（15）年度特征：虚拟变量。

二、实证模型

为了验证假设4.1，本书以衡量大股东掏空的两种方式（tunning1 和 tunning2）

作为被解释变量，以资产负债率作为解释变量，并在控制公司治理特征的变量和公司经营特征的变量之后，建立式（4-1）所示的计量回归方程研究债权治理对大股东掏空行为的影响。其中 tunning 包括 tunning1 和 tunning2 两个变量，debt 表示公司的资产负债率，ControlVar 表示控制变量，industry 是行业虚拟变量，year 是年度虚拟变量。

$$tunning_{i,t} = \alpha_0 + \alpha_1 \times debt_{i,t} + ControlVar + \sum industry_{i,t} + \sum year_{i,t} + \varepsilon_{i,t}$$

$$（4-1）$$

为了验证假设 4.2，在式（4-1）的基础上增加公司是否为 ST 的哑变量与债权治理的交互项，研究公司经营不善处于 ST 状态时债权治理对大股东掏空的影响，具体实证模型如式（4-2）所示。

$$tunning_{i,t} = \alpha_0 + \alpha_1 \times debt_{i,t} + \alpha_2 \times st_{i,t} \times debt_{i,t} + ControlVar +$$

$$\sum industry_{i,t} + \sum year_{i,t} + \varepsilon_{i,t} \qquad （4-2）$$

如果 $\alpha_2 < 0$，那么假设 4.2 得到验证，即债权治理的效果与公司经营绩效有关，当公司经营绩效较差时，债权对大股东掏空的治理作用要强于公司经营绩效较好时的治理作用。

为了验证假设 4.3，笔者采用类似验证假设 4.2 的方式，在式（4-2）的基础上增加公司融资约束程度的哑变量与债权治理的交互项，研究融资约束程度对债权治理的影响，具体实证模型如式（4-3）所示。

$$tunning_{i,t} = \alpha_0 + \alpha_1 \times debt_{i,t} + \alpha_2 \times debt_{i,t} \times FC_{i,t} + ControlVar +$$

$$\sum industry_{i,t} + \sum year_{i,t} + \varepsilon_{i,t} \qquad （4-3）$$

如果式（4-3）的估计结果显示 α_2 的系数显著小于 0，表明融资约束程度能够提升债权治理的效果，企业的融资约束程度越高，债权治理对大股东掏空的抑制作用越强。

三、数据来源及描述性统计分析

笔者选取 2003~2015 年沪深两市 A 股上市公司为研究对象，数据来源于 CSMAR 数据库，并按照如下准则进行了剔除：①剔除金融类上市公司；②剔除第一大股东持股比例低于 10% 的样本；③剔除样本数据的控制变量存在缺失的样本。最后得到 17134 个样本数据。对连续变量进行缩尾的方法对极端值进行处理，对所有小于 1% 分位数（大于 99% 分位数）的变量，令其等于 1% 分位数（99% 分位数）的值。经处理后样本变量的基本统计特征如表 4-1 所示。

表 4-1　变量的基本统计特征

变量	样本数量	平均值	标准差	最小值	最大值
tunning1	17134	−0.0153	0.159547	−0.41019	0.57833
tunning2	17134	0.030122	0.094827	−0.16428	0.375859
lev	17134	0.484266	0.211354	0.085807	0.980186
st	17134	0.0510097	0.2200239	0	1
FC	17134	0.4958562	0.4999974	0	1
divratio	17134	0.226971	0.267256	0	1.113918
mb	17134	0.969011	0.79172	0.125984	3.448182
size	17134	21.80139	1.308896	11.34833	28.51065
bvps	17134	3.997049	2.343757	0.022554	10.46865
cashflow	17134	0.016294	0.10664	−0.82561	0.935121
eps	17134	0.306368	0.430664	−0.86525	1.512093
sh1	17134	0.371423	0.151323	0.128012	0.723663
sh210	17134	0.198412	0.128693	0.01674	0.505412
cv	17134	0.05817	0.08022	0	0.263917
state	17134	0.303549	0.459803	0	1
audit	17134	0.950041	0.217867	0	1
power	17134	0.191491	0.393486	0	1
director	17134	0.363733	0.048822	0	0.5

　　tunning1 和 tunning2 分别反映了大股东通过资金占用和关联交易对上市公司的掏空程度,其中,tunning1 是用(其他应收账款−其他应付款)/总资产进行衡量,tunning2 是用与上市公司的母公司、子公司、受同一母公司控制的其他企业发生商品交易、担保抵押、提供或者接受劳务和资金交易的关联交易金额净流出之和进行衡量。由于大股东的资金占用行为受到了中国证监会等相关部门的关注,中国证监会等政府部门制定了一系列制止大股东占用上市公司资金的法律法规,从而在一定程度上缓解了大股东资金占用的现状,使大股东资金净占用的水平为−1.53%。但是我国上市公司大股东资金占用的现象仍广泛存在,大股东资金净占用占总资产比例的最大值为57.83%,表明一些上市公司还存在严重的资金占用现象,如果这种情况持续下去必定会严重损害上市公司的发展。从 tunning2 来看,由于关联交易主体和事项的多样性增加了对关联交易监管和监督的难度,使关联交易容易被大股东操纵以谋取利益,关联交易净流出金额占上市公司总资产的比例达到3.01%,远大于大股东通过资金占用对上市公司的掏空程度,而且从第三章对大股东掏空现状的分析中可以发现上市公司的关联交易程度逐年增加,

表明大股东通过关联交易对上市公司掏空的现象非常严重。资产负债率（lev）的平均值为 0.484266，表明我国上市公司的资产负债率较高，其中 lev 的最大值达到 0.980186，接近 1。st 的平均值为 0.0510097，表明处于 ST 状态的公司占总样本比例约为 5.10%。FC 的平均值为 0.4958562，由于 FC 是经过标准化处理后的数据，所以其数据分布比较均匀。

从控制变量的情况来看，第一大股东持股比例的平均值达到 37.14%，表明我国上市公司的大股东控制非常明显，第二大股东至第十大股东的持股比例之和为 19.84%左右，表明第一大股东持股比例将近是第二大股东至第十大股东的持股比例之和的两倍，其他股东可能难以制衡大股东的掏空行为，大股东的两权分离度的平均值为 5.81%，说明存在大股东现金流权和控制权分离的情况。eps 的平均值为 0.306368，标准差为 0.430664、最小值为 -0.86525、最大值为 1.512093，说明上市公司创造价值的能力不稳定、波动性很大。divratio 的平均值为 0.226971，表明大部分上市公司将资源掌握在控制人手中而不愿意过多地发放股利。mb 的平均值为 0.969011，由于本样本数据没有考虑创业板等高成长性上市公司，公司的成长性一般。cashflow 的平均值为 0.016294，标准差为 0.10664，波动性很大。state 的平均值为 0.303549，表明国有性质的公司占样本中公司总数的 30.35%左右。power 的平均值为 0.191491，表明 19.15%左右的上市公司的 CEO 兼任公司董事长。director 的平均值为 0.363733，表明独立董事占上市公司董事会成员的比例在 36.37%左右，基本达到了相关政策对上市公司独立董事人数的要求。audit 的平均值为 0.950041，表明大部分上市公司的审计报告都是标准非保留意见，但是还有 5%左右的上市公司的审计报告不是标准的非保留意见。

第三节　实证结果分析

一、相关性分析

表 4-2 为变量间的相关系数矩阵，反映变量两两之间的相关性，可以发现 tunning1 与 tunning2 的相关性不大，其原因可能是大股东掏空会兼顾公司经营的持续性，因为损害公司经营的持续性也会损害大股东的利益，大股东在采用一种方式掏空上市公司时可能不会同时采用另一种掏空方式。资产负债率与反映大股东掏空程度的 tunning1 负相关，表明债权治理总体上来说降低了大股东的资金占用行为；资产负债率与 tunning2 正相关，表明债权治理总体上没有抑制大股东通

表4-2 变量的相关性分析

	tunning1	tunning2	lev	st	FC	divratio	mb	size	bvps	cashflow	eps	sh1	sh210	cv	state	audit	power	director
tunning1	1.000																	
tunning2	0.057	1.000																
lev	-0.290	0.143	1.000															
st	-0.067	0.013	0.235	1.000														
FC	0.054	0.022	-0.072	-0.140	1.000													
divratio	0.016	-0.048	-0.265	-0.192	0.139	1.000												
mb	-0.144	0.072	0.511	-0.065	0.118	-0.052	1.000											
size	-0.229	-0.009	0.283	-0.258	0.168	0.088	0.525	1.000										
bvps	0.002	-0.064	-0.267	-0.288	0.166	0.224	0.116	0.403	1.000									
cashflow	-0.044	-0.019	-0.095	-0.022	-0.036	0.071	-0.096	-0.006	0.175	1.000								
eps	-0.097	-0.102	-0.219	-0.172	0.079	0.191	-0.111	0.295	0.631	0.187	1.000							
sh1	-0.081	0.085	-0.002	-0.087	0.171	0.130	0.113	0.260	0.144	0.010	0.149	1.000						
sh210	0.120	-0.084	-0.163	-0.022	0.088	0.096	-0.169	-0.079	0.174	0.106	0.150	-0.407	1.000					
cv	0.002	0.064	0.049	0.018	-0.031	-0.011	0.011	-0.011	-0.007	-0.004	0.035	0.093	-0.038	1.000				
state	-0.050	0.000	0.096	0.000	0.014	0.001	0.151	0.088	-0.056	-0.008	-0.031	0.192	-0.133	-0.184	1.000			
audit	-0.011	-0.027	-0.242	-0.391	0.099	0.164	0.019	0.206	0.256	0.075	0.271	0.100	0.013	-0.006	0.024	1.000		
power	0.082	-0.013	-0.112	0.026	0.018	0.012	-0.126	-0.119	0.046	0.041	0.013	-0.075	0.102	-0.026	-0.146	-0.008	1.000	
director	-0.015	-0.018	-0.002	0.007	0.001	-0.025	-0.010	0.055	0.015	0.004	-0.005	0.011	0.002	-0.058	-0.114	0.001	0.097	1.000

过关联交易掏空上市公司的行为。由于大股东的资金占用行为严重影响了公司的经营发展，使大股东的资金占用行为更容易受到政府及债权人的关注，而关联交易由于交易主体的复杂性和形式的多样性增加了债权人的监督难度，使债权人对关联交易的抑制作用小于对大股东资金占用的抑制作用。st 与 tunning1 和 tunning2 的相关性不大，其中与 tunning1 负相关，与 tunning2 正相关。FC 与 tunning1 和 tunning2 的相关性不大，都表现出正相关关系，其可能的原因是没有控制公司治理层面以及经营层面的特征，融资约束程度与大股东掏空的具体关系需要从回归分析中进行具体的考察。另外，控制变量之间的相关系数都小于 0.7，表明各控制变量之间不存在多重共线性问题。

二、债权治理对大股东掏空影响的回归结果

本书采用面板数据固定效应模型对式（4-1）、式（4-2）、式（4-3）进行参数估计得到的结果如表4-3所示，其中第（1）、（2）列是以公司的资产负债率为解释变量，考察债权治理效应对大股东掏空的影响；第（3）、（4）列是在式（4-1）的基础上增加公司是否为 ST 的哑变量与债权治理的交互项考察债权相机治理机制对大股东掏空影响的回归结果；第（5）、（6）列是在式（4-1）的基础上增加公司融资约束程度与债权治理的交互项考察融资约束程度对债权治理影响的回归结果。表中所有的回归结果都控制了行业特征和年度特征，并且都是 cluster（聚类）在省份层面得到的稳健标准误。

第（1）列和第（2）列的回归结果显示公司的资产负债率对大股东资金占用的影响显著为负，对关联交易的影响显著为正，表明债权治理总体上能够降低大股东资金占用的行为，但是没有抑制大股东通过关联交易进行掏空。由于大股东资金占用问题受到政府相关部门的重视并陆续出台了一些政策治理大股东的资金占用行为，增加了债权人对大股东资金占用行为的监督力度，提高了大股东通过资金占用进行掏空的难度，使债权治理能够抑制大股东的资金占用行为。而关联交易主体及交易事项的复杂性增加了债权人及政府相关部门对大股东通过关联交易进行监督的难度，使大股东更容易通过关联交易进行掏空，债权治理没有发挥出抑制大股东通过关联交易进行掏空的治理作用。

第（3）列和第（4）列中公司的资产负债率对大股东资金占用和关联交易的回归系数符号及显著性与第（1）列和第（2）列中没有加入 ST 与债权治理的交互项的回归结果类似，资产负债率对大股东资金占用的影响显著为负但是对关联交易的影响显著为正。资产负债率与 st 的交互项对大股东资金占用的影响为正而对关联交易的影响为负，但都不显著，表明《中华人民共和国破产法》在破产过程中对债权人保护不力导致财务困境，总体上并没有显著地增加债权治理对

大股东掏空的抑制作用。由于其对关联交易负向作用的 t 值为 -1.04 而对资金占用正向作用的 t 值仅为 0.05，意味着财务困境提升债权治理对大股东通过关联交易进行掏空的抑制作用强于资金占用。

第（5）列和第（6）列中公司的资产负债率对大股东资金占用和关联交易的回归系数符号及显著性与第（1）列和第（2）列中没有加入融资约束程度与债权治理的交互项的回归结果类似，资产负债率对大股东资金占用的影响显著为负但是对关联交易的影响显著为正。资产负债率与公司融资约束程度交叉项对衡量大股东掏空程度两个指标的回归结果都为负，其中对资金占用的影响接近 5% 的显著性水平，表明融资约束程度能够提升债权治理对大股东掏空的抑制作用。融资约束程度越高的企业，债权人在公司中的地位越强势，大股东可能为了维护企业的融资能力更会珍惜企业的声誉而降低其掏空行为，使债权治理对大股东掏空的抑制作用越强，与假设 4.3 的结论一致。

从控制变量的回归结果来看，股利分配率对衡量大股东资金占用的影响显著为负，但对关联交易的影响不显著，表明股利支付率的上升会降低大股东通过资金占用掏空上市公司的行为，股利支付降低了大股东所控制的资源，能够降低大股东的掏空行为。账面市值比（mb）对大股东资金占用的影响显著为正而对关联交易的影响不显著，可能的原因是公司的账面资产越多使大股东越容易掌握更多的资源对上市公司进行掏空。公司规模（size）对衡量大股东掏空的两个指标的影响系数符号不确定，一方面公司规模越大，大股东越能掌握更多的资源进行掏空；另一方面规模大的公司容易受到公众的关注从而降低大股东的掏空行为，导致公司规模对大股东掏空的影响不确定。每股净资产（bvps）对大股东资金占用的影响显著为正而对关联交易的影响不显著，其可能的原因是 bvps 越大表明大股东掌握更多的掏空资源，使大股东可侵占的资源越多。cashflow 对大股东资金占用的影响显著为负而对关联交易的影响不显著，由于大股东的资金占用包括经营性占用和非经营性占用，关联方应收账款也可以作为大股东通过经营性占用上市公司资金的一种形式，而 cashflow 能够促进资金回收，降低应收账款从而降低大股东的资金占用行为。每股收益（eps）对衡量大股东掏空的两个指标的影响都为负，表明经营绩效越好的公司，大股东的掏空行为越低。第一大股东的持股比例（sh1）对大股东资金占用的影响显著为负而对关联交易的影响显著为正，表明第一大股东持股比例越高，能够增加大股东与上市公司的协同效应，降低大股东的资金占用行为，但是第一大股东的持股比例的提升没有降低大股东的关联交易行为反而增加了大股东的关联交易行为，可能的原因是关联交易作为大股东转移公司利益的一种方式而资金占用只是大股东临时占用上市公司的利益，大股东通过关联交易后将上市公司的利益占为己有，使大股东持股比例的增大反而增加了大股东的控制权提升了大股东通过关联交易进行利益侵占的能力。股权制衡度（sh210）对衡量大股东掏空的两个指标的影响都为负，表明第二大股东至第十大股东的持股比例越高，越能够制衡大股东的掏空行为。两权分离度（cv）对衡量大股东掏空的两个指标的影响都为正，表明大股东的两权分离度提高了大股东的掏空动机。产权性质（state）对 tunning1 的影响显著为负，对 tunning2 的影响也为负但不显著，表明非国有企业的大股东的独立人格主体特征在追求自身利益最大化的过程中使非国有企业的大股东掏空上市公司的动机更强。审计意见类型（audit）对衡量大股东掏空的两个指标的影响都为负，其中对大股东资金占用行为的影响显著为负，表明审计报告出具标准无保留意见时降低大股东的掏空行为，与王鹏和周黎安（2006）、刘成立（2010）等文献的结论一致。CEO 是否兼任董事长（power）和董事会的独立性（director）两个控制变量对衡量大股东掏空的两个指标的影响都不显著，表明经理人和独立董事没有显著地抑制大股东的掏空行为。

表4-3　债权治理对大股东掏空影响的回归结果

	(1) tunning1	(2) tunning2	(3) tunning1	(4) tunning2	(5) tunning1	(6) tunning2
lev	−0.216*** (−13.03)	0.0548*** (5.13)	−0.216*** (−17.17)	0.0574*** (5.54)	−0.211*** (−11.95)	0.0566*** (5.64)
st×lev			0.000855 (0.05)	−0.00720 (−1.04)		
FC×lev					−0.0153 (−1.70)	−0.00516 (−0.76)
divratio	−0.0205*** (−5.81)	0.000377 (0.14)	−0.0205*** (−5.84)	0.000419 (0.15)	−0.0208*** (−6.00)	0.000273 (0.10)
mb	0.0103*** (2.90)	−0.000516 (−0.25)	0.0103*** (2.90)	−0.000516 (−0.25)	0.0106*** (3.01)	−0.000427 (−0.20)
size	0.0207*** (4.41)	−0.00395** (−2.37)	0.0207*** (4.57)	−0.00436** (−2.55)	0.0214*** (4.48)	−0.00370** (−2.07)
bvps	0.00281* (1.96)	−0.000191 (−0.33)	0.00282* (1.95)	−0.000215 (−0.38)	0.00269* (1.91)	−0.000232 (−0.40)
cashflow	−0.0828*** (−14.97)	0.00571 (1.31)	−0.0828*** (−14.60)	0.00588 (1.37)	−0.0825*** (−14.87)	0.00581 (1.32)
eps	−0.0294*** (−5.97)	−0.00868*** (−3.02)	−0.0295*** (−6.24)	−0.00834*** (−2.86)	−0.0295*** (−6.01)	−0.00872*** (−3.05)

续表

	(1) tunning1	(2) tunning2	(3) tunning1	(4) tunning2	(5) tunning1	(6) tunning2
sh1	−0.0783*** (−2.94)	0.0263** (2.10)	−0.0782*** (−2.93)	0.0257** (2.07)	−0.0784*** (−2.95)	0.0263** (2.09)
sh210	−0.00870 (−0.39)	−0.0152 (−0.96)	−0.00869 (−0.39)	−0.0153 (−0.96)	−0.00951 (−0.43)	−0.0155 (−0.98)
cv	0.00372 (0.48)	0.00122 (0.39)	0.00372 (0.48)	0.00118 (0.38)	0.000308 (0.65)	0.000162 (0.82)
state	−0.0105** (−2.64)	−0.00166 (−0.63)	−0.0105** (−2.70)	−0.00159 (−0.61)	−0.0106** (−2.64)	−0.00168 (−0.64)
audit	−0.0412*** (−3.57)	−0.00160 (−0.45)	−0.0411*** (−3.48)	−0.00248 (−0.69)	−0.0409*** (−3.54)	−0.00147 (−0.42)
power	−0.00287 (−0.63)	0.00252 (0.80)	−0.00287 (−0.63)	0.00247 (0.78)	−0.00289 (−0.64)	0.00252 (0.80)
director	0.000683 (0.02)	−0.0117 (−0.51)	0.000709 (0.02)	−0.0120 (−0.52)	0.00126 (0.03)	−0.0115 (−0.51)
_cons	−0.332*** (−3.08)	0.0900** (2.42)	−0.333*** (−3.14)	0.0993** (2.59)	−0.347*** (−3.16)	0.0848** (2.17)
N	17134	17134	17134	17134	17134	17134
r^2_w	0.208	0.0159	0.208	0.0160	0.209	0.0160
F	236.7	104.6	292.6	129.9	224.5	222.9

注：＊表示 p< 0.1，＊＊表示 p< 0.05，＊＊＊表示 p< 0.01。

第四节 稳健性检验

本章在实证研究中以大股东资金占用和关联交易衡量大股东的掏空程度，也有很多文献从关联担保的角度衡量大股东的掏空程度。郑建明等（2007）采用关联担保衡量大股东的"隧道行为"，研究发现关联担保严重损害了公司的价值并指出关联担保是大股东利益侵占的重要形式。孟祥展等（2015）通过研究发现两权分离度越大的上市公司关联担保越严重。本章以关联担保衡量大股东的掏空行为进行稳健性检验，与大股东资金占用和关联交易的指标类似，根据现金流向扣除大股东通过关联担保对上市公司的支持行为，以关联担保金额净流出额占总资产的比例（tunning3）衡量大股东通过关联担保进行掏空的行为。采用面板数据固定效应模型对式（4-1）、式（4-2）、式（4-3）进行参数估计得到的结果如表4-4的第（1）～（3）列所示，其中第（1）列是以公司的资产负债率为解释变量，考察公司的债权治理对大股东掏空的影响，第（2）列是在式（4-1）的基础上增加公司是否为ST的哑变量与债权治理的交互项考察债权相机治理机制对大股东掏空影响的回归结果，第（3）列是在式（4-1）的基础上增加公司融资约束程度与债权治理的交互项考察融资约束程度对债权治理影响的回归结果。表中所有的回归结果都控制了行业特征和年度特征，并且都是cluster在省份层面得到的稳健标准误。

表4-4　稳健性检验

	（1） tunning3	（2） tunning3	（3） tunning3	（4） tunning1	（5） tunning2
lev	0.132 ***	0.132 ***	0.135 ***	−0.237 ***	0.0579 ***
	(7.50)	(8.16)	(7.83)	(−13.90)	(5.28)
st×lev		−0.000667			
		(−0.05)			
FC×lev			−0.00981		
			(−1.12)		
state×lev				0.0696 ***	−0.0103
				(3.73)	(−1.02)
divratio	0.0000379	0.0000418	−0.000161	−0.0201 ***	0.000311
	(0.01)	(0.01)	(−0.04)	(−5.68)	(0.11)
mb	−0.00482 **	−0.00482 **	−0.00465 *	0.00981 **	−0.000436
	(−2.06)	(−2.06)	(−1.98)	(2.70)	(−0.21)
size	−0.0179 ***	−0.0179 ***	−0.0174 ***	0.0214 ***	−0.00405 **
	(−4.55)	(−4.54)	(−4.34)	(4.66)	(−2.47)
bvps	0.00113	0.00113	0.00105	0.00255 *	−0.000152
	(1.39)	(1.40)	(1.30)	(1.81)	(−0.26)
cashflow	0.0144 *	0.0144 *	0.0146 *	−0.0821 ***	0.00561
	(1.75)	(1.78)	(1.78)	(−15.01)	(1.28)

续表

	（1）tunning3	（2）tunning3	（3）tunning3	（4）tunning1	（5）tunning2
eps	−0.00819*	−0.00816*	−0.00825*	−0.0293***	−0.00870***
	（−1.73）	（−1.72）	（−1.75）	（−5.95）	（−3.02）
sh1	0.0393*	0.0392*	0.0393*	−0.0799***	0.0266**
	（1.78）	（1.80）	（1.78）	（−3.04）	（2.11）
sh210	−0.0120	−0.0120	−0.0126	−0.0109	−0.0149
	（−0.47）	（−0.47）	（−0.49）	（−0.50）	（−0.93）
cv	0.00186	0.00186	0.00193	0.000347	0.000160
	（0.35）	（0.35）	（0.36）	（0.72）	（0.82）
state	−0.00368	−0.00367	−0.00371	−0.0473***	0.00380
	（−0.74）	（−0.74）	（−0.74）	（−5.18）	（0.71）
audit	0.0120*	0.0119*	0.0123*	−0.0416***	−0.00154
	（1.80）	（1.76）	（1.85）	（−3.58）	（−0.43）
power	0.00264	0.00263	0.00266	−0.00313	0.00254
	（0.48）	（0.48）	（0.49）	（−0.70）	（0.81）
director	−0.0181	−0.0181	−0.0177	−0.00130	−0.0114
	（−0.57）	（−0.57）	（−0.56）	（−0.03）	（−0.50）
_cons	0.364***	0.365***	0.354***	−0.334***	0.0903**
	（4.58）	（4.55）	（4.37）	（−3.17）	（2.42）
N	17134	17134	17134	17134	17134
r^2_w	0.0227	0.0227	0.0228	0.211	0.0160
F	122.2	124.5	152.5	462.3	104.6

注：*表示 $p < 0.1$，**表示 $p < 0.05$，***表示 $p < 0.01$。

第（1）列的回归结果显示资产负债率对关联担保的影响显著为正，表明债权治理总体上没有抑制大股东通过关联担保进行掏空的行为。第（2）列的回归结果显示 st 与资产负债率的交互项对关联担保的影响为负，但不显著，表明当公司经营不善时债权的相机治理作用提升债权治理的效果不明显。第（3）列的回归结果显示融资约束程度与资产负债率的交互项对关联担保的影响为负，虽然不显著，但是显著性检验的 t 值大于1，表明融资约束程度能够提升债权治理对关联担保的抑制作用，但是其提升效果没有通过统计显著性检验。

在验证假设4.3的实证中是以 SA 指数衡量上市公司的融资约束程度。由于我国上市公司的融资约束不仅与企业的信息不对称程度有关，而且不同产权性质的企业面临的融资约束程度不一样，周铭山等（2012）通过实证研究发现非国有企业面临更大的融资约束，导致融资约束现象在我国广泛存在。本节以公司的产权性质作为企业融资约束程度的代理变量进行稳健性检验，当企业的产权性质为国有企业时 state 取值为 1，否则取值为 0，国有企业的融资约束程度小于非国有企业的融资约束程度，即 state 与企业的融资约束程度负相关。再采用面板数据固定效应模型对式（4-3）进行参数估计得到的结果如表4-4的第（4）列和第（5）列所示。结果显示资产负债率与 state 的交叉项对大股东资金占用的影响显著为正而对关联交易的影响不显著，表明非国有企业中债权治理对大股东资金占用的抑制作用更强，进一步验证了融资约束程度能够债权治理对大股东掏空的抑制作用。

由于本章的目的是研究债权治理对大股东掏空的影响，结合现有文献的研究方法，最合适的指标是采用公司的资产负债率衡量债权治理，但是以资产负债率衡量债权治理也可能存在内生性问题，接下来本书采用工具变量对内生性问题进行处理后的实证结果进行研究。采用上一年度的资产负债率作为工具变量，采用二阶段最小二乘法对式（4-1）、式（4-2）、式（4-3）的面板数据固定效应模型进行估计得到表4-5所示的回归结果。其中第（1）、（2）列是以公司的资产负债率为解释变量，上一年度的资产负债率作为工具变量，考察公司债权治理效应对大股东掏空的影响，第（3）、（4）列是在第（1）、（2）列的基础上增加公司是否为 ST 的哑变量与债权治理的交互项考察债权相机治理机制对大股东掏空影响的回归结果，第（5）、（6）列是在第（1）、（2）列的基础上增加公司融资约束程度与债权治理的交互项考察融资约束程度对债权治理影响的回归结果。表中所有的回归结果都控制了行业特征和年度特征，并且都是 cluster 在省份层面得到的稳健标准误。

表4-5 内生性检验

	（1）tunning1	（2）tunning2	（3）tunning1	（4）tunning2	（5）tunning1	（6）tunning2
lev	-0.228 *** (-8.89)	0.0601 *** (3.60)	-0.226 *** (-9.02)	0.0613 *** (3.38)	-0.223 *** (-8.31)	0.0614 *** (3.73)
st×lev			-0.00175 (-0.11)	-0.00203 (-0.25)		
FC×lev					-0.0158 * (-1.70)	-0.00437 (-0.59)

续表

	（1） tunning1	（2） tunning2	（3） tunning1	（4） tunning2	（5） tunning1	（6） tunning2
divratio	−0.0143 ***	0.00136	−0.0143 ***	0.00141	−0.0147 ***	0.00126
	（−3.98）	（0.47）	（−3.90）	（0.48）	（−4.14）	（0.42）
mb	0.0124 ***	−0.000786	0.0124 ***	−0.000815	0.0127 ***	−0.000707
	（3.06）	（−0.41）	（3.07）	（−0.42）	（3.15）	（−0.36）
size	0.0150 ***	−0.00571 **	0.0149 ***	−0.00585 **	0.0158 ***	−0.00549 **
	（2.77）	（−2.42）	（2.91）	（−2.31）	（2.86）	（−2.26）
bvps	0.00132	−0.000452	0.00133	−0.000441	0.00119	−0.000489
	（0.79）	（−0.57）	（0.81）	（−0.54）	（0.73）	（−0.61）
cashflow	−0.0589 ***	−0.00633	−0.0588 ***	−0.00628	−0.0581 ***	−0.00613
	（−6.33）	（−0.90）	（−6.32）	（−0.90）	（−6.26）	（−0.89）
eps	−0.0195 ***	−0.00524	−0.0194 ***	−0.00515	−0.0196 ***	−0.00528
	（−4.46）	（−1.56）	（−4.29）	（−1.53）	（−4.51）	（−1.58）
sh1	−0.0693 ***	0.0235	−0.0694 ***	0.0233	−0.0696 ***	0.0234
	（−2.86）	（1.60）	（−2.87）	（1.57）	（−2.88）	（1.58）
sh210	−0.00715	−0.00881	−0.00716	−0.00882	−0.00799	−0.00904
	（−0.34）	（−0.46）	（−0.34）	（−0.46）	（−0.38）	（−0.47）
cv	0.00919	0.00113	0.00918	0.00111	0.00939	0.00118
	（1.21）	（0.29）	（1.21）	（0.29）	（1.24）	（0.30）
state	−0.00658 *	0.00000834	−0.00655 *	0.0000393	−0.00666 *	−0.0000134
	（−1.91）	（0.00）	（−1.95）	（0.02）	（−1.94）	（−0.01）
audit	−0.0256 **	−0.000804	−0.0258 **	−0.000980	−0.0254 **	−0.000750
	（−2.49）	（−0.19）	（−2.46）	（−0.24）	（−2.47）	（−0.17）
power	−0.00714	0.00161	−0.00715	0.00160	−0.00711	0.00161
	（−1.54）	（0.47）	（−1.54）	（0.47）	（−1.53）	（0.47）
director	−0.0203	−0.0253	−0.0203	−0.0253	−0.0201	−0.0253
	（−0.48）	（−0.85）	（−0.48）	（−0.85）	（−0.48）	（−0.85）
N	14003	14003	14003	14003	14003	14003
r^2_w	0.173	0.0145	0.173	0.0145	0.174	0.0145
F	618.3	17.23	610.6	30.46	691.4	20.51

注：* 表示 $p < 0.1$，** 表示 $p < 0.05$，*** 表示 $p < 0.01$。

第（1）列和第（2）列的回归结果显示公司的资产负债率对大股东资金占用的影响显著为负，对关联交易的影响显著为正，与表4-3的回归结果一致，表明债权治理总体上能够降低大股东资金占用的行为，但是没有抑制大股东通过关联交易进行掏空的行为。第（3）列和第（4）列的回归结果都不显著，与表4-3的回归结果一致，表明《中华人民共和国破产法》在破产过程中对债权人保护不力导致财务困境总体上并没有显著地增加债权治理对大股东掏空的抑制作用。第（5）列和第（6）列的回归结果资产负债率与公司融资约束程度交叉项对衡量大股东掏空程度两个指标的回归结果都为负，其中对资金占用的影响在10%的显著性水平下显著为负，表明融资约束程度能够提升债权治理对大股东掏空的抑制作用，与假设4.3及表4-3的结论基本一致。

本章小结

本章首先通过大股东资金占用和上市公司与母公司、子公司、受同一母公司控制的其他企业之间的关联交易两个指标衡量大股东掏空，以上市公司资产负债率作为债权治理的代理变量考察债权治理对大股东掏空的影响，其次将ST公司作为财务困境公司考察债权相机治理机制对大股东掏空的影响，最后将融资约束程度纳入实证分析考察其对债权治理抑制大股东掏空行为的影响。得出的结论如下：

（1）债权治理总体上能够降低大股东资金占用的行为，但是没有抑制大股东通过关联交易进行掏空的行为。由于大股东资金占用行为受到政府及债权人的关注，政府及债权人已经意识到大股东资金占用行为的危害并陆续出台了一系列政策治理这一行为，促使债权治理能够抑制大股东的资金占用行为。而关联交易主体及交易事项的复杂性增加了债权人及政府相关部门对大股东采用关联交易进行掏空的监督难度，导致债权治理没有发挥出治理作用。

（2）由于《中华人民共和国破产法》对债权人权利的保护措施不完善，导致财务困境总体上没有显著地增加债权治理对大股东掏空的抑制作用，但是由于其对关联交易负向作用的t值为-1.04，意味着财务困境能够提升债权治理对大股东掏空的抑制作用，但是提升作用没有通过显著性检验。

（3）融资约束程度能够提升债权治理对大股东掏空的抑制作用，融资约束程度越高的企业，债权治理对大股东掏空的抑制作用越强。

第五章 不同债权主体对大股东
掏空的治理效应

根据第三章对我国上市公司债务融资现状的分析可以发现，我国上市公司的债务融资具有不同的种类，不同种类的债务所具有的特征及参与公司治理的方式不同，根据债权主体的不同可以将债权划分为银行借款、商业信用和债券，根据期限的不同可以将债权划分为长期债权和短期债权。由于不同债权主体和不同债权期限具有不同的治理特征，本章和下一章将分别从不同债权主体及不同债权期限两个角度对债权治理影响大股东掏空的行为进行实证研究，其中本章是从不同债权主体对大股东掏空的治理效应进行研究。

第一节　研究假设

上市公司的债务来源主要有银行借款、商业信用和发行债券。我国上市公司发行债券的时间较短，长期以来上市公司债务融资的主要来源是银行借款，一些学者在研究我国的债权治理效应时也仅考察了银行借款的作用（张兆国等，2011；王善平和李志军，2011）。随着债券市场的发展，一些学者开始注意到上市公司公开发行债券对公司治理的影响。汪辉（2003）选取沪深两市上市的10家企业债券进行研究发现，上市公司公开发行债券能够提升公司的业绩，也能够提升发行公司的股票收益率；黄娟等（2013）以2007年8月14日至2011年8月31日首次公布公司债券发行公告的107家A股上市样本公司为研究对象，运用事件研究法和横截面回归分析发现公司债券的发行能够提升公司价值。而目前很少有文献研究商业信用的治理作用，仅有少量文献从信息优势的角度考察了商业信用对公司价值的影响（刘仁伍和盛文军，2011；陆正飞和杨德明，2011）。本书不仅考察了银行借款的治理作用，而且考察了发行债券和商业信用的治理作用，由于不同债权主体具有不同的治理特征,其对大股东掏空的影响也可能存在差异。

由于债务具有便利掠夺特征,当债权人不能发挥抑制大股东掏空的治理作用时,大股东能够利用债务加剧其对上市公司的掏空行为(Faccio and Long,2003;Du and Dai,2005),大股东为了使债权人不对其掏空行为进行干预,也可能采取在保障债权人利益的情况下进行掏空。银行一般是最大的债权人,公司向银行贷款时一般需要提供相应的抵押资产,银行的利益可以得到更加优先的保证。银行作为专门的信贷机构,也往往存在一定的信贷压力,如果大股东能够给银行提供更多的抵押资产保障银行的本息安全将不仅能够使银行对大股东的掏空行为不干预,而且会给公司提供更多的贷款,进一步加剧了大股东的掏空行为。另外,Shleifer 和 Vishny(1997)指出债务集中在几个债权人手中更有利于借款人在违反合约规定时与这些债权人重新协商以延长还款期限或者更改合约内容,如果银行要以增加抵押物等手段对上市公司的资金占用行为进行约束,大股东也有办法与银行进行协商以解决银行对大股东的约束行为,使大股东更青睐于利用银行资金进行掏空。这些行为可能会弱化银行借款的治理作用,导致银行借款对大股东掏空的抑制作用可能弱于商业信用和发行债券对大股东掏空的抑制作用。债券和商业信用的债权与银行等金融中介的贷款性质存在本质的区别,债券和商业信用的债权人直接拥有企业的债权,而银行等金融中介作为储户的代理人拥有企业的债权,债券和商业信用的债权人对公司侵害其利益的行为进行监督和干预的动机要强于银行,可能使债券和商业信用对大股东掏空的约束作用强于银行借款。上市公司发行债券需要公开披露公司的财务报告和重大事项,而且一些信用评级机构会定期对上市公司进行跟踪监督,债权人会议或者债券受托机构也具有对公司经营决策的知情权和异议权,这在理论上能使债权在一定程度上发挥出抑制大股东掏空的治理作用。但是债权人只能根据公司公开披露的信息了解公司的经营状况,难以像银行一样可以直接审查公司的内部经营情况,这可能使债券的治理作用受到限制。商业信用的期限一般较短,大股东利用商业信用进行掏空所获得的收益较低,商业信用所具有的信息优势特征也会发挥一定的治理作用,因此商业信用对大股东掏空的抑制作用可能强于发行债券和银行借款对大股东掏空的抑制作用。基于此,笔者提出假设 5.1。

假设 5.1: 不同债权主体对大股东掏空的抑制能力存在差别,债券和商业信用的债权人都是直接拥有企业的债权,而作为储户代理人拥有企业债权的银行存在代理问题,导致银行借款的治理作用弱化,因此商业信用和债券所表现出的抑制作用强于银行借款。

由于不同债权主体具有不同的特征,因而公司是否处于财务困境对不同债权主体的影响也不同。银行虽然在公司正常经营状态下对大股东掏空的抑制作用不强，但是如果公司经营业绩较差陷入财务困境时，负责发放银行借款的相关人员可能要承担相应的责任，从而会提升银行借款对大股东掏空的抑制作用。从债券持有人对公司监督的角度来看，由于债券的持有人数量比较多，在公司正常经营状态下一般只是根据公开披露的信息对公司进行监督，在公司经营业绩较差陷入财务困境时，债券持有人将可能通过债券受托人制度或者债权人会议制度加强对公司的监督，这将增加债券持有人获取公司信息的能力，提升债券持有人对大股东掏空的抑制作用。商业信用主要是企业依靠商品交换建立的债权债务关系，商业信用的债权人和债务人是具有业务往来的生产经营者，其债务契约的建立不像银行借款或者债券那般具有严格的流程和规定，因此商业信用可能不会对企业的经营业绩进行具体的规定，因此财务困境无法加强商业信用对大股东掏空的抑制作用。基于此，笔者提出假设 5.2。

假设 5.2： 财务困境能够加强银行借款和债券对大股东掏空的抑制作用，但无法加强商业信用对大股东掏空的抑制作用。

由于融资约束程度能够提升债权治理对大股东掏空的抑制作用，而融资约束程度与企业的信息不对称程度密切相关，因此不同债权主体与上市公司的信息不对称程度不同，可能会导致不同债权主体之间融资约束程度提升债权治理对大股东掏空抑制作用的效果存在差异。由于商业信用具有较好的信息优势，使商业信用与企业的信息不对称程度低于银行借款和债券。与银行借款相比，债券持有人在公司正常经营状况下一般只是根据公司公开披露的信息对公司进行监督；而作为专门信贷机构的银行不仅拥有公司的历史信用状况，而且拥有专业的监督人员对公司进行监督，使债券持有人与企业的信息不对称程度低于银行借款。对于融资约束程度越高的企业，债权人与企业信息不对称程度越严重，债权人为融资约束程度越高的企业提供债务后会进行更多的监督，债权人在为企业提供债务之前也会对融资约束程度更高的企业进行更加严格的审查，因此融资约束程度能够提升债权治理对大股东掏空的抑制作用。融资约束程度对不同债权主体治理的提升效果由强到弱依次为：债券、银行借款、商业信用。基于此，笔者提出假设 5.3。

假设 5.3： 融资约束程度提升债权治理对大股东掏空的抑制作用在不同债权主体之间存在差异，其提升效果由强到弱依次为：债券、银行借款、商业信用。

现有文献在考察债权治理时往往忽略了公司不同债权人的利益冲突所造成的影响，而只是单独考虑某一类债权或者总体债权的治理作用。张亦春等（2015）从债权治理对企业投资效率的角度进行研究时发现，不同类别的债权在公司治理中的贡献不同，而总体债权是不同类别债权的有效部分和无效部分交错混杂的结果，使债权治理的整体结果表现出不确定性。由于公司中存在多种类型的债权，不同类型的债权人之间存在的利益冲突可能会影响债权治理的效果，公司的某些经营决策可能不会对所有的债权人有利，而只是对部分债权人有利，大股东甚至可能会利用不同债权人之间的利益冲突执行一些有利于自身和部分债权人但却损害其他债权人利益的掏空行为。如果利益受到侵害的债权人在公司中的地位较低将影响这一类债权人参与公司治理的能力，在研究某一类债权的治理效果时如果没有考虑这一类债权在某些公司中比例较低而导致治理作用较弱的问题，将有可能低估这一类债权的治理效果。由于我国上市公司的债务来源主要包括银行借款、债券和商业信用，一般来说，同类型的债权具有相似的利益趋向，如果某一类债权主体在公司中占有的债务比例大于其他债权主体在公司中占有的债务比例，则可能会提升该类债权主体对大股东掏空的治理作用，本章将考虑不同债权主体在公司的分布情况对相应债权主体治理效果的影响。基于此，笔者提出假设5.4。

假设5.4：不同债权主体在公司的分布情况可能会影响不同债权主体的治理效果，如果某一类债权主体在公司中占有的债务比例大于其他债权主体在公司中占有的债务比例，则可能会提升该类债权主体对大股东掏空的治理作用。

第二节　实证研究设计

一、变量选取

本章主要是实证研究不同债权主体对大股东掏空的治理效应，首先将公司经营状态纳入实证分析考察债权的相机治理机制对不同债权主体抑制大股东掏空程度的影响，其次从融资约束程度的角度考察不同债权主体对大股东掏空抑制作用的影响，最后考虑不同债权主体在公司的分布情况。实证研究某一类债权主体在公司中占有的债务比例大于其他债权主体在公司中占有的债务比例时，是否会提升该类债权主体对大股东掏空的治理作用。从本章的研究目的可以看出，实证中需要的被解释变量是能够反映大股东掏空行为的变量，解释变量则是反映不同债权主体的治理效应、公司经营状态、融资约束程度以及不同债权主体在公司的分布情况等相关的变量，另外还需要包括一些影响大股东掏空和债权治理的控制变量。

1. 被解释变量

大股东掏空程度的衡量。根据第四章的方法采用大股东资金占用（tunning1）和关联交易（tunning2）两个指标衡量大股东的掏空程度，其中，大股东资金占用是用（其他应收款-其他应付款）/总资产衡量；关联交易是指与上市公司的母公司、子公司、受同一母公司控制的其他企业这三类关联交易主体发生的商品交易、担保抵押、提供或者接受劳务、资金交易的净流出金额占总资产的比例衡量。

2. 解释变量

（1）不同债权主体治理效应的衡量。由于本章的目的是实证研究不同债权主体的治理效应对大股东掏空的影响，我国上市债务融资的来源主要包括银行借款、商业信用和发行债券。雒敏（2011）从银行借款比例和商业信用比例的角度考察我国债务融资的治理效应，其中银行借款比例＝（短期借款＋长期借款）／总资产、商业信用比例＝（应付票据＋应付账款＋预收账款）／总资产。王满四和邵国良（2012）认为银行贷款包含长期借款、短期借款和一年内到期的长期借款，其中长期借款是指公司向银行或其他金融机构借入的期限在一年期以上（不含一年）的各项借款，短期借款是指公司借入的尚未归还的一年期以下（含一年）的借款。对于发行债券的治理效应，很多文献从公司发行债券的公告效应考察发行债券对公司价值的影响，黄娟等（2013）考察了企业发行公司债券对公司价值的影响，刘娥平和贺晋（2014）从公司发行债券后的过度投资行为考察了发行债券的治理效应。本书在考察不同债权主体的治理效应时全面考虑了银行借款、商业信用和发行债券等不同形式的债务，其中，银行借款的治理效应是借鉴王满四和邵国良（2012）的方法采用长期借款、短期借款和一年内到期的长期借款三者之和占总资产的比例（bank）进行衡量，商业信用的治理效应是借鉴雒敏（2011）的计算方法，采用应付票据、应付账款、预收账款三者之和占总资产的比例（credit）进行衡量。本书没有采用黄娟等（2013）、刘娥平和贺晋（2014）从发行债券的公告效应来研究债券的治理效应，而是采用发行债券的本金和利息占总资产的比例（bond）来衡量债券的治理作用，因为根据本书的理论分析，虽然发行债券的公告效应所体现出的信号传递机制在一定程度上反映了债券具有治理作用，但是债券还可以通过约束机制、监督机制和相机治理机制等发挥治理作用，而这些治理机制基本上是上市公司获得债务融资后才具有。因此，本书利用上市公司已经发行的债券的本金和利息占总资产的比例衡量发行债券的治理作用，其中将负债和权益成分进行分拆，分拆后形成的负债成分计入本指标。

（2）公司经营状态的衡量（st）。与第四章的方法类似，采用 ST 公司作为财务困境公司衡量公司的经营状态，当公司被 ST 时表明公司的经营业绩严重下降，债权人的利益遭受重大损失的风险增加，此时债权人会加强对上市公司的监督和干预行为。另外，当公司被 ST 后面临退市的情况下将降低上市公司的融资能力，上市公司对债权人将会更加依赖，债权人在上市公司中的地位也将提升，进一步增加了债权人参与上市公司治理的能力。本章用 st 衡量公司的经营状况，当公司处于 ST 状态时，st 的取值为 1，反之取值为 0。

（3）融资约束程度（FC）。与第四章的方法类似，采用 SA 指数衡量企业的融资约束程度，根据 Hadlock 和 Pierce（2010）研究的公式：$-0.737 \times Size + 0.043 \times Size^2 - 0.04 \times Age^2$（Size 为企业规模的自然对数，Age 为企业成立时间长短）。计算出 SA 指数后，通过行业和年度进行标准化得到 FC 以避免行业和年度对公司融资约束程度的影响，当公司的 SA 指数大于相应年度的行业均值时的 FC 值取 1，表明公司受到的融资约束程度较大，否则取 0。

（4）各债权主体在公司债务中的分布情况，具体包括 bank1、bond1 和 credit1 三个变量，分别表示银行借款、债券以及商业信用是否为公司债务中比例最大的债权主体。为了验证假设 5.4，需要考虑不同债权主体在公司的分布情况，由于企业的债务来源主要是银行借款、发行债券和商业信用，本书以这三类债权主体中比例最大的债权主体衡量在公司债务中比例最大的债权主体，并将其设为 1，否则设为 0，考察其是否能够提升相应类别的债权主体对大股东掏空的治理作用。

3. 控制变量

各控制变量的定义及说明见第四章第二节，此处不再赘述。

二、实证模型

为了检验假设 5.1，本书以衡量大股东掏空的两种方式（tunning1 和 tunning2）作为被解释变量，以不同债权主体的治理效应作为自变量，在控制了公司治理特征的变量和公司层面的变量之后，建立如式（5-1）所示的计量回归方程。其中 tunning 包括 tunning1 和 tunning2 两个变量，debt 表示银行借款、商业信用、债券等不同债权主体的治理效应，ControlVar 表示控制变量，industry 是行业虚拟变量，year 是年度虚拟变量。

$$tunning_{i,t} = \alpha_0 + \alpha_1 \times debt_{i,t} + ControlVar + \sum industry_{i,t} + \sum year_{i,t} + \varepsilon_{i,t}$$

$$(5-1)$$

为了验证假设 5.2，在式（5-1）的基础上增加公司是否为 ST 的哑变量与各类债权主体治理效应的交互项，研究公司经营不善处于 ST 状态时财务困境对不同债权主体治理效应的影响，具体实证模型如式（5-2）所示。

$$tunning_{i,t} = \alpha_0 + \alpha_1 \times debt_{i,t} + \alpha_2 \times st_{i,t} \times debt_{i,t} + ControlVar +$$
$$\sum industry_{i,t} + \sum year_{i,t} + \varepsilon_{i,t} \qquad (5-2)$$

如果 $\alpha_2 < 0$，那么假设 5.2 得到验证，即公司处于财务困境时债权的相机治理作用能够提升相应债权主体对大股东掏空的抑制作用。

为了验证假设 5.3 的结论，与验证假设 5.2 的方式类似，在式（5-2）的基础上增加公司融资约束程度与各类债权主体治理效应的交互项，研究融资约束程度对不同债权主体治理效应的影响，具体实证模型如式（5-3）所示。

$$tunning_{i,t} = \alpha_0 + \alpha_1 debt_{i,t} + \alpha_2 debt_{i,t} \times FC_{i,t} + \alpha_3 ControlVar +$$
$$\sum industry_{i,t} + \sum year_{i,t} + \varepsilon_{i,t} \qquad (5-3)$$

如果式（5-3）的估计结果显示 α_2 的系数显著小于 0，表明融资约束程度越大越能够提升相应债权主体对大股东掏空的抑制作用，即融资约束程度越大的企业，相应债权主体的债务融资比例的增加越能够减少大股东的掏空行为。

为了验证假设 5.4 的结论，与验证假设 5.2 和假设 5.3 的方式类似，在式（5-1）的基础上增加相应债权主体与其是否为公司债务中比例最大的债权主体的交互项，研究不同债权主体在公司的分布情况对不同债权主体治理效应的影响，具体实证模型如式（5-4）所示。proportion 表示相应债权主体是否是公司债务中比例最大的债权主体。

$$tunning_{i,t} = \alpha_0 + \alpha_1 debt_{i,t} + \alpha_2 debt_{i,t} \times proportion_{i,t} + \alpha_3 ControlVar +$$
$$\sum industry_{i,t} + \sum year_{i,t} + \varepsilon_{i,t} \qquad (5-4)$$

如果式（5-4）的估计结果显示 α_2 的系数显著小于 0，表明某一类债权主体在公司中占有的债务比例大于其他债权主体在公司中占有的债务比例时，可能会提升该类债权主体对大股东掏空的治理作用。

三、数据来源及描述性统计分析

与第四章一样，经处理后样本变量的基本统计特征如表 5-1 所示。

表 5-1　变量的基本统计特征

Variable	Obs	Mean	Std. Dev.	Min	Max
tunning1	17134	−0.0153	0.159547	−0.41019	0.57833
tunning2	17134	0.030122	0.094827	−0.16428	0.375859
bank	17134	0.206036	0.164483	0	0.625123
bond	17134	0.010785	0.031011	0	0.130057
credit	17134	0.167116	0.120619	0.005333	0.494132
st	17134	0.05101	0.220024	0	1
FC	17134	0.495856	0.499997	0	1
bank1	17134	0.535427	0.498758	0	1
bond1	17134	0.01284	0.112587	0	1
credit1	17134	0.451733	0.497679	0	1

续表

Variable	Obs	Mean	Std. Dev.	Min	Max
divratio	17134	0. 226971	0. 267256	0	1. 113918
mb	17134	0. 969011	0. 79172	0. 125984	3. 448182
size	17134	21. 80139	1. 308896	11. 34833	28. 51065
bvps	17134	3. 997049	2. 343757	0. 022554	10. 46865
cashflow	17134	0. 016294	0. 10664	−0. 82561	0. 935121
eps	17134	0. 306368	0. 430664	−0. 86525	1. 512093
sh1	17134	0. 371423	0. 151323	0. 128012	0. 723663
sh210	17134	0. 198412	0. 128693	0. 01674	0. 505412
cv	17134	0. 05817	0. 08022	0	0. 263917
state	17134	0. 303549	0. 459803	0	1
audit	17134	0. 950041	0. 217867	0	1
power	17134	0. 191491	0. 393486	0	1
director	17134	0. 363733	0. 048822	0	0. 5

　　bank、bond、credit 分别表示银行借款、发行债券和商业信用占公司总资产的比例，其平均值分别为 0. 206036、0. 010785 和 0. 167116，表明我国上市公司的主要债务来源是银行借款。当企业不能从银行获得债务融资时，商业信用能够作为银行借款的补充，使商业信用也是我国上市公司债务融资的重要来源，而我国债券市场还处于发展初期，我国债券市场从 2006 年以后才逐步成为上市公司债务融资的重要渠道，根据所有样本数据计算得到 bond 只占上市公司总资产比例的 1% 左右。

　　bank1、bond1、credit1 分别表示银行借款、发行债券及商业信用的债权人在公司中是否为比例最大的债权主体。从这三个指标的平均值可以看出，我国上市公司的银行借款在公司中是比例最大的债权主体的公司数量较多，而债券市场的发展程度较慢导致债券在公司中是比例最大的债权主体的公司数量比较少，商业信用作为银行借款的重要补充，当公司难以从银行获得债务融资时往往会通过商业信用进行融资，导致商业信用在公司中是比例最大的债权主体的公司数量仅次于银行借款。

　　大股东掏空程度（tunning1 和 tunning2）、公司经营状态（st）、融资约束程度（FC）以及各控制变量的统计特征与第四章的分析类似，此处不再赘述。

第三节　实证结果分析

一、相关性分析

如表5-2所示，从不同债权主体与大股东掏空程度的相关性可以发现银行借款（bank）与tunning1、tunning2都呈正相关，表明银行借款没有发挥出抑制大股东掏空的治理作用，商业信用（credit）和债券（bond）与tunning1负相关，与tunning2正相关，表明商业信用和债券总体来说减少了大股东的资金占用行为，但是没有抑制大股东通过关联交易掏空上市公司的行为。bank与bond、credit分别呈正相关和负相关，表明容易从银行获得借款的企业也更容易通过发行债券获得债务融资，商业信用作为银行借款和发行债券的补充，在公司难以通过银行或者债券市场获得资金时通过商业信用获得资金的比例会增加。st与tunning1、tunning2的相关性不大，其中与tunning1负相关，与tunning2正相关，表明公司处于财务困境时将能够降低大股东的资金占用行为，从不同债权主体与st的相关性可以发现银行借款与st正相关、债券和商业信用都与st负相关，st状态与银行借款的正相关关系可能是没有控制公司治理层面以及经营层面的特征所导致的。另外，控制变量间的相关系数均小于0.7，表明各控制变量之间不存在多重共线性问题。

二、不同债权主体的治理效应分析

为了检验假设5.1，本书采用面板数据固定效应模型对式（5-1）进行参数估计，得到的结果如表5-3所示。其中第（1）、（2）列是以银行借款占总资产的比例为解释变量，考察银行借款治理效应对大股东掏空的影响；第（3）、（4）列是以债券的本金和利息占总资产的比例为解释变量，考察债券的治理效应对大股东掏空的影响，第（5）、（6）列是以商业信用融资规模占总资产的比例为解释变量，考察商业信用的治理效应对大股东掏空的影响。表中所有的回归结果都控制了行业特征和年度特征，并且都是cluster在省份层面得到的稳健标准误。

表 5-2　变量的相关性分析

	tunning1	tunning2	bank	bond	credit	st	FC	bank1	bond1	credit1	divratio	mb	size	bvps	cashflow	eps	sh1	sh210	cv	state	audit	power	director
tunning1	1.000																						
tunning2	0.057	1.000																					
bank	0.088	0.198	1.000																				
bond	-0.019	0.042	0.024	1.000																			
credit	-0.373	0.029	-0.109	-0.070	1.000																		
st	-0.067	0.013	0.102	-0.073	-0.004	1.000																	
FC	0.054	0.022	-0.054	0.086	0.035	-0.140	1.000																
bank1	0.189	0.128	0.708	0.036	-0.430	0.030	-0.044	1.000															
bond1	0.023	0.006	-0.109	0.406	-0.107	-0.026	0.024	-0.122	1.000														
credit1	-0.195	-0.130	-0.685	-0.128	0.455	-0.024	0.038	-0.975	-0.104	1.000													
divratio	0.016	-0.048	-0.178	0.025	-0.074	-0.192	0.139	-0.099	0.022	0.094	1.000												
mb	-0.144	0.072	0.440	0.212	0.221	-0.065	0.118	0.197	-0.019	-0.193	-0.052	1.000											
size	-0.229	-0.009	0.189	0.368	0.185	-0.258	0.168	0.068	0.073	-0.085	0.088	0.525	1.000										
bvps	0.002	-0.064	-0.228	0.130	-0.005	-0.288	0.166	-0.156	0.067	0.141	0.224	0.116	0.403	1.000									
cashflow	-0.044	-0.019	-0.093	-0.014	-0.015	-0.022	-0.036	-0.059	0.007	0.058	0.071	-0.096	-0.006	0.175	1.000								
eps	-0.097	-0.102	-0.287	0.042	0.067	-0.172	0.079	-0.208	0.054	0.196	0.191	-0.111	0.295	0.631	0.187	1.000							
sh1	-0.081	0.085	-0.017	0.057	0.053	-0.087	0.171	-0.031	0.000	0.031	0.130	0.113	0.260	0.144	0.010	0.149	1.000						
sh210	0.120	-0.084	-0.128	-0.042	-0.046	-0.022	0.088	-0.078	0.010	0.076	0.096	-0.169	-0.079	0.174	0.106	0.150	-0.407	1.000					
cv	0.017	0.043	0.024	-0.009	0.033	0.049	-0.054	0.010	-0.013	-0.007	-0.058	-0.037	-0.076	-0.056	-0.005	-0.013	-0.066	0.014	1.000				
state	-0.050	0.000	0.097	-0.053	0.030	0.000	0.014	0.059	-0.030	-0.052	0.001	0.151	0.088	-0.056	-0.008	-0.031	0.192	-0.133	-0.258	1.000			
audit	-0.011	-0.027	-0.140	0.051	0.000	-0.391	0.099	-0.056	0.017	0.053	0.164	0.019	0.206	0.256	0.075	0.271	0.100	0.013	-0.043	0.024	1.000		
power	0.082	-0.013	-0.087	-0.044	-0.033	0.026	0.018	-0.048	0.004	0.047	0.012	-0.126	-0.119	0.046	0.041	0.013	-0.075	0.102	0.014	-0.146	-0.008	1.000	
director	-0.015	-0.018	-0.014	0.034	-0.007	0.007	0.001	-0.010	-0.001	0.010	-0.025	-0.010	0.055	0.015	0.004	-0.005	0.011	0.002	-0.021	-0.114	0.001	0.097	1.000

表 5-3　不同债权主体的治理效应对大股东掏空的影响

	(1) tunning1	(2) tunning2	(3) tunning1	(4) tunning2	(5) tunning1	(6) tunning2
bank	0.212 *** (10.06)	0.0894 *** (7.59)				
bond			0.184 *** (6.26)	0.0867 * (1.70)		
credit					−0.589 *** (−22.29)	−0.00258 (−0.18)
divratio	−0.00360 (−1.22)	−0.000144 (−0.05)	−0.00902 *** (−2.76)	−0.00242 (−0.85)	−0.0181 *** (−6.55)	−0.00255 (−0.89)
mb	−0.0137 *** (−4.08)	−0.000298 (−0.14)	−0.00583 (−1.62)	0.00299 (1.43)	0.00343 (1.15)	0.00348 * (1.84)
size	−0.00288 (−0.71)	−0.00576 *** (−3.78)	0.00758 * (1.70)	−0.00141 (−0.92)	0.0146 *** (3.60)	−0.000869 (−0.57)
bvps	0.0112 *** (7.70)	−0.000607 (−1.11)	0.00869 *** (6.01)	−0.00166 *** (−2.91)	0.00419 *** (3.35)	−0.00169 *** (−3.01)
cashflow	−0.0843 *** (−12.84)	0.00663 (1.53)	−0.0859 *** (−13.79)	0.00593 (1.38)	−0.0888 *** (−14.79)	0.00625 (1.47)
eps	−0.0205 *** (−4.80)	−0.00467 * (−1.73)	−0.0291 *** (−6.18)	−0.00824 *** (−2.87)	−0.0171 *** (−3.94)	−0.00850 *** (−3.01)
sh1	−0.0599 ** (−2.08)	0.0265 * (2.01)	−0.0613 ** (−2.22)	0.0260 ** (2.16)	−0.0522 * (−2.02)	0.0249 ** (2.05)
sh210	0.000543 (0.02)	−0.0151 (−0.98)	0.000397 (0.02)	−0.0150 (−0.98)	0.0150 (0.82)	−0.0163 (−1.03)
cv	0.000679 (0.09)	0.000648 (0.21)	0.00288 (0.37)	0.00158 (0.49)	0.00678 (0.98)	0.00151 (0.47)
state	−0.00137 (−0.34)	−0.00152 (−0.57)	−0.00508 (−1.27)	−0.00307 (−1.12)	−0.00844 ** (−2.15)	−0.00324 (−1.15)
audit	−0.00251 (−0.21)	−0.00294 (−0.78)	−0.0149 (−1.28)	−0.00814 ** (−2.17)	−0.0193 (−1.57)	−0.00826 ** (−2.22)
power	−0.00136 (−0.30)	0.00231 (0.74)	−0.00166 (−0.36)	0.00218 (0.64)	−0.00290 (−0.74)	0.00219 (0.65)
director	−0.0114 (−0.30)	−0.0143 (−0.64)	−0.000820 (−0.02)	−0.00977 (−0.42)	−0.00264 (−0.07)	−0.0109 (−0.47)

续表

	（1） tunning1	（2） tunning2	（3） tunning1	（4） tunning2	（5） tunning1	（6） tunning2
_cons	0.144	0.123***	-0.0111	0.0582*	-0.0702	0.0483
	(1.43)	(3.81)	(-0.10)	(1.74)	(-0.71)	(1.50)
N	17134	17134	17134	17134	17134	17134
r^2_w	0.202	0.0223	0.175	0.0115	0.280	0.0107
F	455.0	78.58	178.8	49.42	89.91	51.47

注：*表示 p< 0.1，**表示 p< 0.05，***表示 p< 0.01。

第（1）列和第（2）列的回归结果显示银行借款对大股东资金占用和关联交易的影响都显著为正，即银行借款没有发挥出抑制大股东掏空行为的治理作用。根据前文的分析，银行借款对大股东掏空的约束能力也较低的原因主要有以下四点：首先，银行作为储户的代理人拥有企业债权，银行有可能在贷款审查过程或者贷后监督时存在偷懒行为；其次，公司通过银行获得贷款不需要像发行债券一样公开披露信息，公众难以对银行的贷款审查不严或者贷后监督不力的现象进行干预；再次，作为信贷机构的银行存在放贷压力，当大股东能够在保障银行债务安全的情形下进行掏空，作为理性人的银行有可能不会干预大股东的掏空行为；最后，银行作为公司的最大债权人，当公司不能按时偿还银行的债务时与银行的协商成本较低（Shleifer and Vishny，1997）。因此，银行借款对大股东掏空的约束能力也较低，使银行难以约束大股东的掏空行为。

第（3）列和第（4）列的回归结果显示债券的治理效应对大股东资金占用和关联交易的影响都显著为正，即债券也没有发挥出抑制大股东掏空的治理作用。虽然发行债券的债权人直接拥有企业的债权，但是发行债券的债权人只能根据公司公开披露的信息了解公司的经营状况，有可能使发行债券的治理作用受到限制，导致发行债券也没有发挥出抑制大股东掏空的治理作用。

第（5）列和第（6）列的回归结果显示商业信用的治理效应对大股东资金占用和关联交易的影响都为负，其中对大股东资金占用的影响显著为负而对关联交易的影响不显著，表明商业信用能够显著地抑制大股东的资金占用行为。由于商业信用的债权人直接拥有企业的债权，并且商业信用具有信息优势，使商业信用能够发挥出抑制大股东掏空的治理作用。商业信用的治理效应对大股东资金占用的影响显著为负而对关联交易的影响不显著同样说明了债权治理更容易监督大股东的资金占用行为，原因可能是政府及债权人已经意识到大股东资金占用行为的危害，使大股东资金占用行为更容易受到债权人的关注，而关联交易主体及交易事项的复杂性增加了债权人对大股东通过关联交易掏空进行监督的难度，使债权治理没有发挥出抑制大股东通过关联交易进行掏空的治理作用。

从控制变量的结果来看，divratio 对衡量大股东资金占用的影响显著为负而对关联交易的影响不显著，mb 和 size 对衡量大股东掏空的两个指标的影响系数的符号不确定，bvps 对大股东资金占用的影响显著为正而对关联交易的影响不显著，cashflow 对大股东资金占用的影响显著为负而对关联交易的影响不显著，eps 对衡量大股东掏空的两个指标的影响都为负，sh1 对大股东资金占用的影响显著为负而对关联交易的影响显著为正，cv 对衡量大股东掏空的两个指标的影响都为正，state 对衡量大股东掏空的两个指标的影响都为负，audit 对衡量大股东掏空的两个指标的影响都为负，sh210、power 和 director 对衡量大股东掏空的两个指标的影响不显著，与表 4-3 的结果基本一致，此处不再赘述。

三、财务困境对不同债权主体治理效应的影响

为了检验假设 5.2，本书采用面板数据固定效应模型对式（5-2）进行参数估计，得到的结果如表 5-4 所示。其中第（1）、（2）列是考察公司处于财务困境时是否能够提升银行借款对大股东掏空的抑制作用，第（3）、（4）列是考察公司处于财务困境时是否能够提升债券的治理效应对大股东掏空的抑制作用，第（5）、（6）列是考察公司处于财务困境时是否能够提升商业信用的治理效应对大股东掏空的抑制作用。表中所有的回归结果都控制了行业特征和年度特征，并且都是 cluster 在省份层面得到的稳健标准误。

表 5-4   财务困境对不同债权主体抑制大股东掏空行为的影响

	（1）tunning1	（2）tunning2	（3）tunning1	（4）tunning2	（5）tunning1	（6）tunning2
bank	0.220*** (10.97)	0.0893*** (8.41)				
st×bank	−0.0347 (−1.19)	0.000522 (0.03)				
bond			0.188*** (6.36)	0.0905* (1.78)		
st×bond			−0.619* (−2.03)	−0.722** (−2.50)		
credit					−0.580*** (−22.15)	−0.00500 (−0.35)

续表

	(1) tunning1	(2) tunning2	(3) tunning1	(4) tunning2	(5) tunning1	(6) tunning2
st×credit					-0.0866	0.0218
					(-1.54)	(1.25)
divratio	-0.00365	-0.000144	-0.00905***	-0.00245	-0.0182***	-0.00251
	(-1.25)	(-0.05)	(-2.79)	(-0.85)	(-6.52)	(-0.88)
mb	-0.0137***	-0.000298	-0.00576	0.00308	0.00368	0.00342*
	(-4.05)	(-0.14)	(-1.59)	(1.50)	(1.21)	(1.82)
size	-0.00350	-0.00575***	0.00757*	-0.00142	0.0138***	-0.000682
	(-0.87)	(-3.77)	(1.71)	(-0.92)	(3.55)	(-0.44)
bvps	0.0111***	-0.000606	0.00865***	-0.00171***	0.00399***	-0.00165***
	(7.68)	(-1.13)	(6.01)	(-3.02)	(3.34)	(-2.96)
cashflow	-0.0840***	0.00662	-0.0859***	0.00589	-0.0882***	0.00610
	(-12.60)	(1.54)	(-13.81)	(1.37)	(-14.48)	(1.45)
eps	-0.0198***	-0.00468*	-0.0290***	-0.00816***	-0.0165***	-0.00865***
	(-4.83)	(-1.74)	(-6.17)	(-2.86)	(-3.91)	(-3.03)
sh1	-0.0613**	0.0265*	-0.0614**	0.0258**	-0.0540**	0.0254**
	(-2.14)	(2.02)	(-2.23)	(2.13)	(-2.11)	(2.10)
sh210	0.000746	-0.0151	0.000703	-0.0146	0.0145	-0.0162
	(0.03)	(-0.98)	(0.03)	(-0.96)	(0.78)	(-1.02)
cv	0.000682	0.000648	0.00287	0.00157	0.00674	0.00152
	(0.09)	(0.21)	(0.37)	(0.49)	(0.97)	(0.47)
state	-0.00131	-0.00153	-0.00499	-0.00296	-0.00836**	-0.00326
	(-0.33)	(-0.57)	(-1.25)	(-1.08)	(-2.14)	(-1.16)
audit	-0.00479	-0.00291	-0.0148	-0.00810**	-0.0218*	-0.00763**
	(-0.40)	(-0.73)	(-1.27)	(-2.14)	(-1.79)	(-2.06)
power	-0.00141	0.00231	-0.00171	0.00212	-0.00307	0.00224
	(-0.31)	(0.74)	(-0.37)	(0.62)	(-0.78)	(0.66)
director	-0.0123	-0.0143	-0.00123	-0.0102	-0.00324	-0.0107
	(-0.32)	(-0.64)	(-0.03)	(-0.44)	(-0.09)	(-0.46)
_cons	0.160	0.122***	-0.0107	0.0586*	-0.0509	0.0434
	(1.61)	(3.82)	(-0.10)	(1.77)	(-0.53)	(1.34)
N	17134	17134	17134	17134	17134	17134

	（1）tunning1	（2）tunning2	（3）tunning1	（4）tunning2	（5）tunning1	（6）tunning2
r^2_w	0.202	0.0223	0.175	0.0120	0.281	0.0108
F	475.8	82.41	181.0	57.17	190.7	107.8

注：＊表示 p< 0.1，＊＊表示 p< 0.05，＊＊＊表示 p< 0.01。

表 5-4 的回归结果显示银行借款对大股东资金占用和关联交易的影响都显著为正，债券的治理效应对大股东资金占用和关联交易的影响都显著为正，商业信用的治理效应对大股东资金占用和关联交易的影响都为负，其中对大股东资金占用的影响显著为负而对关联交易的影响不显著，与表 5-3 中的结果基本一致，其解释与表 5-3 类似，此处不再赘述。由于本节主要是考察财务困境是否能够提升不同债权主体对大股东掏空的抑制作用，因此将重点关注各式中系数 α_2 的符号及显著性。

第（1）列和第（2）列的回归结果显示银行借款与 ST 的交互项对大股东资金占用的影响为负而对关联交易的影响为正，但都不显著，说明财务困境总体上并没有显著地增加银行债权治理对大股东掏空的抑制作用，但是其对资金占用负向作用的 t 值为−1.19，而对关联交易正向作用的 t 值仅为 0.03，表明财务困境还是能够在一定程度上提升银行债权治理对大股东掏空的抑制作用。第（3）列和第（4）列的回归结果显示债券的治理效应与 st 的交互项对衡量大股东掏空的两个指标的回归结果都显著为负，表明当公司处于财务困境时能够提升债券持有人的治理作用。虽然公司正常经营时债券持有人只能根据公司公开披露的信息了解公司的经营状况，从而影响债券持有人的治理效果，但是当公司处于财务困境时，公司需要披露更多的信息，债券持有人也会通过组织债券持有人大会等方式加强对公司的监督，可能会增加债券持有人能够掌握的信息并提升债券持有人对大股东掏空的监督力度，使财务困境提升了债券持有人的治理作用。第（5）列和第（6）列的回归结果显示商业信用与 st 的交互项对大股东资金占用的影响为负，但是对关联交易的影响为正，但是两个都不显著，表明财务困境没有提升商业信用债权人的治理作用。其原因可能是商业信用的债权人具有信息优势，在公司财务困境之前可能就已经了解公司的经营状况，而且商业信用的期限较短，当公司真正发生财务困境时，商业信用的债权人能够根据公司的经营状况提前调整债权债务计划，即公司是否处于财务困境对商业信用的治理动机没有显著的影响。

四、融资约束对不同债权主体治理效应的影响

为了验证假设5.3，本书采用面板数据固定效应模型对式（5-3）进行参数估计，得到的结果如表5-5所示。其中第（1）、（2）列是以银行借款为解释变量，考察融资约束程度是否能够提升银行借款治理效应对大股东掏空的抑制作用；第（3）、（4）列是以债券融资占公司总资产的比例为解释变量，考察融资约束程度是否能够提升债券治理对大股东掏空的抑制作用；第（5）、（6）列是商业信用融资占公司总资产的比例为解释变量，考察融资约束程度是否能够提升商业信用治理效应对大股东掏空的抑制作用。表中所有的回归方程都控制了行业特征和年度特征，并且所有回归结果的标准误都是cluster在省份层面得到的稳健标准误。

表5-5　融资约束对不同债权主体治理效应的影响

	（1） tunning1	（2） tunning2	（3） tunning1	（4） tunning2	（5） tunning1	（6） tunning2
bank	0.219*** (10.20)	0.0918*** (8.24)				
bank×FC	-0.0211 (-1.68)	-0.00752 (-0.55)				
bond			0.236*** (5.17)	0.0988 (1.38)		
bond×FC			-0.0897* (-1.77)	-0.0212 (-0.33)		
credit					-0.580*** (-20.40)	0.00214 (0.16)
credit×FC					-0.0222 (-1.13)	-0.0121 (-1.15)
divratio	-0.00381 (-1.30)	-0.000202 (-0.07)	-0.00913*** (-2.78)	-0.00242 (-0.85)	-0.0182*** (-6.54)	-0.00258 (-0.90)
mb	-0.0135*** (-4.03)	-0.000252 (-0.11)	-0.00586 (-1.65)	0.00292 (1.39)	0.00336 (1.15)	0.00345* (1.80)
size	-0.00262 (-0.64)	-0.00566*** (-3.61)	0.00762* (1.71)	-0.00140 (-0.90)	0.0148*** (3.66)	-0.000739 (-0.47)
bvps	0.0111*** (7.59)	-0.000641 (-1.16)	0.00865*** (5.91)	-0.00168*** (-2.94)	0.00416*** (3.32)	-0.00172*** (-3.03)

续表

	（1） tunning1	（2） tunning2	（3） tunning1	（4） tunning2	（5） tunning1	（6） tunning2
cashflow	−0.0840***	0.00679	−0.0858***	0.00598	−0.0888***	0.00627
	（−12.73）	（1.56）	（−13.89）	（1.40）	（−14.98）	（1.48）
eps	−0.0206***	−0.00472*	−0.0290***	−0.00825***	−0.0172***	−0.00851***
	（−4.72）	（−1.75）	（−6.06）	（−2.86）	（−3.90）	（−3.00）
sh1	−0.0595**	0.0255*	−0.0640**	0.0239*	−0.0562**	0.0229*
	（−2.09）	（1.93）	（−2.27）	（2.00）	（−2.14）	（1.89）
sh210	0.000246	−0.0154	−0.000396	−0.0155	0.0142	−0.0169
	（0.01）	（−1.00）	（−0.02）	（−0.99）	（0.75）	（−1.06）
cv	0.0000264	0.000126	0.000196	0.000197	0.000398	0.000194
	（0.06）	（0.65）	（0.42）	（0.97）	（0.90）	（0.96）
state	−0.00144	−0.00136	−0.00506	−0.00286	−0.00828*	−0.00296
	（−0.34）	（−0.53）	（−1.24）	（−1.09）	（−2.03）	（−1.10）
audit	−0.00204	−0.00278	−0.0149	−0.00813**	−0.0192	−0.00821**
	（−0.17）	（−0.75）	（−1.28）	（−2.17）	（−1.56）	（−2.21）
power	−0.00137	0.00230	−0.00168	0.00217	−0.00290	0.00221
	（−0.30）	（0.74）	（−0.37）	（0.64）	（−0.74）	（0.65）
director	−0.0107	−0.0140	−0.000799	−0.00963	−0.00189	−0.0105
	（−0.28）	（−0.62）	（−0.02）	（−0.41）	（−0.05）	（−0.45）
_cons	0.140	0.121***	−0.0101	0.0587*	−0.0718	0.0465
	（1.39）	（3.62）	（−0.09）	（1.73）	（−0.73）	（1.40）
N	17134	17134	17134	17134	17134	17134
r^2_w	0.202	0.0224	0.175	0.0116	0.280	0.0109
F	551.9	76.52	180.5	66.76	82.96	88.45

注：*表示 $p<0.1$，**表示 $p<0.05$，***表示 $p<0.01$。

表5-5的回归结果显示银行借款对大股东资金占用和关联交易的影响都显著为正，债券的治理效应对大股东资金占用和关联交易的影响都为正，其中对资金占用的影响显著为正，商业信用的治理效应对大股东资金占用的影响显著为负而对关联交易的影响不显著。结果表明银行借款和债券没有发挥出抑制大股东掏空的治理作用，而商业信用能够抑制大股东通过资金占用进行掏空的行为，其解释与表5-3和表5-4的结论基本一致，此处不再赘述。由于本节主要是考察融资约束程度是否能够提升不同债权主体对大股东掏空的抑制作用，因此将重点关注各

回归方程中系数 α_2 的符号及显著性。

表 5-5 的回归结果显示银行借款与公司融资约束程度交叉项对衡量大股东掏空程度的两个指标的影响都为负；债券和商业信用与公司融资约束程度的交叉项对衡量大股东掏空程度的两个指标的影响都为负，其中债券与公司融资约束程度的交叉项对大股东资金占用的影响显著为负，商业信用与公司融资约束程度的交叉项对资金占用和关联交易的负向作用的 t 值都大于 1，表明融资约束能够提升各类债权主体的治理效应。由于我国特殊的制度背景，银行借款明显偏向于国有性质的企业，导致我国融资约束现象广泛存在，一些中小型企业难以从银行获得债务融资。公司的融资约束程度较高，一方面反映了银行与大股东的合谋倾向较低，另一方面也反映了银行可能会对公司进行更多的监督，融资约束程度的增加能够提升银行在公司治理中的地位，提高了银行借款对大股东掏空的治理作用。银行借款、发行债券及商业信用与融资约束的交叉项对大股东掏空的影响均为负，表明融资约束程度越高的企业，债权人可能会进行更多的监督，提升了债权治理对大股东掏空的抑制作用。表 5-5 的回归结果显示债券与公司融资约束程度的交叉项对大股东资金占用的影响显著为负，银行借款与公司融资约束程度交叉项对大股东资金占用的影响接近 5% 的显著性水平，而商业信用与公司融资约束程度的交叉项对资金占用的负向作用的 t 值略大于 1，能够从大股东资金占用的角度证实假设 5.3 的结论。但由于不同债权主体与公司融资约束程度的交叉项对关联交易的影响都不显著，难以从关联交易的角度证实假设 5.3 的结论。

五、不同债权主体的分布对治理效应的影响

为了验证假设 5.4，本书采用面板数据固定效应模型对式（5-4）进行参数估计，得到的结果如表 5-6 所示。其中第（1）、（2）列是以银行借款及银行借款是否为公司最大的债权主体与银行借款的交互项为解释变量，考察当银行借款是公司中最大的债权主体时是否能够提升银行借款对大股东掏空的抑制作用；第（3）、（4）列是以债券融资占公司总资产的比例及其与债券是否为公司最大的债权主体的交互项为解释变量，考察当债券是公司中最大的债权主体时是否能够提升债券对大股东掏空的抑制作用，第（5）、（6）列是商业信用融资占公司总资产的比例及其与商业信用是否为公司最大的债权主体的交互项为解释变量，考察当商业信用是公司中最大的债权主体时是否能够提升商业信用对大股东掏空的抑制作用。表中所有的回归方程都控制了行业特征和年度特征，并且所有回归结果的标准误都是 cluster 在省份层面得到的稳健标准误。

表 5-6　不同债权主体在公司的分布情况对相应债权主体治理效应的影响

	(1) tunning1	(2) tunning2	(3) tunning1	(4) tunning2	(5) tunning1	(6) tunning2
bank	−0.0131 (−0.37)	0.0935*** (5.91)				
bank×bank1	0.205*** (6.92)	−0.00371 (−0.26)				
bond			0.192*** (6.60)	0.0682 (1.29)		
bond×bond1			−0.0395 (−0.58)	0.0960 (1.55)		
credit					−0.540*** (−13.76)	0.0580*** (3.02)
credit×credit1					−0.0480* (−1.76)	−0.0591*** (−3.78)
divratio	−0.00518* (−1.79)	−0.000116 (−0.04)	−0.00900*** (−2.75)	−0.00245 (−0.86)	−0.0176*** (−6.71)	−0.00192 (−0.67)
mb	−0.0123*** (−3.74)	−0.000324 (−0.15)	−0.00589 (−1.63)	0.00313 (1.49)	0.00279 (0.96)	0.00268 (1.39)
size	−0.000661 (−0.17)	−0.00580*** (−3.81)	0.00758* (1.71)	−0.00141 (−0.92)	0.0137*** (3.31)	−0.00198 (−1.28)
bvps	0.0105*** (7.58)	−0.000594 (−1.09)	0.00869*** (6.01)	−0.00167*** (−2.93)	0.00439*** (3.41)	−0.00144** (−2.60)
cashflow	−0.0844*** (−12.66)	0.00663 (1.53)	−0.0859*** (−13.80)	0.00591 (1.37)	−0.0888*** (−14.64)	0.00626 (1.48)
eps	−0.0195*** (−4.56)	−0.00469* (−1.74)	−0.0290*** (−6.17)	−0.00830*** (−2.91)	−0.0162*** (−3.87)	−0.00745** (−2.67)
sh1	−0.0611** (−2.10)	0.0265* (2.01)	−0.0613** (−2.22)	0.0260** (2.16)	−0.0522* (−2.03)	0.0249* (2.02)
sh210	−0.000383 (−0.02)	−0.0151 (−0.98)	0.000339 (0.02)	−0.0149 (−0.98)	0.0150 (0.82)	−0.0163 (−1.04)
cv	0.00120 (0.17)	0.000638 (0.21)	0.00285 (0.37)	0.00165 (0.51)	0.00655 (0.95)	0.00123 (0.38)
state	−0.00260 (−0.64)	−0.00150 (−0.56)	−0.00507 (−1.27)	−0.00309 (−1.13)	−0.00811* (−2.03)	−0.00283 (−1.01)

续表

	（1） tunning1	（2） tunning2	（3） tunning1	（4） tunning2	（5） tunning1	（6） tunning2
audit	−0.00408	−0.00291	−0.0149	−0.00813**	−0.0187	−0.00749*
	（−0.34）	（−0.77）	（−1.28）	（−2.16）	（−1.52）	（−2.04）
power	−0.000818	0.00230	−0.00168	0.00222	−0.00268	0.00246
	（−0.19）	（0.74）	（−0.37）	（0.66）	（−0.69）	（0.73）
director	−0.0107	−0.0144	−0.000948	−0.00946	−0.00352	−0.0120
	（−0.28）	（−0.64）	（−0.02）	（−0.41）	（−0.10）	（−0.51）
_cons	0.111	0.123***	−0.0110	0.0580*	−0.0556	0.0662*
	（1.14）	（3.84）	（−0.10）	（1.75）	（−0.56）	（2.02）
N	17134	17134	17134	17134	17134	17134
r^2_w	0.212	0.0223	0.175	0.0117	0.281	0.0131
F	348.9	145.5	201.9	65.26	86.31	53.49

注：*表示 $p < 0.1$，**表示 $p < 0.05$，***表示 $p < 0.01$。

表 5-6 的实证结果显示银行借款对关联交易的影响显著为正，对资金占用的影响为负但不显著，发行债券对大股东资金占用和关联交易的影响都为正，其中对大股东资金占用的影响显著为正，商业信用对大股东资金占用的影响显著为负而对关联交易的影响显著为正，其解释与前文的结论基本一致。商业信用与关联交易的正相关性表明关联交易主体的多样性及交易事项的复杂性使关联交易难以被监督，影响了商业信用对大股东通过关联交易进行掏空的抑制作用。从不同债权主体在公司的分布情况对相应债权主体治理效应的影响来看，第（1）列和第（2）列的银行借款与其是否为公司最大的债权主体的交叉项的系数对资金占用的影响显著为正而对关联交易的影响不显著，表明当银行借款是公司最大的债权主体时不仅没有提升银行借款对大股东掏空的抑制作用，反而降低了银行借款对大股东掏空的治理作用，说明作为储户的代理人身份拥有企业的债权的银行由于存在代理问题不仅难以发挥相应的治理作用，而且还可能会影响其他债权主体对大股东掏空的抑制作用。第（3）列和第（4）列的结果显示债券与其是否为公司最大的债权主体的交叉项的系数对衡量大股东掏空程度的两个指标的影响都不显著，债券持有人一般只能根据公开披露的信息了解公司的经营状况并且其参与公司治理的手段非常有限，说明债券是公司最大的债权主体时也难以提升发行债券的治理作用。第（5）列和第（6）列的结果显示商业信用与其是否为公司最大的债权主体的交叉项的系数对衡量大股东掏空程度的两个指标的影响都显著为

负，说明当商业信用是公司最大的债权主体时能进一步增强商业信用对大股东掏空程度的抑制作用。表5-6的回归结果显示，如果某一类债权主体在公司中占有的债务比例大于其他债权主体在公司中占有的债务比例，则可能会提升该类债权主体对大股东掏空的治理作用。

第四节 稳健性检验

本章在实证研究中以大股东资金占用和关联交易衡量大股东的掏空程度，也有很多文献从关联担保的角度衡量大股东的掏空程度。与第四章类似，本章以关联担保衡量大股东的掏空行为进行稳健性检验，根据现金流向，扣除大股东通过关联担保对上市公司的支持行为，以关联担保金额净流出额占总资产的比例（tunning3）衡量大股东通过关联担保进行掏空的行为。采用面板数据固定效应模型对式（5-1）~式（5-4）进行参数估计，得到的结果如表5-7的第（1）~（12）列所示。其中第（1）~（3）列是以银行借款、商业信用、债券等不同债权主体的治理效应为解释变量，采用面板数据固定效应模型对式（5-1）进行参数估计得到的结果，考察不同债权主体的治理效应对大股东掏空的影响；第（4）~（6）列在第（1）~（3）列的基础上增加公司是否为ST的哑变量与各类债权主体治理效应的交互项，研究公司经营不善处于ST状态时财务困境对不同债权主体治理效应的影响，第（7）~（9）列在第（1）~（3）列的基础上增加公司融资约束程度与各类债权主体治理效应的交互项，考察融资约束程度是否能够提升各类债权主体对大股东掏空的抑制作用，第（10）~（12）列在第（1）~（3）列的基础上增加相应债权主体与其是否为公司债务中比例最大的债权主体的交互项，考察某一类债权主体是公司的最大债权主体时是否能够提升相应债权主体对大股东掏空的抑制作用。表中所有的回归方程都控制了行业特征和年度特征，并且所有回归结果的标准误都是cluster在省份层面得到的稳健标准误，因篇幅有限，在表中省去了控制变量的回归结果。

表5-7的回归结果显示银行借款对大股东关联担保的影响都显著为正，债券的治理效应对大股东关联担保的影响都不显著，商业信用的治理效应对大股东关联担保的影响在第（3）、（6）、（9）列中不显著而在第（12）列中显著为正，表明各债权主体均没有抑制大股东通过关联担保进行掏空的行为。第（4）~（6）列的回归结果显示债券的治理效应与st的交互项对关联担保的回归结果都显著为负，而银行借款和商业信用分别与st的交互项对关联担保的回归结果都不显著，

表明当公司处于财务困境时能够提升债券持有人的治理作用，与表 5-4 的回归结果类似。第（7）~（9）列的回归结果显示各债权主体的治理效应与 FC 的交互项对关联担保的回归结果都为负，但是都不显著，表明融资约束程度能够提升不同债权主体对大股东掏空的抑制作用，但是提升作用的显著性不如表 5-5。第（10）~（12）列的回归结果显示当公司债务中银行借款是比例最大的债权主体与银行借款的交互项对关联担保的影响为正，当公司债务中债券是比例最大的债权主体与债券的交互项对关联担保的影响不显著，而商业信用是公司债务中比例最大的债权主体与商业信用治理效应的交互项对关联担保的影响显著为负。结果表明当商业信用是公司最大的债权主体时能进一步增强商业信用对大股东掏空程度的抑制作用，与表 5-6 的结论一致。表 5-7 的回归结果表明采用关联担保衡量大股东掏空行为时，得出的结论与以关联交易衡量大股东掏空行为时的结论基本一致。

　　在验证假设 5.3 的实证中是以 SA 指数衡量上市公司的融资约束程度。由于不同性质的企业面临的融资约束程度不同，本章以公司的产权性质作为企业融资约束程度的代理变量进行稳健性检验。当企业的产权性质为国有时 state 取值为 1，否则取值为 0，国有企业的约束程度小于非国有企业的融资约束程度，即 state 与企业的融资约束程度负相关。采用面板数据固定效应模型对式（5-3）进行参数估计得到的结果如表 5-8 的第（1）~（6）列所示，其中第（1）、（2）列是以银行借款为解释变量，考察银行借款治理效应是否在非国有企业中更能够发挥出抑制大股东掏空的治理作用，第（3）、（4）列是以债券融资占公司总资产的比例为解释变量，考察债券治理效应是否在非国有企业中更能够发挥出抑制大股东掏空的治理作用，第（5）、（6）列是以商业信用融资占公司总资产的比例为解释变量，考察商业信用治理效应是否在非国有企业中更能够发挥出抑制大股东掏空的治理作用。表中所有的回归方程都控制了行业特征和年度特征，并且所有的标准误都是 cluster 在省份层面得到的稳健标准误，因篇幅有限，在表中省去了控制变量的回归结果。结果显示银行借款与 state 的交叉项对大股东资金占用的影响显著为正而对关联交易的影响为负但不显著，发行债券与 state 的交叉项对衡量大股东掏空程度的两个指标的影响都为正但都不显著，商业信用与 state 的交叉项对衡量大股东掏空程度的两个指标的影响都为负但都不显著，表明银行借款和发行债券的回归结果与表 5.5 的回归结果基本一致，而商业信用与表 5-5 的结果不一致但不显著。可能的原因是商业信用作为融资约束程度较高企业不能获得银行贷款或者发行债券时的重要融资渠道，非国有企业中在受到融资约束时将可能采取更多的商业信用融资，使商业信用与 state 的交互项的系数为负。

表5-7 稳健性检验1

	(1) tunning3	(2) tunning3	(3) tunning3	(4) tunning3	(5) tunning3	(6) tunning3	(7) tunning3	(8) tunning3	(9) tunning3	(10) tunning3	(11) tunning3	(12) tunning3
bank	0.118*** (5.74)			0.113*** (5.97)			0.121*** (6.08)			0.119*** (3.63)		
bond		0.0193 (0.33)			0.0266 (0.46)			0.0682 (0.73)			−0.00288 (−0.04)	
credit			0.00831 (0.30)			0.00188 (0.07)			0.0173 (0.61)			0.0947** (2.35)
st×bank				0.0218 (0.81)								
st×bond					−1.367*** (−3.48)							
st×credit						0.0579 (1.28)						
FC×bank							−0.00873 (−0.44)					
FC×bond								−0.0849 (−0.89)				
FC×credit									−0.0229 (−1.61)			
bank×bank1										0.115* (1.74)		

续表

	(1) tumming3	(2) tumming3	(3) tumming3	(4) tumming3	(5) tumming3	(6) tumming3	(7) tumming3	(8) tumming3	(9) tumming3	(10) tumming3	(11) tumming3	(12) tumming3
bond×bond1											-0.00113 (-0.05)	
credit×credit1												-0.0846*** (-3.46)
_cons	0.402*** (4.98)	0.292*** (3.52)	0.290*** (3.58)	0.392*** (4.96)	0.293*** (3.54)	0.278*** (3.35)	0.358*** (4.66)	0.264*** (3.40)	0.258*** (3.41)	0.360*** (4.73)	0.264*** (3.40)	0.289*** (3.88)
N	17134	17134	17134	17134	17134	17134	17134	17134	17134	17134	17134	17134
r^2_w	0.0185	0.00996	0.00996	0.0186	0.0107	0.0104	0.0186	0.0102	0.0103	0.0186	0.0102	0.0122
F	57.82	42.34	41.94	58.03	275.2	38.13	165.9	285.6	515.4	133.7	430.1	185.6

注：* 表示 $p<0.1$，** 表示 $p<0.05$，*** 表示 $p<0.01$。

表 5-8 稳健性检验 2

	(1) tumming1	(2) tumming2	(3) tumming1	(4) tumming2	(5) tumming1	(6) tumming2	(7) tumming1	(8) tumming2	(9) tumming1	(10) tumming2	(11) tumming1	(12) tumming2
bank	0.186*** (8.24)	0.0914*** (6.91)										
bond			0.171*** (5.30)	0.0729 (1.42)			0.0185 (0.53)	0.103*** (6.39)	0.192*** (6.67)	0.0736 (1.43)		
credit					-0.589*** (-19.96)	0.00333 (0.22)					-0.537*** (-13.75)	0.0581*** (3.06)

续表

	(1) turning1	(2) turning2	(3) turning1	(4) turning2	(5) turning1	(6) turning2	(7) turning1	(8) turning2	(9) turning1	(10) turning2	(11) turning1	(12) turning2
bank×state	0.0820*** (2.92)	-0.00668 (-0.46)										
bond×state			0.0609 (0.93)	0.0631 (0.87)								
credit×state					-0.00163 (-0.05)	-0.0194 (-1.31)						
bank×bank1							0.174*** (6.53)	-0.0123 (-0.86)				
bond×bond1									-0.0639 (-0.81)	0.110 (1.41)		
credit×credit1											-0.0510* (-1.94)	-0.0596*** (-3.54)
_cons	0.139 (1.41)	0.123*** (3.78)	-0.0103 (-0.09)	0.0584* (1.72)	-0.0676 (-0.68)	0.0493 (1.51)	0.108 (1.11)	0.125*** (3.85)	-0.00989 (-0.09)	0.0584* (1.73)	-0.0504 (-0.50)	0.0689** (2.05)
N	17134	17134	17134	17134	17134	17134	17134	17134	17134	17134	17134	17134
r^2_w	0.204	0.0223	0.175	0.0117	0.280	0.0109	0.210	0.0224	0.175	0.0118	0.281	0.0133
F	611.9	41.65	437.3	64.16	85.78	78.62	399.1	111.0	196.6	59.16	79.34	49.22

注: * 表示 $p < 0.1$, ** 表示 $p < 0.05$, *** 表示 $p < 0.01$。

在验证假设 5.4 的实证中是采用银行借款、发行债券和商业信用中比例最大的债权种类作为不同债权主体在公司的分布情况。为了避免三类债权主体在公司中比例都很接近的问题，在本节的稳健性检验中以这三类债权中的某一类债权达到三类债权总和的 50% 衡量公司债务中比例最大的债权主体，然后采用面板数据固定效应模型对式（5-4）进行参数估计，得到的结果如表 5-8 的第（7）~（12）列所示，其中第（7）、（8）列是以银行借款及银行借款是否为公司最大的债权主体与银行借款的交互项为解释变量，考察当银行借款是公司中最大的债权主体时，是否能够提升银行借款对大股东掏空的抑制作用；第（9）、（10）列是以债券融资占公司总资产的比例及其与债券是否为公司最大的债权主体的交互项为解释变量，考察当债券是公司中最大的债权主体时是否能够提升债券对大股东掏空的抑制作用；第（11）、（12）列是商业信用融资占公司总资产的比例及其与商业信用是否为公司最大的债权主体的交互项为解释变量，考察当商业信用是公司中最大的债权主体时是否能够提升商业信用对大股东掏空的抑制作用。表中所有的回归方程都控制了行业特征和年度特征，并且所有回归结果的标准误都是 cluster 在省份层面得到的稳健标准误。因篇幅有限，在表中省去了控制变量的回归结果。回归结果显示银行借款与其是否为公司最大的债权主体的交叉项的系数对资金占用的影响显著为正，而对关联交易的影响不显著，债券与其是否为公司最大的债权主体的交叉项的系数对衡量大股东掏空程度的两个指标的影响都不显著，商业信用与其是否为公司最大的债权主体的交叉项的系数对衡量大股东掏空程度的两个指标的影响都显著为负，与表 5-6 的结果基本一致。

本章采用不同债权主体的债务融资规模占总资产的比例衡量各债权主体的治理效应可能会存在内生性问题，并采用工具变量对内生性问题进行处理后进行实证研究。从上一年度的各债权主体的债务融资规模占总资产的比例作为工具变量，采用二阶段最小二乘法对式（5-1）~式（5-4）的面板数据固定效应模型进行估计得到表 5-9 和表 5-10 所示的回归结果，其中表 5-9 是利用大股东资金占用行为衡量大股东的掏空，而表 5-10 是利用关联交易衡量大股东的掏空。第（10）~（12）列在第（1）~（3）列的基础上增加公司债务中比例最大的债权主体与相应债权主体治理效应的交互项考察不同债权主体在公司的分布情况对相应债权主体治理效应的影响。

表 5-9 和表 5-10 第（1）~（3）列的回归结果显示银行借款对大股东资金占用和关联交易的影响都显著为正，债券的治理效应对大股东资金占用和关联交易的影响都为正，其中对大股东资金占用的影响显著为正，而商业信用的治理效应对大股东资金占用和关联交易的影响都为负，其中对大股东资金占用的影响显著为负。表明银行借款和债券没有发挥出抑制大股东掏空的治理作用，而商业信用

表5-9 内生性检验1

	(1) tunning1	(2) tunning1	(3) tunning1	(4) tunning1	(5) tunning1	(6) tunning1	(7) tunning1	(8) tunning1	(9) tunning1	(10) tunning1	(11) tunning1	(12) tunning1
bank	0.181*** (5.22)			0.190*** (5.46)			0.187*** (4.98)			-0.102 (-1.11)		
bond		0.205*** (3.56)			0.210*** (3.68)			0.303*** (3.08)			0.214*** (3.43)	
credit			-0.584*** (-14.53)			-0.579*** (-14.47)			-0.579*** (-13.11)			-0.543*** (-8.29)
st×bank				-0.0281 (-1.04)								
st×bond					-0.575* (-1.81)							
st×credit						-0.0621 (-1.25)						
FC×bank							-0.0143 (-0.93)					
FC×bond								-0.188** (-2.13)				
FC×credit									-0.0164 (-0.78)			
bank×bank1										0.262*** (4.36)		

续表

	(1) tunning1	(2) tunning1	(3) tunning1	(4) tunning1	(5) tunning1	(6) tunning1	(7) tunning1	(8) tunning1	(9) tunning1	(10) tunning1	(11) tunning1	(12) tunning1
bond×bond1											-0.0530 (-0.64)	
credit×credit1												-0.0404 (-1.11)
N	14003	14003	14003	14003	14003	14003	14003	14003	14003	14003	14003	14003
r^2_w	0.163	0.133	0.247	0.164	0.133	0.247	0.164	0.133	0.246	0.175	0.133	0.247
F	270.8	150.3	123.5	336.0	248.5	147.4	308.3	154.3	194.7	291.3	384.0	150.3

注: * 表示 $p< 0.1$, ** 表示 $p< 0.05$, *** 表示 $p< 0.01$。

表 5-10　内生性检验 2

	(1) tunning2	(2) tunning2	(3) tunning2	(4) tunning2	(5) tunning2	(6) tunning2	(7) tunning2	(8) tunning2	(9) tunning2	(10) tunning2	(11) tunning2	(12) tunning2
bank	0.0996*** (5.63)			0.0967*** (5.49)			0.103*** (5.20)			0.123** (2.18)		
bond		0.175 (1.52)			0.186 (1.61)			0.271 (1.37)			0.176 (1.38)	
credit			-0.0287 (-0.91)			-0.0328 (-1.02)			-0.0304 (-0.95)			0.00681 (0.12)
st×bank				0.00968 (0.53)								

续表

	(1) turning2	(2) turning2	(3) turning2	(4) turning2	(5) turning2	(6) turning2	(7) turning2	(8) turning2	(9) turning2	(10) turning2	(11) turning2	(12) turning2
st×bond					-1.060*** (-4.55)							
st×credit						0.0435** (2.33)						
FC×bank							-0.0121 (-0.71)					
FC×bond								-0.182 (-1.11)				
FC×credit									0.00469 (0.36)			
bank×bank1										-0.0216 (-0.52)		
bond×bond1											-0.00297 (-0.03)	
credit×credit1												-0.0347 (-1.06)
N	14003	14003	14003	14003	14003	14003	14003	14003	14003	14003	14003	14003
r^2_w	0.0200	0.00867	0.00822	0.0201	0.00963	0.00857	0.0201	0.00808	0.00817	0.0197	0.00866	0.0104
F	24.31	22.87	24.08	29.27	94.01	30.22	24.42	25.58	22.54	22.09	23.42	41.78

注：* 表示 $p < 0.1$，** 表示 $p < 0.05$，*** 表示 $p < 0.01$。

能够抑制大股东通过资金占用进行掏空的行为，与表 5-3 的结论基本一致。第（4）~（6）列的回归结果显示银行借款与 ST 的交互项对大股东资金占用的影响为负而对关联交易的影响为正，但都不显著；债券的治理效应与 ST 的交互项对衡量大股东掏空的两个指标的回归结果都显著为负；商业信用与 ST 的交互项对大股东资金占用的影响为负，但是对关联交易的影响为正。表明当公司处于财务困境时能够提升债券持有人的治理作用，而没有提升银行借款和商业信用的治理效应，与表 5-4 的回归结论基本一致。第（7）~（9）列的回归结果显示银行借款与公司融资约束程度交叉项对衡量大股东掏空程度的两个指标的影响都为负；债券与公司融资约束程度的交叉项对衡量大股东掏空程度的两个指标的影响都为负，其中对大股东资金占用的影响显著为负；商业信用与公司融资约束程度的交叉项对大股东资金占用的影响为负而对关联交易的影响为正，但都不显著。表明融资约束能够提升债权治理对大股东掏空的抑制作用。从不同债权主体对衡量大股东掏空程度两个指标影响的显著性水平可以发现，融资约束程度对不同债权主体抑制大股东掏空的提升效果由强到弱的顺序依次为：债券、银行借款、商业信用，与表 5-5 及假设 5.3 的结论基本一致。债券和商业信用分别与其是否为公司最大的债权主体的交叉项的系数对衡量大股东掏空程度的两个指标的影响都为负，其中商业信用与其是否为公司最大的债权主体的交叉项系数的显著性水平的 t 值都大于 1，表明当商业信用是公司最大的债权主体时能进一步增强商业信用对大股东掏空程度的抑制作用，与表 5-6 的结论一致。

本章小结

　　本章通过大股东资金占用和上市公司与母公司、子公司、受同一母公司控制的其他企业之间的关联交易两个指标衡量大股东掏空，以银行借款、债券和商业信用债务融资规模占总资产的比例为相应债权主体治理效应的代理变量，首先考察了不同债权主体的治理效应对大股东掏空的影响，将 ST 公司作为财务困境公司考察了不同债权主体的相机治理机制对大股东掏空的影响；其次将融资约束程度纳入实证分析考察其提升债权治理对大股东掏空的抑制作用在不同债权主体之间的差异；最后考察了不同债权主体在公司的分布情况对不同债权主体治理效果的影响。研究结论如下：

　　（1）不同债权主体对大股东掏空的抑制能力存在差别，具体表现为银行借款对大股东掏空的抑制作用最弱、商业信用对大股东掏空的抑制作用最强、发行债券对大股东掏空的抑制作用介于银行借款和商业信用之间。由于银行存在代理问题，公司通过银行获得贷款也不需要像发行债券一样公开披露信息，银行有可能在贷款审查过程或贷后监督时存在偷懒行为，不对公司的财务指标和经营状况进行深入分析就完成贷款的审批，公众也难以对银行的贷款审查不严或者贷后监督不力等行为进行干预。当大股东能够在保障银行债务安全的情形下进行掏空时，银行可能不会对大股东的掏空行为进行干预，导致银行借款无法发挥出抑制大股东掏空的治理作用。发行债券和商业信用的债权人直接拥有企业的债权，与银行等金融中介以储户的代理人身份拥有企业的债权存在本质区别，发行债券和商业信用的债权人可能对公司侵害其利益的行为进行监督和干预的动机要强于银行。但是发行债券只能根据公司公开披露的信息了解公司的经营状况，公司有可能不会披露大股东的掏空行为，使发行债券的治理作用受到限制，导致发行债券无法发挥出抑制大股东掏空的治理作用，而商业信用由于具有较好的信息优势，产出了抑制大股东掏空的治理效果。

（2）由于不同债权主体具有不同的特征，公司是否陷入财务困境对不同债权主体的影响也不同。研究结果表明，财务困境能够提升银行借款和债券对大股东掏空的抑制作用，而没有发挥出提升商业信用对大股东掏空的抑制作用，主要原因可能是商业信用的建立主要是依赖于企业的信用，不同于银行借款或债券是依赖于企业的经营业绩，这使商业信用对企业的经营业绩的监督力度较弱，导致当公司陷入财务困境时，提升商业信用的治理作用并不明显。

（3）不同债权主体与上市公司的信息不对称程度不同，可能会影响融资约束程度对不同债权主体治理效果的提升作用。研究结果显示，银行借款与公司融资约束程度交叉项对衡量大股东掏空程度的两个指标的影响都为负；债券和商业信用与公司融资约束程度的交叉项对衡量大股东掏空程度的两个指标的影响都为负，其中，债券与公司融资约束程度的交叉项对大股东资金占用的影响显著为负，商业信用与公司融资约束程度的交叉项对资金占用和关联交易的负向作用的 t 值都大于 1，表明融资约束能够提升各类债权主体的治理效应。此外，从大股东资金占用的角度能够反映融资约束程度对不同债权主体抑制大股东资金占用的提升效果，由强到弱依次为：债券、银行借款、商业信用。

（4）由于公司中存在不同的债权主体，不同债权主体的利益可能不一致，而不同债权主体在公司的分布情况可能会影响相应债权主体对大股东掏空的抑制作用。实证结果显示，当银行借款是公司最大的债权主体时，不仅没有提升反而降低了银行借款对大股东掏空的治理作用；当商业信用是公司最大的债权主体时，能进一步增强商业信用对大股东掏空的抑制作用，这进一步表明了银行由于存在代理问题不仅难以发挥相应的治理作用，而且会影响其他债权主体对大股东掏空的抑制作用。

第六章　不同债权期限对大股东
掉空的治理效应

第五章从不同债权主体的角度研究了债权治理对大股东掉空的影响，研究结果表明不同债权主体的治理效应对大股东掉空的抑制能力存在差别，财务困境、公司融资约束程度对不同债权主体抑制大股东掉空的提升效果也不一样，并且不同债权主体在公司的分布情况也可能影响不同债权主体的治理效果。一般来说，除了根据债权主体将公司的债权进行划分之外，也可以根据债权期限将公司的债权进行划分，因此本章将从不同债权期限的治理效应研究其对大股东掉空的影响。

第一节　研究假设

根据债务期限可以将债务分为长期债务和短期债务，Flannery（1986）从信息不对称的视角对企业的债务期限进行了分析，当投资者在企业发行债券之前不了解企业的质量时，高质量的企业将选择发行短期债务以降低债务融资成本，使发行较多短期债务的企业质量要优于发行较多长期债务的企业质量。Hart 和 Moore（1994）、Berglöf 和 Von Thadden（1994）等文献指出不同的债务期限能够影响债权人与公司内部人之间的谈判力从而影响公司的经营决策，合理配置公司的债务期限能够增强债权的治理作用，最优的债务期限既能够发挥出债务对公司的治理作用又能够降低无效率清算的可能性。Rajan 和 Winton（1995）、Kang 和 Stulz（2000）则从债权人的监督能力对不同期限的债权人的治理作用进行了分析，指出短期债务能够增加债权人对内部人监督的灵活性，更能够监督内部人损害公司价值的行为。但是上述文献是从理论视角指出短期债务比长期债务在公司治理中具有更好的优势，这些文献的出发点都是认为公司能够决定债务期限结构，但是现实中的情况是公司的债务期限并不一定是公司能够决定的，当公司经营绩效较差时债权人可能不愿意为公司提供长期债权，会导致公司的债务融资以短期债权为主。由于我国上市公司的治理水平不完善，我国上市公司的债务期限在很大程度上取决于债权人，当公司的经营业绩较差或者公司治理机制存在严重缺陷时，债权人不愿意提供长期债务而倾向于提供短期债务以增加对公司的约束，当公司的经营绩效较好或者公司治理机制完善时债权人才愿意提供大量的长期债务，那么拥有短期债务较多的公司可能是反映公司的质量较低，使我国上市公司的短期债务的公司治理作用可能弱于长期债务的治理作用。肖作平和廖理（2012）、陈建勇（2009）等文献从实证的角度发现我国公司治理水平低的公司拥有更多的短期债务。治理机制不完善或经营绩效较差的公司更倾向于获得短期债权融资。虽然短期债权具有更好的监督灵活性，能够加强对公司内部人的约束，但是如果企业债务规模过大或者政府为了当地就业等原因造成债务"软约束"使债权人被动地为企业提供短期债权，那么短期债权也难以发挥出治理作用。而治理机制完善或经营绩效较好的公司更倾向于获得长期债权，但是长期债权的监督灵活性要弱于短期债权，因此长期债权和短期债权对大股东掏空的影响难以在实证之前获得肯定的结论。基于此，笔者提出假设6.1。

假设6.1：债权治理对大股东掏空的抑制作用与债务期限长短有关，短期债权的治理作用一般要强于长期债权的治理作用，但是如果存在债务"软约束"问题，短期债权对大股东掏空的治理作用可能会弱于长期债权。

Hart和Moore（1994）、Berglöf和Vol Thadden（1994）等文献认为短期债权比长期债权具有更强约束能力的原因是短期债权能更及时地发挥出相机治理机制，由于短期债权要求公司偿还本息的时间更短，因此能够对公司进行有效的监督，即使当公司不能按时偿还本息时也能及时地发挥相机治理作用。虽然政府会为了本地就业或者经济增长的考虑要求银行等债权人继续为陷入财务困境的企业提供贷款，债务"软约束"问题的存在可能会降低短期债权对大股东掏空的约束作用，甚至会使短期债权对大股东掏空的抑制作用弱于长期债权，但是当企业处于财务困境时直接增加了债权人的风险，此时债权人可能会进一步降低为债务人提供债务的意愿或者要求债务人提供更多的抵押，规避债务"软约束"问题，提升短期债权的约束能力，具体表现为财务困境可能会提高短期债权对大股东掏空的抑制作用。当公司经营业绩较差或公司治理机制存在严重缺陷时，债权人不愿意提供长期债务，而当公司处于财务困境时债权人提供长期债务的意愿更低，处于财务困境的公司不指望能够获得长期债权而是希望延续到期的短期债务，这意味着财务困境提升长期债权抑制大股东掏空的效果不明显。基于此，笔者提出假设6.2。

假设6.2：财务困境能够提升短期债权对大股东掏空的抑制作用，而对长期债权的提升效果不明显。

债权人不仅在放贷之前对融资约束程度更高的企业进行更加严格的审查，而且在放贷之后可能会对融资约束程度高的企业进行更多的监督，表明融资约束程度能够提升债权治理对大股东掏空的抑制作用。我国上市公司融资约束现象广泛存在，相关文献发现企业的融资约束程度与企业的性质相关，周铭山等（2012）通过实证研究发现非国有企业面临更大的融资约束。融资约束程度越高的企业融资成本越高、越难以获得融资，大股东的掏空行为将进一步降低融资约束高的企业的融资能力，这意味着融资约束程度越高的企业大股东为掏空所承担的成本更高。从长期债权的角度来看，当公司经营业绩较差或公司治理机制存在严重缺陷时，债权人不愿意提供长期债务，融资约束越高的企业将更难以获得长期债务，而公司能够获得较多的长期债务意味着企业在债权人中的声誉较好，融资约束程度越高的企业也会更加看重企业的声誉而较少采取损害公司价值的行为，这意味着融资约束程度也能够提升长期债权对大股东掏空的抑制作用。基于此，笔者提出假设6.3。

假设6.3：融资约束程度能够提升短期债权和长期债权对大股东掏空的抑制作用。

不同种类债权之间的利益冲突不仅表现在不同债权主体之间，也体现在不同债权期限之间。大股东可能利用不同债权人之间的利益冲突执行一些有利于自身和部分债权人但对其他债权人造成损害的掏空行为。例如，大股东以不公平的价格变卖资产进行掏空时可能有利于短期债权人，但是会对长期债权人造成损害，因为变卖一些关键性资产可能影响公司的经营能力，影响公司的经营绩效及对长期债权人的偿付，如果长期债权在公司中的地位较低可能难以抑制这类掏空行为。同样地，大股东也可能会执行一些有利于长期债权而对短期债权人的利益造成损害的掏空行为，如果短期债权人在公司中的地位较低也可能难以抑制这类掏空行为，因此长期债权和短期债权的利益不一致有可能影响长期债权或者短期债权的治理效果。与第五章的分析类似，如果利益受到侵害的债权人在公司中的地位较低将影响这一类债权人参与公司治理的能力。在研究某一类债权的治理效果时，如果没有考虑这一类债权人的公司地位，将有可能低估这一类债权的治理效果。本章将考虑不同期限的债权在公司的分布情况对相应债权期限治理效果的影响，根据期限的不同可以将债权划分为长期债权和短期债权，一般来说同期限的债权具有相似的利益趋向，如果某一类期限的债权在公司债务中占有的比例大于其他期限的债权在公司债务中占有的比例，则可能会提升该期限的债权对大股东掏空的治理作用。基于此，笔者提出假设6.4。

假设6.4：不同期限的债权在公司的分布情况可能会影响相应债权期限的治理

效果，当某一类期限的债权在公司债务中占有的比例大于其他期限的债权在公司债务中占有的比例时，则可能会提升该类债权对大股东掏空的治理作用。

第二节　实证研究设计

一、变量选取

本章首先实证研究不同债权期限的治理效应对大股东掏空的影响；其次将公司经营状态纳入实证分析考察债权的相机治理机制对不同债权期限抑制大股东掏空程度的影响；再次从融资约束程度的角度考察其对不同期限的债权对大股东掏空抑制作用的影响；最后考虑不同期限的债权在公司的分布情况，实证研究某一类期限的债权在公司中占有的债务比例大于其他期限的债权在公司中的债务比例时，是否会提升该类债权期限对大股东掏空的治理作用。从本章的研究目的可以看出实证中需要的被解释变量是能够反映大股东掏空行为的变量，解释变量则是反映不同债权期限的治理效应、公司经营状态、融资约束程度以及不同债权期限在公司的分布情况等相关的变量，另外还需要包括一些影响大股东掏空和债权治理的控制变量。

1. 被解释变量

大股东掏空程度的衡量。

2. 解释变量

（1）不同债权期限治理效应的衡量。由于本章的目的是实证研究不同债权期限的治理效应对大股东掏空的影响，根据期限的不同可以将不同种类的债权划分为长期债权和短期债权。目前国内外已经有很多文献研究了长期债权和短期债权的治理效应，大部分文献将短期债权定义为一年以内的债务而将长期债权定义为一年以上的债务，本书也是采用这个方法将借入的期限在一年期以上（不含一年）的各项借款定义为长期债务、借入的尚未归还的一年期以下（含一年）的借款定义为短期债务，然后分别采用长期债务和短期债务占总资产的比例衡量长期债权和短期债权的治理效应。

（2）公司经营状态的衡量（st）。与第四章的方法类似。

（3）融资约束程度（FC）。与第四章的方法类似。

（4）各债权期限在公司债务中的分布情况，具体包括 shortdebt1 和 longdebt1 两个变量，分别表示短期债权和长期债权是否为公司债务中比例最大的债权。为了验证假设 6.4，需要考虑不同债权期限在公司的分布情况，根据期限的不同可以将公司的债权划分为长期债权和短期债权。本书以长期债权和短期债权中比例最大的债权衡量各债权期限在公司债务中的分布情况，并将其设为 1，否则设为 0，考察其是否能够提升相应期限类别的债权对大股东掏空的治理作用。

3. 控制变量

各控制变量的定义及说明见第四章第二节，此处不再赘述。

二、实证模型

为了检验假设 6.1，本书建立如式（6-1）所示的计量回归方程。其中 tunning 包括 tunning1 和 tunning2 两个变量，debt 表示短期债权和长期债权等不同债权期限的治理效应，ControlVar 表示控制变量，industry 是行业虚拟变量，year 是年度虚拟变量。

$$tunning_{i,t} = \alpha_0 + \alpha_1 \times debt_{i,t} + ControlVar + \sum industry_{i,t} + \sum year_{i,t} + \varepsilon_{i,t} \quad (6-1)$$

为了验证假设 6.2，在式（6-1）的基础上增加公司是否为 ST 的哑变量与各类债权期限治理效应的交互项，研究公司经营不善处于 ST 状态时财务困境对不同债权期限治理效应的影响，具体实证模型如式（6-2）所示。其中 tunning 包括 tunning1 和 tunning2 两个变量，debt 表示长期债权和短期债权等不同债权期限的治理效应，ControlVar 表示控制变量，industry 是行业虚拟变量，year 是年度虚拟变量。

$$tunning_{i,t} = \alpha_0 + \alpha_1 \times debt_{i,t} + \alpha_2 \times st_{i,t} \times debt_{i,t} + ControlVar + \sum industry_{i,t} +$$
$$\sum year_{i,t} + \varepsilon_{i,t} \quad (6-2)$$

如果 $\alpha_2 < 0$，那么假设 6.2 得到验证，即公司处于财务困境时债权的相机治理作用能够提升相应期限的债权对大股东掏空的抑制作用。

为了验证假设 6.3 的结论，与验证假设 6.2 的方式类似，在式（6-1）的基础上增加公司融资约束程度与各类债权期限治理效应的交互项，研究融资约束程度对不同债权期限治理效应的影响，具体实证模型如式（6-3）所示。其中 tunning 包括 tunning1 和 tunning2 两个变量，debt 表示长期债权和短期债权等不同债权期限的债务融资规模占公司总资产的比例，FC 表示公司的融资约束程度，ControlVar 表示控制变量，industry 是行业虚拟变量，year 是年度虚拟变量。

$$tunning_{i,t} = \alpha_0 + \alpha_1 \times debt_{i,t} + \alpha_2 \times debt_{i,t} \times FC_{i,t} + ControlVar + \sum industry_{i,t} +$$
$$\sum year_{i,t} + \varepsilon_{i,t} \quad (6-3)$$

如果式（6-3）的估计结果显示系数 α_2 的结果显著小于 0，表明融资约束程度能够提升相应债权期限治理效应对大股东掏空的抑制作用，融资约束程度越大的企业，相应期限的债权的债务融资比例的增加能够降低大股东的掏空行为。

为了验证假设 6.4 的结论，与验证假设 6.2 和假设 6.3 的方式类似，在式（6-1）的基础上增加公司债务的期限特征与相应债权期限治理效应的交互项，研究不同债权期限在公司的分布情况对不同债权期限治理效应的影响，具体实证模型如式（6-4）所示。proportion 表示相应债权期限是否为公司债务中比例最大的债权。

$$tunning_{i,t} = \alpha_0 + \alpha_1 \times debt_{i,t} + \alpha_2 \times debt_{i,t} \times proportion_{i,t} + ControlVar + \sum industry_{i,t} +$$
$$\sum year_{i,t} + \varepsilon_{i,t} \tag{6-4}$$

如果式（6-4）的估计结果显示系数 α_2 的结果显著小于 0，表明某一类期限的债权在公司中占有的债务比例大于其他期限的债权在公司中占有的债务比例时，可能会提升该期限的债权对大股东掏空的治理作用。

三、数据来源及描述性统计分析

与第四章一样，本章选取 2003～2015 年沪深两市 A 股上市公司为研究对象，数据来源于 CSMAR 数据库，经处理后样本变量的基本统计特征如表 6-1 所示。

表 6-1　变量的基本统计特征

变量	样本数量	平均值	标准差	最小值	最大值
tunning1	17134	-0.0153	0.159547	-0.41019	0.57833
tunning2	17134	0.030122	0.094827	-0.16428	0.375859
shortdebt	17134	0.130469	0.121942	0	0.493146
longdebt	17134	0.054571	0.08445	0	0.337764
shortdebt1	17134	0.673165	0.46907	0	1
longdebt1	17134	0.206957	0.405136	0	1
st	17134	0.05101	0.220024	0	1
FC	17134	0.495856	0.499997	0	1
divratio	17134	0.226971	0.267256	0	1.113918
mb	17134	0.969011	0.79172	0.125984	3.448182
size	17134	21.80139	1.308896	11.34833	28.51065
bvps	17134	3.997049	2.343757	0.022554	10.46865

续表

变量	样本数量	平均值	标准差	最小值	最大值
cashflow	17134	0.016294	0.10664	-0.82561	0.935121
eps	17134	0.306368	0.430664	-0.86525	1.512093
sh1	17134	0.371423	0.151323	0.128012	0.723663
sh210	17134	0.198412	0.128693	0.01674	0.505412
cv	17134	0.05817	0.08022	0	0.263917
state	17134	0.303549	0.459803	0	1
audit	17134	0.950041	0.217867	0	1
power	17134	0.191491	0.393486	0	1
director	17134	0.363733	0.048822	0	0.5

shortdebt 和 longdebt 分别表示短期债权和长期债权占公司总资产的比例，shortdebt 的平均值为 13%，而 longdebt 的平均值为 5%，表明我国上市公司的债务期限较短。由于我国上市公司的治理机制不完善及经营状况较差，债权人为公司提供长期借款的意愿较低，与肖作平和廖理（2012）、陈建勇（2009）等文献的观点一致。从不同期限的债权人在公司中的分布情况（shortdebt1 和 longdebt1）可以看出，由于我国上市公司的公司治理不健全导致债权人不愿意提供长期债权，使上市公司的债权主要以短期债权为主，短期债权占比最大的公司数量远大于长期债权占比最大的公司数量。

大股东掏空程度（tunning1 和 tunning2）、公司经营状态（st）、融资约束程度（FC）以及各控制变量的统计特征与第四章的分析类似，此处不再赘述。

第三节 实证结果分析

一、相关性分析

表 6-2 为变量间的相关系数矩阵，从不同期限的债权与大股东掏空的相关性来看，longdebt 与 tunning1 呈负相关，与 tunning2 呈正相关，而 shortdebt 与 tunning1 和 tunning2 均呈正相关，表明长期债权能够在一定程度上抑制大股东的资金

表6-2　变量的相关性分析

	tunning1	tunning2	shortdebt	longdebt	shortdebt1	longdebt1	st	FC	divratio	mb	size	bvps	cashflow	eps	sh1	sh210	cv	state	audit	power	director
tunning1	1.000																				
tunning2	0.057	1.000																			
shortdebt	0.222	0.219	1.000																		
longdebt	-0.110	0.041	-0.010	1.000																	
shortdebt1	0.209	0.097	0.528	-0.438	1.000																
longdebt1	-0.190	-0.036	-0.295	0.697	-0.733	1.000															
st	-0.067	0.013	0.131	-0.035	0.025	-0.041	1.000														
FC	0.054	0.022	-0.048	-0.011	-0.006	-0.003	-0.140	1.000													
divratio	0.016	-0.048	-0.165	-0.064	-0.068	-0.017	-0.192	0.139	1.000												
mb	-0.144	0.072	0.230	0.381	-0.020	0.211	-0.065	0.118	-0.052	1.000											
size	-0.229	-0.009	-0.041	0.332	-0.108	0.288	-0.258	0.168	0.088	0.525	1.000										
bvps	0.002	-0.064	-0.270	-0.013	-0.105	0.062	-0.288	0.166	0.224	0.116	0.403	1.000									
cashflow	-0.044	-0.019	-0.093	-0.022	-0.043	0.002	-0.022	-0.036	0.071	-0.096	-0.006	0.175	1.000								
eps	-0.097	-0.102	-0.327	-0.031	-0.149	0.086	-0.172	0.079	0.191	-0.111	0.295	0.631	0.187	1.000							
sh1	-0.081	0.085	-0.076	0.075	-0.091	0.093	-0.087	0.171	0.130	0.113	0.260	0.144	0.010	0.149	1.000						
sh210	0.120	-0.084	-0.101	-0.078	-0.030	-0.029	-0.022	0.088	0.096	-0.169	-0.079	0.174	0.106	0.150	-0.407	1.000					
cv	0.017	0.043	0.051	-0.035	0.044	-0.039	0.049	-0.054	-0.058	-0.037	-0.076	-0.056	-0.005	-0.013	-0.066	0.014	1.000				
state	-0.050	0.000	0.038	0.125	-0.021	0.081	0.000	0.014	0.001	0.151	0.088	-0.056	-0.008	-0.031	0.192	-0.133	-0.258	1.000			
audit	-0.011	-0.027	-0.185	0.046	-0.055	0.065	-0.391	0.099	0.164	0.019	0.206	0.256	0.075	0.271	0.100	0.013	-0.043	0.024	1.000		
power	0.082	-0.013	-0.022	-0.110	0.025	-0.085	0.026	0.018	0.012	-0.126	-0.119	0.046	0.041	0.013	-0.075	0.102	0.014	-0.146	-0.008	1.000	
director	-0.015	-0.018	-0.036	0.013	-0.035	0.020	0.007	0.001	-0.025	-0.010	0.055	0.015	0.004	-0.005	0.011	0.002	-0.021	-0.114	0.001	0.097	1.000

占用行为，而短期债权没有发挥出抑制大股东掏空的治理作用。st 与 tunning1、tunning2 的相关性不大，其中与 tunning1 负相关、与 tunning2 正相关，表明公司处于财务困境时将能够降低大股东的资金占用行为。从不同债权期限与 st 的相关性可以发现短期债权与 st 正相关，长期债权与 st 负相关，短期债权与 st 的正相关关系表明当公司处于财务困境时可能更难以获得长期债权，使企业可能更依赖于短期债权。FC 与 tunning1、tunning2 的相关性不大，都表现出正相关关系，其可能的原因是没有控制公司治理层面以及经营层面的特征，融资约束程度与大股东掏空的具体关系需要从回归分析中进行具体的考察。从不同债权期限与 FC 的相关性可以发现长期债权和短期债权都与 FC 负相关，表明公司融资约束程度比较严重时更难以获得债务融资。另外，控制变量之间的相关系数都小于 0.7，表明各控制变量之间不存在多重共线性问题。

二、不同债权期限的治理效应分析

为了检验假设 6.1，本书采用面板数据固定效应模型对式（6-1）进行参数估计，得到的结果如表 6-3 所示，其中第（1）、（2）列是以短期借款占总资产的比例为解释变量，考察短期债权的治理效应对大股东掏空的影响，第（3）、（4）列是以长期借款占总资产的比例为解释变量，考察长期债权的治理效应对大股东掏空的影响。表中所有的回归结果都控制了行业特征和年度特征，并且都是 cluster 在省份层面得到的稳健标准误。

表 6-3　不同期限的债权治理对大股东掏空影响的回归结果

	（1） tunning1	（2） tunning2	（3） tunning1	（4） tunning2
shortdebt	0.299 *** (9.54)	0.0943 *** (5.24)		
longdebt			-0.00684 (-0.19)	0.0379 * (1.92)
divratio	-0.00230 (-0.87)	-0.000327 (-0.12)	-0.00924 *** (-2.80)	-0.00243 (-0.87)
mb	-0.0116 *** (-3.62)	0.00132 (0.62)	-0.00479 (-1.27)	0.00300 (1.50)
size	0.00207 (0.51)	-0.00298 ** (-2.10)	0.00884 * (2.00)	-0.00183 (-1.14)
bvps	0.0108 *** (7.52)	-0.00101 * (-1.74)	0.00864 *** (6.01)	-0.00154 ** (-2.72)

	(1) tunning1	(2) tunning2	(3) tunning1	(4) tunning2
cashflow	-0.0820***	0.00726	-0.0852***	0.00605
	(-12.42)	(1.64)	(-13.87)	(1.43)
eps	-0.0190***	-0.00517*	-0.0298***	-0.00851***
	(-4.52)	(-1.97)	(-6.32)	(-2.95)
sh1	-0.0390	0.0326**	-0.0633**	0.0230*
	(-1.38)	(2.65)	(-2.35)	(1.88)
sh210	0.0131	-0.0115	-0.00244	-0.0174
	(0.58)	(-0.75)	(-0.11)	(-1.10)
cv	-0.00166	0.000122	0.00265	0.00164
	(-0.24)	(0.04)	(0.34)	(0.52)
state	-0.000943	-0.00182	-0.00541	-0.00317
	(-0.23)	(-0.66)	(-1.37)	(-1.15)
audit	0.00108	-0.00314	-0.0150	-0.00858**
	(0.10)	(-0.76)	(-1.30)	(-2.26)
power	0.000274	0.00280	-0.00160	0.00207
	(0.06)	(0.89)	(-0.35)	(0.61)
director	-0.000989	-0.0102	-0.00299	-0.0119
	(-0.03)	(-0.45)	(-0.08)	(-0.52)
_cons	0.0153	0.0633**	-0.0352	0.0680**
	(0.16)	(2.05)	(-0.33)	(2.06)
N	17134	17134	17134	17134
r^2_w	0.212	0.0195	0.174	0.0114
F	145.1	83.51	206.4	41.92

注：*表示 $p<0.1$，**表示 $p<0.05$，***表示 $p<0.01$。

从表6-3中不同期限的债权对大股东掏空的治理作用来看，短期债权对大股东资金占用和关联交易的影响显著为正，长期债权对大股东资金占用的影响为负，对关联交易的影响为正，表明短期债权对大股东掏空的治理作用要弱于长期债权。在我国资本市场成立之初，很多上市公司治理机制不完善并且经营绩效较差使企业背负了沉重的债务负担，债权人为企业提供长期借款的意愿较低，使我国很多治理机制不完善的企业的债务期限较短。虽然 Hart 和 Moore（1994）、Berglöf 和 Von Thadden（1994）等文献关于债务期限的研究结论显示短期债权对公司内部人的约束能力强于长期债权，但是地方政府为了本地经济的增长或就业的考虑可能会让银行等债权人在企业经营业绩较差时也为其提供融资帮助，产生债务"软约束"问题。在公司存在债务"软约束"时债权人不愿意提供长期借款而提供短期借款以应对政府的干预，短期债权在债务"软约束"的情况下也难以发挥出相应的约束作用，导致短期债权对大股东资金占用和关联交易的影响显著为正。由于公司治理机制相对比较完善的公司才能够获得长期债权，而大股东资金占用行为一直被政府和公众视为上市公司治理不完善的表现，因此大股东为了获得长期债权势必会降低其对上市公司的资金占用行为，使长期债权对大股东资金占用的影响为负。关联交易虽然也是大股东掏空的一种重要方式，但是由于关联交易主体及关联交易事项的多样性使关联交易更加隐蔽，债权人难以对上市公司的关联交易行为及交易性质进行监督，使长期债权难以抑制大股东通过关联交易侵占上市公司利益的掏空行为。

三、财务困境对不同债权期限治理效应的影响

为了检验假设 6.2，本书采用面板数据固定效应模型对式（6-2）进行参数估计，得到的结果如表 6-4 所示。其中第（1）、（2）列是考察公司处于财务困境时是否能够提升短期债权对大股东掏空的抑制作用，第（3）~（4）列是考察公司处于财务困境时是否能够提升长期债权的治理效应对大股东掏空的抑制作用。表中所有的回归结果都控制了行业特征和年度特征，并且都是 cluster 在省份层面得到的稳健标准误。

表 6-4　财务困境对不同债权期限治理效应的影响

	（1） tunning1	（2） tunning2	（3） tunning1	（4） tunning2
shortdebt	0. 315 ***	0. 0942 ***		
	(10. 54)	(5. 71)		
st×shortdebt	−0. 0770 **	0. 000219		
	(−2. 07)	(0. 01)		
longdebt			−0. 00588	0. 0360 *
			(−0. 19)	(1. 76)
st×longdebt			−0. 0110	0. 0215
			(−0. 10)	(0. 44)
divratio	−0. 00231	−0. 000327	−0. 00925 ***	−0. 00240
	(−0. 88)	(−0. 12)	(−2. 76)	(−0. 86)

续表

	（1） tunning1	（2） tunning2	（3） tunning1	（4） tunning2
mb	−0.0114 ***	0.00132	−0.00479	0.00300
	（−3.52）	（0.61）	（−1.27）	（1.50）
size	0.00131	−0.00298 **	0.00881 *	−0.00177
	（0.33）	（−2.07）	（2.00）	（−1.10）
bvps	0.0106 ***	−0.00101 *	0.00863 ***	−0.00152 **
	（7.47）	（−1.76）	（6.05）	（−2.74）
cashflow	−0.0815 ***	0.00726	−0.0851 ***	0.00602
	（−12.19）	（1.64）	（−13.89）	（1.43）
eps	−0.0178 ***	−0.00518 *	−0.0297 ***	−0.00857 ***
	（−4.40）	（−1.98）	（−6.35）	（−2.97）
sh1	−0.0403	0.0326 **	−0.0635 **	0.0234 *
	（−1.43）	（2.65）	（−2.32）	（1.91）
sh210	0.0141	−0.0115	−0.00246	−0.0174
	（0.62）	（−0.75）	（−0.11）	（−1.10）
cv	−0.00159	0.000122	0.00264	0.00165
	（−0.23）	（0.04）	（0.34）	（0.52）
state	−0.000828	−0.00182	−0.00541	−0.00318
	（−0.21）	（−0.66）	（−1.37）	（−1.16）
audit	−0.00259	−0.00313	−0.0151	−0.00844 **
	（−0.23）	（−0.71）	（−1.32）	（−2.22）
power	0.000220	0.00280	−0.00160	0.00209
	（0.05）	（0.89）	（−0.35）	（0.62）
director	−0.00165	−0.0102	−0.00314	−0.0116
	（−0.04）	（−0.45）	（−0.08）	（−0.50）
_cons	0.0341	0.0633 *	−0.0344	0.0664 *
	（0.35）	（2.01）	（−0.32）	（2.00）
N	17134	17134	17134	17134
r^2_w	0.213	0.0195	0.174	0.0114
F	134.4	121.2	211.5	44.30

注：* 表示 $p<0.1$，** 表示 $p<0.05$，*** 表示 $p<0.01$。

表6-4 的回归结果显示短期债权对大股东资金占用和关联交易的影响都显著为正，长期债权对大股东资金占用的影响为负，对关联交易的影响为正，表明短

期债权对大股东掏空的治理作用要弱于长期债权，与表 6-3 中的结果基本一致，其解释与表 6-3 类似，此处不再赘述。由于本节主要是考察财务困境是否能够提升不同债权主体对大股东掏空的抑制作用，因此将重点关注各回归方程中系数 α_2 的符号及显著性。

第（1）～（4）列中显示短期债权与 st 的交互项对大股东资金占用的影响显著为负而对关联交易的影响不显著，表明财务困境能够提升短期债权对大股东掏空的抑制作用。长期债权与 st 的交互项对大股东资金占用的影响为负而对关联交易的影响为正，但不显著，表明长期债权在公司处于财务困境时没有发挥出显著的相机治理作用。一方面，债务"软约束"问题的存在导致短期债权没有发挥出抑制大股东掏空的治理作用，但是企业处于财务困境时增加了债权人的风险，债权人可能会进一步降低为债务人提供债务的意愿或要求债务人提供更多的抵押，降低债务"软约束"问题，提升了短期债权的约束能力，从而实证结果表现出财务困境能够提高短期债权对大股东掏空的抑制作用。另一方面，上市公司被 ST 后增加了政府扶持上市公司的成本，理性的政府会在上市公司被 ST 前进行扶持，如果政府对公司干预力度和干预能力较大，将能够通过一定的方式扶持企业避免 ST，公司处于财务困境甚至被 ST 意味着政府对公司的干预力度较小或者干预能力较弱，也可能会提升短期债权对大股东掏空的抑制作用。

四、融资约束对不同债权期限治理效应的影响

为了验证假设 6.3，本书采用面板数据固定效应模型对式（6-3）进行参数估计，得到的结果如表 6-5 所示。其中第（1）、（2）列是以短期借款占总资产的比例为解释变量，考察融资约束程度是否能够提升短期债权对大股东掏空的抑制作用，第（3）、（4）列是以长期借款占公司总资产的比例为解释变量，考察融资约束程度是否能够提升长期债权对大股东掏空的抑制作用。表中所有的回归方程都控制了行业特征和年度特征，并且所有回归结果的标准误都是 cluster 在省份层面得到的稳健标准误。

表 6-5　融资约束对不同债权期限治理效应的影响

	（1） tunning1	（2） tunning2	（3） tunning1	（4） tunning2
shortdebt	0.310 ***	0.101 ***		
	(9.06)	(6.30)		
shortdebt×FC	−0.0283	−0.0168		
	(−1.41)	(−0.80)		

续表

	（1） tunning1	（2） tunning2	（3） tunning1	（4） tunning2
longdebt			0.0244 （0.51）	0.0366* （2.01）
longdebt×FC			−0.0742* （−1.95）	0.00270 （0.12）
divratio	−0.00241 （−0.91）	−0.000387 （−0.14）	−0.00939*** （−2.85）	−0.00241 （−0.85）
mb	−0.0114*** （−3.55）	0.00135 （0.62）	−0.00461 （−1.26）	0.00291 （1.45）
size	0.00229 （0.57）	−0.00284* （−1.95）	0.00895* （2.02）	−0.00182 （−1.13）
bvps	0.0107*** （7.45）	−0.00106* （−1.80）	0.00861*** （5.93）	−0.00154** （−2.71）
cashflow	−0.0818*** （−12.32）	0.00742 （1.67）	−0.0846*** （−13.76）	0.00606 （1.43）
eps	−0.0191*** （−4.46）	−0.00522* （−1.99）	−0.0298*** （−6.19）	−0.00854*** （−2.95）
sh1	−0.0383 （−1.37）	0.0318** （2.61）	−0.0651** （−2.38）	0.0212* （1.74）
sh210	0.0130 （0.58）	−0.0117 （−0.77）	−0.00379 （−0.17）	−0.0177 （−1.11）
cv	−0.00000538 （−0.01）	0.000131 （0.68）	0.000188 （0.41）	0.000195 （0.97）
state	−0.000738 （−0.18）	−0.00155 （−0.59）	−0.00546 （−1.34）	−0.00296 （−1.13）
audit	0.00153 （0.14）	−0.00287 （−0.72）	−0.0148 （−1.28）	−0.00858** （−2.27）
power	0.000246 （0.05）	0.00277 （0.88）	−0.00158 （−0.35）	0.00205 （0.61）
director	−0.000860 （−0.02）	−0.00998 （−0.44）	−0.00133 （−0.03）	−0.0118 （−0.51）
_cons	0.0106 （0.11）	0.0608* （1.91）	−0.0363 （−0.34）	0.0685** （2.06）
N	17134	17134	17134	17134

续表

	（1） tunning1	（2） tunning2	（3） tunning1	（4） tunning2
r^2_w	0.212	0.0198	0.174	0.0115
F	139.6	119.7	249.5	59.88

注：* 表示 $p<0.1$，** 表示 $p<0.05$，*** 表示 $p<0.01$。

表6-5的回归结果显示短期债权对大股东资金占用和关联交易的影响都显著为正，长期债权对大股东资金占用和关联交易的影响都为正，但是对资金占用的正向作用不显著，表明短期债权对大股东掏空的治理作用要弱于长期债权，与前文的结果基本一致，其解释与前文类似，此处不再赘述。由于本节主要是考察融资约束程度是否能够提升不同债权期限的治理效应对大股东掏空的抑制作用，因此将重点关注各回归方程中系数 α_2 的符号及显著性。

从融资约束程度对不同债权期限的治理作用的影响效果来看，第（1）~（2）列的回归结果显示，短期债权与融资约束程度的交互项对衡量大股东掏空程度的两个指标都为负，表明融资约束能够提升短期债权对大股东掏空的抑制作用。第（3）~（4）列的回归结果显示，长期债权与融资约束程度的交互项对资金占用的影响显著为负，而对关联交易的影响为正但不显著，表明债务融资约束程度也能够显著地提升长期债权对大股东资金占用的抑制作用。我国债务"软约束"问题与国家的干预相关，政府的干预行为软化了上市公司的融资约束程度，导致债务加剧了大股东的利益侵占行为，公司融资约束程度的增加可能会降低债务"软约束"问题，提升了短期债权的约束能力。从长期债权的角度来说，融资约束越大的企业也将更难以获得债务融资，融资约束程度越高的企业也会更加看重企业的声誉而较少采取损害公司价值的行为，使融资约束程度能够提升长期债权对大股东掏空的抑制作用。

从控制变量的结果来看，与前文的结果基本一致，此处不再赘述。

五、不同债权期限的分布对治理效应的影响

为了验证假设6.4，本书采用面板数据固定效应模型对式（6-4）进行参数估计，得到的结果如表6-6所示，其中第（1）、（2）列是以短期债权及短期借款是否为公司中比例最大的债权与短期债权的交互项为解释变量，考察当短期债权是公司中比例最大的债权时是否能够提升短期债权对大股东掏空的抑制作用，第（3）、（4）列是以长期债权及长期借款是否为公司中比例最大的债权与长期债权的交互项为解释变量，考察当长期债权是公司中比例最大的债权时是否能够提升

长期债权对大股东掏空的抑制作用。表中所有的回归方程都控制了行业特征和年度特征，并且所有回归结果的标准误都是 cluster 在省份层面得到的稳健标准误。

表6-6　不同债权期限在公司的分布情况对相应债权期限治理效应的影响

	（1） tunning1	（2） tunning2	（3） tunning1	（4） tunning2
shortdebt	0.397*** （7.04）	0.156*** （4.90）		
shortdebt×shortdebt1	−0.0944** （−2.56）	−0.0595** （−2.48）		
longdebt			0.133** （2.41）	0.0463 （1.35）
longdebt×longdebt1			−0.158*** （−3.99）	−0.00943 （−0.33）
divratio	−0.00211 （−0.81）	−0.000206 （−0.07）	−0.00890** （−2.68）	−0.00241 （−0.87）
mb	−0.0120*** （−3.77）	0.00106 （0.49）	−0.00510 （−1.36）	0.00298 （1.50）
size	0.00140 （0.35）	−0.00340** （−2.34）	0.00823* （1.86）	−0.00186 （−1.15）
bvps	0.0109*** （7.54）	−0.000934 （−1.62）	0.00872*** （6.11）	−0.00153** （−2.71）
cashflow	−0.0819*** （−12.47）	0.00733 （1.65）	−0.0855*** （−13.82）	0.00603 （1.43）
eps	−0.0189*** （−4.50）	−0.00512* （−1.95）	−0.0287*** （−6.22）	−0.00845*** （−2.97）
sh1	−0.0402 （−1.41）	0.0319** （2.61）	−0.0604** （−2.22）	0.0232* （1.89）
sh210	0.0126 （0.56）	−0.0118 （−0.77）	−0.00176 （−0.08）	−0.0174 （−1.10）
cv	−0.00142 （−0.21）	0.000272 （0.09）	0.00229 （0.30）	0.00161 （0.51）
state	−0.000863 （−0.21）	−0.00176 （−0.65）	−0.00539 （−1.37）	−0.00317 （−1.15）
audit	0.00108 （0.10）	−0.00314 （−0.76）	−0.0149 （−1.30）	−0.00857** （−2.26）

续表

	（1） tunning1	（2） tunning2	（3） tunning1	（4） tunning2
power	0.000285	0.00280	−0.00151	0.00207
	（0.06）	（0.89）	（−0.33）	（0.62）
director	−0.00228	−0.0110	−0.000767	−0.0118
	（−0.06）	（−0.49）	（−0.02）	（−0.51）
_cons	0.0286	0.0717**	−0.0281	0.0684**
	（0.29）	（2.32）	（−0.26）	（2.07）
N	17134	17134	17134	17134
r^2_w	0.213	0.0201	0.176	0.0114
F	274.9	77.66	196.1	53.62

注：* 表示 $p<0.1$，** 表示 $p<0.05$，*** 表示 $p<0.01$。

表6-6的回归结果显示短期债权对大股东资金占用和关联交易的影响都显著为正，长期债权对大股东资金占用和关联交易的影响都为正，但是对资金占用的正向作用不显著，表明短期债权对大股东掏空的治理作用要弱于长期债权。由于本节主要考察融资约束程度是否能够提升不同债权期限的治理效应对大股东掏空的抑制作用，因此将重点关注各回归方程中系数 α_2 的符号及显著性。第（1）~（4）列的结果显示短期债权与其是否为公司中比例最大债权的交叉项的系数对关联交易和大股东资金占用的影响显著为负；长期债权与其是为公司中比例最大债权的交叉性的系数对衡量大股东掏空程度的两个指标都为负，其中对资金占用的影响显著为负，表明不同期限的债权在公司的分布情况可能会影响相应债权期限的治理效果。如果某一类期限的债权在公司中占有的债务比例大于其他期限的债权在公司中占有的债务比例，则可能会提升该类债权期限对大股东掏空的治理作用。

第四节　稳健性检验

采用面板数据固定效应模型对式（6-1）~式（6-4）进行参数估计得到的结果如表6-7所示。其中第（1）、（2）列分别以短期债权和长期债权的治理效应为解释变量，采用面板数据固定效应模型对式（6-1）进行参数估计得到的结果，考察不同债权期限的治理效应对大股东掏空的影响；第（3）、（4）列在第

（1）、（2）列的基础上增加公司是否为 ST 的哑变量与各类债权期限治理效应的交互项，研究公司经营不善处于 ST 状态时财务困境对不同债权期限治理效应的影响；第（5）、（6）列在第（1）、（2）列的基础上增加公司融资约束程度与各类债权期限治理效应的交互项，考察融资约束程度是否能够提升各类期限的债权对大股东掏空的抑制作用，第（7）~（8）列在（1）~（2）列的基础上增加公司债务中比例最大期限的债权与相应债权期限治理效应的交互项考察不同期限的债权在公司的分布情况对相应债权期限治理效应的影响。表中所有的回归方程都控制了行业特征和年度特征，并且所有回归结果的标准误都是 cluster 在省份层面得到的稳健标准误。

表 6-7 稳健性检验 1

	(1) tunning3	(2) tunning3	(3) tunning3	(4) tunning3	(5) tunning3	(6) tunning3	(7) tunning3	(8) tunning3
shortdebt	0.107*** (4.69)		0.0991*** (4.69)		0.121*** (5.56)		0.136*** (5.47)	
longdebt		0.0716** (2.08)		0.0674* (2.00)		0.0581* (1.89)		0.0589 (1.66)
st×shortdebt			0.0375 (1.04)					
st×longdebt				0.0477 (0.74)				
shortdebt×FC					−0.0353 (−1.33)			
longdebt×FC						0.0318 (0.79)		
shortdebt×shortdebt1							−0.0912** (−2.69)	
longdebt×longdebt1								0.0336 (0.91)
divratio	−0.00444 (−1.11)	−0.00676 (−1.65)	−0.00443 (−1.12)	−0.00670 (−1.63)	−0.00462 (−1.15)	−0.00670 (−1.64)	−0.00407 (−1.01)	−0.00681 (−1.65)
mb	0.00227 (0.86)	0.00385 (1.47)	0.00216 (0.82)	0.00385 (1.47)	0.00243 (0.93)	0.00374 (1.42)	0.00291 (1.09)	0.00396 (1.48)
size	−0.0129*** (−3.36)	−0.0123*** (−3.15)	−0.0126*** (−3.28)	−0.0122*** (−3.15)	−0.0127*** (−3.28)	−0.0124*** (−3.15)	−0.0132*** (−3.50)	−0.0122*** (−3.06)

续表

	（1） tunning3	（2） tunning3	（3） tunning3	（4） tunning3	（5） tunning3	（6） tunning3	（7） tunning3	（8） tunning3
bvps	-0.00169	-0.00218**	-0.00161	-0.00214**	-0.00177*	-0.00216**	-0.00151	-0.00219**
	(-1.65)	(-2.17)	(-1.61)	(-2.13)	(-1.73)	(-2.14)	(-1.45)	(-2.16)
cashflow	0.0169**	0.0153*	0.0166**	0.0153*	0.0171**	0.0151*	0.0163*	0.0156*
	(2.09)	(1.94)	(2.08)	(1.94)	(2.12)	(1.90)	(2.00)	(1.95)
eps	-0.00406	-0.00782	-0.00467	-0.00795	-0.00414	-0.00782	-0.00391	-0.00786
	(-0.86)	(-1.66)	(-1.00)	(-1.68)	(-0.89)	(-1.66)	(-0.85)	(-1.67)
sh1	0.0437**	0.0315	0.0443**	0.0322	0.0446**	0.0315	0.0439**	0.0310
	(2.15)	(1.48)	(2.16)	(1.52)	(2.20)	(1.49)	(2.18)	(1.46)
sh210	-0.00939	-0.0169	-0.00991	-0.0168	-0.00935	-0.0164	-0.0118	-0.0172
	(-0.36)	(-0.66)	(-0.38)	(-0.65)	(-0.36)	(-0.64)	(-0.45)	(-0.67)
cv	0.000950	0.00278	0.000917	0.00281	0.000930	0.00276	0.0000874	0.00272
	(0.17)	(0.51)	(0.17)	(0.52)	(0.17)	(0.51)	(0.02)	(0.50)
state	-0.00576	-0.00727	-0.00582	-0.00728	-0.00571	-0.00721	0.00688	-0.00956*
	(-1.17)	(-1.49)	(-1.18)	(-1.49)	(-1.15)	(-1.47)	(1.25)	(-1.73)
audit	0.00181	-0.00463	0.00360	-0.00432	0.00240	-0.00474	0.00215	-0.00460
	(0.24)	(-0.64)	(0.48)	(-0.60)	(0.33)	(-0.66)	(0.29)	(-0.64)
power	-0.00255	-0.00162	-0.00258	-0.00166	-0.00250	-0.00160	-0.00256	-0.00160
	(-0.43)	(-0.26)	(-0.44)	(-0.27)	(-0.43)	(-0.26)	(-0.44)	(-0.26)
director	-0.0152	-0.0179	-0.0148	-0.0172	-0.0150	-0.0185	-0.0169	-0.0185
	(-0.45)	(-0.53)	(-0.44)	(-0.51)	(-0.44)	(-0.55)	(-0.50)	(-0.55)
_cons	0.319***	0.328***	0.310***	0.324***	0.313***	0.329***	0.323***	0.326***
	(4.02)	(4.08)	(3.93)	(4.09)	(3.94)	(4.08)	(4.13)	(4.01)
N	17134	17134	17134	17134	17134	17134	17134	17134
r^2_w	0.0148	0.0110	0.0150	0.0111	0.0151	0.0111	0.0163	0.0111
F	41.16	46.18	53.86	124.1	41.95	63.93	78.88	45.63

注：* 表示 $p<0.1$，** 表示 $p<0.05$，*** 表示 $p<0.01$。

表6-7 的第（1）、（2）列回归结果表明短期债权对大股东掏空的治理作用要弱于长期债权。第（3）、（4）列的回归结果显示短期债权和长期债权的治理效应与 st 的交互项对关联担保的回归结果都不显著，表明当公司处于财务困境时没有提升短期债权和长期债权对大股东关联担保的治理作用。第（5）、（6）列的回归结果显示短期债权的治理效应与 FC 的交互项对关联担保的回归结果为负，而长期债权的治理效应与 FC 的交互项对关联担保的回归结果为正，但是都不显

著，其中短期债权的治理效应与 FC 的交互项回归系数的 t 值大于 1，表明融资约束程度能够提升短期债权的治理对大股东关联担保的抑制作用，而没有提升长期债权对大股东关联担保的抑制作用。第（7）、(8) 列的回归结果显示当短期债权是比例最大的债权与短期债权的交互项对关联担保的影响显著为负，当长期债权是比例最大的债权与长期债权的交互项对关联担保的影响不显著，表明当短期债权是公司最大的债权时能提升短期债权对关联担保的抑制作用。表 6-7 的回归结果表明采用关联担保衡量大股东掏空行为时除了假设 6.2 的结果之外，其他回归结果均能够通过稳健性检验，假设 6.2 没有获得稳健性检验的原因可能是《中华人民共和国破产法》在破产过程中对债权人保护不力，导致债权治理对大股东掏空的抑制作用较弱，使财务困境对不同债权期限抑制大股东掏空的提升作用不稳健。

验证假设 6.3 的实证中是以 SA 指数衡量上市公司的融资约束程度，由于不同性质的企业面临的融资约束程度不一样，本章以公司的产权性质作为企业融资约束程度的代理变量进行稳健性检验，当企业的产权性质为国有时 state 取值为1，否则取值为 0，国有企业的约束程度小于非国有企业的融资约束程度，即state 与企业的融资约束程度负相关。采用面板数据固定效应模型对式（6-3）进行参数估计得到的结果如表 6-8 的第（1）、(4) 列所示，其中第（1）、(2) 列是以短期债权为解释变量，考察短期债权是否在非国有企业中更能够发挥出抑制大股东掏空的治理作用；第（3）、(4) 列是以长期债权为解释变量，考察长期债权是否在非国有企业中更能够发挥出抑制大股东掏空的治理作用。表中所有的回归方程都控制了行业特征和年度特征，并且所有的标准误都是 cluster 在省份层面得到的稳健标准误。结果显示，短期债权与 state 的交叉项对大股东资金占用的影响显著为正而对关联交易的影响不显著，表明短期债权在非国有企业中更能够发挥出抑制大股东掏空的治理作用。由于国有企业更容易受到政府的干预，导致债务"软约束"问题更严重，而政府对非国有企业的干预力度小于国有企业，从而使短期债权在非国有企业中对大股东掏空的约束能力更强。

表 6-8　稳健性检验 2

	(1) tunning1	(2) tunning2	(3) tunning1	(4) tunning2	(5) tunning1	(6) tunning2	(7) tunning1	(8) tunning2
shortdebt	0.272 *** (7.83)	0.105 *** (4.91)			0.335 *** (6.62)	0.114 *** (3.68)		
shortdebt×state	0.0857 * (2.02)	-0.0354 (-1.60)						

续表

	（1） tunning1	（2） tunning2	（3） tunning1	（4） tunning2	（5） tunning1	（6） tunning2	（7） tunning1	（8） tunning2
shortdebt×shortdebt1					-0.0359 （-0.85）	-0.0191 （-0.84）		
longdebt			-0.0312 （-0.81）	0.0212 （0.96）			0.102 ** （2.16）	0.0396 （1.38）
longdebt×state			0.0637 * （1.82）	0.0436 （1.39）				
longdebt×longdebt1							-0.142 *** （-4.21）	-0.00245 （-0.10）
divratio	-0.00261 （-0.98）	-0.000153 （-0.05）	-0.00934 *** （-2.82）	-0.00247 （-0.87）	-0.00219 （-0.81）	-0.000258 （-0.09）	-0.00874 ** （-2.65）	-0.00241 （-0.86）
mb	-0.0122 *** （-3.70）	0.00153 （0.72）	-0.00465 （-1.25）	0.00307 （1.48）	-0.0117 *** （-3.60）	0.00118 （0.55）	-0.00515 （-1.38）	0.00292 （1.45）
size	0.00239 （0.60）	-0.00309 ** （-2.18）	0.00910 ** （2.09）	-0.00165 （-1.03）	0.00176 （0.44）	-0.00314 ** （-2.12）	0.00836 * （1.90）	-0.00183 （-1.14）
bvps	0.0106 *** （7.30）	-0.000950 （-1.53）	0.00863 *** （5.98）	-0.00154 ** （-2.70）	0.0108 *** （7.55）	-0.000990 * （-1.70）	0.00870 *** （6.02）	-0.00154 ** （-2.70）
cashflow	-0.0814 *** （-12.48）	0.00706 （1.58）	-0.0847 *** （-13.80）	0.00640 （1.50）	-0.0820 *** （-12.48）	0.00728 （1.65）	-0.0853 *** （-14.04）	0.00608 （1.44）
eps	-0.0191 *** （-4.54）	-0.00512 * （-1.95）	-0.0299 *** （-6.27）	-0.00859 *** （-2.98）	-0.0189 *** （-4.44）	-0.00513 * （-1.94）	-0.0288 *** （-6.09）	-0.00853 *** （-2.98）
sh1	-0.0397 （-1.43）	0.0316 ** （2.62）	-0.0660 ** （-2.41）	0.0206 （1.68）	-0.0394 （-1.40）	0.0312 ** （2.59）	-0.0621 ** （-2.24）	0.0212 * （1.74）
sh210	0.0151 （0.67）	-0.0127 （-0.81）	-0.00326 （-0.15）	-0.0181 （-1.13）	0.0127 （0.57）	-0.0119 （-0.78）	-0.00145 （-0.06）	-0.0177 （-1.10）
cv	0.0000535 （0.13）	0.000116 （0.63）	0.000193 （0.41）	0.000194 （0.97）	0.00000469 （0.01）	0.000137 （0.72）	0.000175 （0.38）	0.000194 （0.97）
state	-0.0126 ** （-2.26）	0.00334 （1.11）	-0.00964 * （-1.88）	-0.00592 * （-1.92）	-0.000737 （-0.18）	-0.00155 （-0.59）	-0.00524 （-1.29）	-0.00296 （-1.13）
audit	0.000751 （0.07）	-0.00302 （-0.73）	-0.0150 （-1.30）	-0.00854 ** （-2.25）	0.000920 （0.08）	-0.00322 （-0.78）	-0.0150 （-1.31）	-0.00857 ** （-2.26）

续表

	(1) tunning1	(2) tunning2	(3) tunning1	(4) tunning2	(5) tunning1	(6) tunning2	(7) tunning1	(8) tunning2
power	0.000266	0.00280	-0.00165	0.00203	-0.000316	-0.00281	0.00148	-0.00206
	(0.06)	(0.89)	(-0.36)	(0.61)	(-0.07)	(-0.89)	(0.33)	(-0.61)
director	0.000675	-0.0108	-0.00401	-0.0125	-0.00113	-0.0101	-0.00242	-0.0117
	(0.02)	(-0.48)	(-0.10)	(-0.54)	(-0.03)	(-0.45)	(-0.06)	(-0.51)
_cons	0.0120	0.0643**	-0.0372	0.0665*	-0.126	0.0882**	-0.208*	0.0796**
	(0.12)	(2.06)	(-0.35)	(2.02)	(-1.28)	(2.49)	(-1.92)	(2.12)
N	17134	17134	17134	17134	17134	17134	17134	17134
r^2_w	0.213	0.0201	0.174	0.0119	0.212	0.0197	0.176	0.0115
F	143.3	54.69	194.6	90.21	143.5	74.44	190.0	70.68

注：*表示 $p<0.1$，**表示 $p<0.05$，***表示 $p<0.01$。

在验证假设6.4的实证中是采用短期债权和长期债权中比例最大的债权衡量不同债权期限在公司的分布情况。为了避免短期债权和长期债权在公司中比例都很接近的问题，在本章的稳健性检验中以这两类债权中的某一类债权达到这两类债权总和的60%以上，衡量公司债务中比例最大的债权期限种类。采用面板数据固定效应模型对式（6-4）进行参数估计得到的结果如表6-8的第（5）~（8）列所示，其中第（5）、（6）列是以短期债权及短期债权是否为公司最大的债权期限与短期债权的交互项为解释变量，考察当短期债权是公司中最大的债权期限时是否能够提升短期债权对大股东掏空的抑制作用；第（7）、（8）列是以长期债权及其与长期债权是否为公司最大的债权期限的交互项为解释变量，考察当长期债权是公司中最大的债权期限时是否能够提升长期债权对大股东掏空的抑制作用。表中所有的回归方程都控制了行业特征和年度特征，并且所有回归结果的标准误都是cluster在省份层面得到的稳健标准误。与表6-6的结论基本一致。

与第四章和第五章类似，采用不同债权期限的债务融资规模占总资产的比例衡量各债权主体的治理效应可能会存在内生性问题。本章采用上一年度的各债权期限的债务融资规模占总资产的比例作为工具变量，通过对二阶段最小二乘法对式（6-1）、式（6-2）、式（6-3）的面板数据固定效应模型进行估计，得到表6-9所示的回归结果。其中第（1）~（4）列是分别以短期债权和长期债权的治理效应为解释变量，采用面板数据固定效应模型对式（6-1）进行参数估计得到的结果，考察不同债权期限的治理效应对大股东掏空的影响；第（5）~（8）列在第（1）~（4）列的基础上增加公司是否为ST的哑变量与各类债权期限治理效应

表 6-9　内生性检验

	(1) tunning1	(2) tunning2	(3) tunning1	(4) tunning2	(5) tunning1	(6) tunning2	(7) tunning1	(8) tunning2	(9) tunning1	(10) tunning2	(11) tunning1	(12) tunning2
shortdebt	0.349*** (6.97)	0.112*** (4.03)			0.388*** (8.03)	0.109*** (3.67)			0.379*** (6.65)	0.124*** (4.26)		
longdebt			-0.0730 (-1.15)	0.0453 (1.01)			-0.0746 (-1.20)	0.0418 (0.89)			-0.0829 (-0.96)	0.0437 (0.77)
shortdebt×st					-0.122*** (-3.90)	0.00963 (0.33)						
longdebt×st							0.0281 (0.32)	0.0609 (1.00)				
shortdebt×FC									-0.0803*** (-2.85)	-0.0319 (-1.38)		
longdebt×FC											0.0234 (0.40)	0.00375 (0.09)
divratio	0.00426* (1.76)	0.000554 (0.19)	-0.00291 (-0.83)	-0.00159 (-0.55)	0.00456* (1.91)	0.000530 (0.18)	-0.00289 (-0.82)	-0.00153 (-0.53)	0.00384 (1.59)	0.000385 (0.13)	-0.00285 (-0.83)	-0.00158 (-0.54)
mb	-0.0101*** (-2.77)	0.000811 (0.43)	-0.00192 (-0.44)	0.00274 (1.63)	-0.00987*** (-2.64)	0.000790 (0.42)	-0.00195 (-0.44)	0.00268 (1.61)	-0.00977*** (-2.61)	0.000955 (0.50)	-0.00199 (-0.46)	0.00273 (1.63)
size	-0.00446 (-0.90)	-0.00430** (-2.21)	0.00384 (0.79)	-0.00345 (-1.50)	-0.00600 (-1.23)	-0.00418** (-2.07)	0.00390 (0.82)	-0.00332 (-1.42)	-0.00381 (-0.77)	-0.00404** (-2.11)	0.00381 (0.78)	-0.00345 (-1.51)
bvps	0.0102*** (6.71)	-0.00124* (-1.75)	0.00723*** (4.63)	-0.00191*** (-2.59)	0.0100*** (6.65)	-0.00123* (-1.75)	0.00726*** (4.66)	-0.00186** (-2.54)	0.00995*** (6.66)	-0.00132* (-1.85)	0.00724*** (4.64)	-0.00191*** (-2.59)
cashflow	-0.0650*** (-6.26)	-0.00600 (-0.84)	-0.0628*** (-6.42)	-0.00532 (-0.79)	-0.0655*** (-6.37)	-0.00597 (-0.84)	-0.0627*** (-6.41)	-0.00531 (-0.78)	-0.0639*** (-6.13)	-0.00556 (-0.79)	-0.0629*** (-6.49)	-0.00535 (-0.79)

续表

	(1) turning1	(2) turning2	(3) turning1	(4) turning2	(5) turning1	(6) turning2	(7) turning1	(8) turning2	(9) turning1	(10) turning2	(11) turning1	(12) turning2
eps	-0.00842** (-1.98)	-0.00182 (-0.53)	-0.0194*** (-4.54)	-0.00518 (-1.51)	-0.00600 (-1.42)	-0.00201 (-0.59)	-0.0195*** (-4.59)	-0.00534 (-1.54)	-0.00870** (-2.07)	-0.00193 (-0.57)	-0.0194*** (-4.52)	-0.00517 (-1.51)
sh1	-0.0394 (-1.34)	0.0280* (1.90)	-0.0572** (-2.12)	0.0191 (1.35)	-0.0399 (-1.36)	0.0281* (1.90)	-0.0567** (-2.10)	0.0202 (1.41)	-0.0383 (-1.31)	0.0284* (1.91)	-0.0571** (-2.11)	0.0191 (1.35)
sh210	0.0196 (0.87)	-0.00606 (-0.33)	0.00470 (0.22)	-0.0126 (-0.64)	0.0211 (0.93)	-0.00618 (-0.33)	0.00475 (0.22)	-0.0125 (-0.64)	0.0199 (0.89)	-0.00596 (-0.32)	0.00513 (0.24)	-0.0125 (-0.65)
cv	0.00414 (0.62)	-0.000452 (-0.12)	0.00877 (1.17)	0.00136 (0.35)	0.00405 (0.61)	-0.000445 (-0.12)	0.00883 (1.17)	0.00149 (0.39)	0.00444 (0.67)	-0.000336 (-0.09)	0.00872 (1.16)	0.00135 (0.35)
state	0.00498 (1.32)	0.000238 (0.10)	-0.000645 (-0.18)	-0.00156 (-0.64)	0.00537 (1.45)	0.000207 (0.08)	-0.000659 (-0.18)	-0.00159 (-0.66)	0.00493 (1.31)	0.000219 (0.09)	-0.000588 (-0.16)	-0.00155 (-0.64)
audit	0.0169* (1.76)	-0.00224 (-0.48)	0.000635 (0.06)	-0.00791* (-1.79)	0.0123 (1.27)	-0.00188 (-0.40)	0.000788 (0.08)	-0.00758* (-1.71)	0.0180* (1.87)	-0.00183 (-0.40)	0.000602 (0.06)	-0.00791* (-1.79)
power	0.00292 (0.65)	-0.00202 (-0.60)	0.00531 (1.20)	-0.00104 (-0.29)	0.00286 (0.62)	-0.00201 (-0.60)	0.00527 (1.19)	-0.00112 (-0.31)	0.00311 (0.69)	-0.00194 (-0.58)	0.00532 (1.20)	-0.00104 (-0.29)
director	-0.00391 (-0.10)	-0.0226 (-0.76)	-0.0140 (-0.34)	-0.0277 (-0.91)	-0.00324 (-0.08)	-0.0227 (-0.77)	-0.0137 (-0.33)	-0.0270 (-0.89)	-0.00452 (-0.11)	-0.0229 (-0.77)	-0.0143 (-0.35)	-0.0277 (-0.91)
N	14003	14003	14003	14003	14003	14003	14003	14003	14003	14003	14003	14003
r^2_w	0.164	0.0167	0.129	0.00983	0.164	0.0168	0.129	0.0101	0.164	0.0169	0.129	0.00983
F	231.2	18.13	139.1	14.15	218.9	34.31	261.8	20.32	241.5	17.01	185.3	16.67

注：* 表示 $p<0.1$，** 表示 $p<0.05$，*** 表示 $p<0.01$。

的交互项，研究公司经营不善处于 ST 状态时财务困境对不同债权期限治理效应的影响；第（9）~（12）列在第（1）~（4）列的基础上增加公司融资约束程度与各类债权期限治理效应的交互项，考察融资约束程度是否能够提升各类债权期限治理效应对大股东掏空的抑制作用。表中所有的回归方程都控制了行业特征和年度特征，并且所有回归结果的标准误都是 cluster 在省份层面得到的稳健标准误。

表 6-9 第（1）~（4）列的回归结果显示短期债权对大股东资金占用和关联交易的影响都显著为正，长期债权对大股东资金占用的影响为负而对关联交易的影响为正，但都不显著，表明短期债权对大股东掏空的治理作用要弱于长期债权，与表 6-3 的结论基本一致。第（5）~（8）列的回归结果显示短期债权与 st 的交互项对大股东资金占用的影响显著为负而对关联交易的影响不显著，长期债权与 st 的交互项对大股东资金占用和关联交易的影响都为正但不显著，表明在处理内生性问题后财务困境能够显著地提升长期债权和短期债权对大股东掏空的抑制作用。虽然结果与表 6-4 存在一定的差异，但是比表 6-4 的结果更加能够证实假设 6.2 结论。第（9）~（12）列的回归结果显示短期债权与融资约束程度的交互项对大股东资金占用和关联交易的影响为负，但关联交易没有通过 5% 的显著性检验，长期债权与 st 的交互项对大股东资金占用和关联交易的影响都为正，表明在处理内生性问题之后融资约束程度能够显著地提升长期债权对大股东掏空的抑制作用。

本章小结

本章首先以大股东资金占用和上市公司与母公司、子公司、受同一母公司控制的其他企业之间的关联交易两个指标衡量大股东掏空，以短期债权和长期债权的债务融资规模占总资产的比例为相应债权期限治理效应的代理变量作为解释变量，考察不同债权期限的治理效应对大股东掏空的影响；其次将 ST 公司作为财务困境公司考察了不同债权期限的相机治理机制对大股东掏空的影响；再次将融资约束程度纳入实证分析，考察融资约束程度提升债权治理对大股东掏空的抑制作用在不同债权期限之间的差异；最后考察了不同债权期限在公司的分布情况对不同债权期限治理效果的影响。研究结论如下：

（1）债权治理对大股东掏空的抑制作用与债务期限有关，短期借款对大股东资金占用和关联交易的影响显著为正，长期借款对大股东资金占用的影响为负，对关联交易的影响为正，表明短期债权对大股东掏空的治理作用要弱于长期债权。由于公司治理机制相对完善的公司才能获得长期债权，而大股东资金占用行为一直被政府和公众视为上市公司治理不完善的表现，因此大股东为了获得长期债权势必需要降低其对上市公司的资金占用行为，使得长期债权对大股东资金占用的影响为负，而关联交易主体及交易事项的多样性使关联交易更加难以被监督，导致长期债权没有减少大股东通过关联交易掏空上市公司的行为。

（2）虽然政府为了本地就业或经济增长的考虑会要求银行等债权人继续为财务困境的企业提供债务，债务"软约束"问题的存在可能会降低短期债权对大股东掏空的约束作用，但是当企业处于财务困境时会增加债权人的风险，此时债权人可能会进一步降低为债务人提供债务的意愿或者要求债务人提供更多的抵押，以减少债务"软约束"风险，提升短期债权的约束能力，具体表现为财务困境会提高短期债权对大股东掏空的抑制作用。

（3）融资约束程度能够提升短期债权和长期债权对大股东掏空的抑制作用。

（4）由于不同债权期限具有不同的利益趋向，不同债权期限在公司的分布情况可能会影响相应债权期限对大股东掏空的抑制作用。实证结果显示，如果某一类期限的债权在公司债务中占有的比例大于其他期限的债权在公司债务中的比例，则可能会提升该类期限的债权对大股东掏空的治理作用。

第七章 债权对大股东掏空治理效应的经济后果

第四、五、六章分别从债权的治理效应、不同债权主体及不同债权期限的角度实证研究了债权治理对大股东掏空的影响，并在实证中从公司经营状态、融资约束、不同债权主体及不同债权期限在公司债务中的分布情况等角度考察了影响债权治理效果的因素，而本章的目的是从大股东掏空经济后果的角度研究债权的治理效应。相关文献研究发现，大股东掏空不仅侵害中小股东的利益，还会对会计信息质量和公司价值产生负面影响（高雷和张杰，2009；吴红军和吴世农，2009）。会计信息质量和公司价值的下降势必会影响债权人的利益，债权人为了维护自身的利益可能会加强对损害公司价值和降低公司会计信息质量的掏空行为进行更多的监督，从而降低大股东掏空的负面影响以发挥治理作用。相关文献发现，当公司会计信息质量下降时将提高公司的债务融资成本（刘淑花，2016）。因此，本章从盈余管理和公司价值的角度实证考察债权对大股东掏空治理效应的经济后果，以进一步考察债权治理的作用效果。

第一节 研究假设

由于大股东的掏空行为损害了公司的价值，提升了企业的经营风险，因而风险较高或代理问题严重的公司将无法获得或者较少获得债务融资（王贞洁和沈维涛，2012）。另外，大股东的掏空行为也会损害公司的声誉，降低企业的债务融资能力（Diamond，1989；Hirshleifer and Thakor，1992）。虽然大股东可能会与债权人合谋使债权人不干预大股东的掏空行为，但是这种合谋行为在放贷前难以达成一致，主要有两个方面的原因：一方面，如果潜在债权人在放贷前知悉大股东的掏空行为并了解公司的经营风险而没有按照相应的规定进行审核对债务人发放贷款，当大股东掏空损害公司价值并危及债权人利益时，负责发放债务的相关人员可能要承担相应的责任，降低了债权人与大股东合谋的可能性；另一方面，债权人作为独立的理性人，不会毫无条件地配合大股东的掏空行为，如果大股东在获得债务前告知债权人在获得贷款后将实行掏空行为，那么理性的债权人将会根据自身在配合大股东掏空中的贡献要求大股东进行补偿，这势必会降低大股东的掏空收益。大股东为了提升掏空收益，可能会操纵企业的财务报表，掩饰自己的掏空行为并美化财务报表，以获得债务融资并降低债务融资的成本，缓解潜在债权人对大股东掏空的抑制作用。操纵企业财务报表常有的方式主要有财务造假和盈余管理，其中财务造假是采用违法的方式操纵财务报表，而盈余管理是在法律和会计准则允许的范围内操纵财务报表。由于财务造假严重损害了投资者的利益，相关法律对财务造假行为的打击力度也比较大，使财务造假的成本相对来说较大，一般情况下大股东主要采用盈余管理的手段操纵财务报表以掩饰其掏空行为（吴娓等，2006）。盈余管理作为企业内部人操纵财务报表的常用方式，上市公司常常需要通过盈余管理在资本市场进行融资、增加管理层的薪酬、逃避政治监管等（薄澜，2013）。在大股东控制下的企业，公司的盈余管理行为与大股东的掏空动机密切相关，周中胜和陈俊（2006）发现大股东的资金侵占程度与盈余管理正相关，大股东通过盈余管理不仅掩饰其掏空行为，而且还可以通过盈余管理破除融资约束获得更多的资金（卢太平和张东旭，2014）。由于大股东的掏空行为伴随着更多的盈余管理，而盈余管理降低了公司的会计信息质量，提升了债权人与公司内部人之间的信息不对称，盈余管理越大的企业使债权人面临的风险越大，理性的债权人越会采取一定的监督措施降低公司的盈余管理行为，减少大股东掏空对会计信息质量的负面影响。

由于不同债权主体及债权期限的治理效应对大股东掏空的抑制作用不同，因此其对会计信息质量的影响也可能因不同债权主体及债权期限的不同而存在差异。银行作为专门的金融中介，其发放贷款需要按照《中华人民共和国商业银行法》、《贷款通则》、"三个指引一个办法"等规定对债务人的财务信息和经营状况进行严格的审查，相关审查人员也要对审查的内容和结果负责，促使银行更重视公司的会计信息质量。就商业信用与发行债券而言，公司甚至不需要披露公司的财务报告和经营状况，只是根据公司的信用就能获得商业信用；发行债券时虽然需要公开披露财务报告，但是一般披露的是公司的总体财务状况，而对大股东掏空的一些细节信息可能不会披露，导致发行债券和商业信用对盈余管理的抑制作用弱于银行债权。从不同债权期限对盈余管理的影响来看，虽然债务"软约束"问题可能影响短期债权对大股东掏空的干预力度，但是如果债务期限较短，债务人需要频繁地向债权人申请债务融资，而每次申请债务融资时都需要向债权人披露相应的财务报表，这可能会使短期债权比长期债权具有更好的监督灵活性，从而更好地提升公司的会计信息质量。基于此，笔者提出假设7.1。

假设7.1：债权治理能够降低公司的盈余管理，减少大股东掏空对会计信息质量的负面影响，由于不同债权主体及不同债权期限的治理效应对大股东掏空的抑制作用不同，其对盈余管理的影响也可能因不同债权主体及债权期限的不同而存在差异。具体表现为银行借款对盈余管理的抑制作用可能强于债券和商业信用，而短期债权对盈余管理的抑制作用可能强于长期债权。

债务融资作为一项重要的制度安排，能够通过信号传递机制、约束机制、监督以及相机治理机制抑制大股东的掏空行为。从第四、五、六章的实证研究结果可以发现债权治理是否能够发挥出抑制大股东掏空的抑制作用，不仅与大股东掏空的手段有关，而且与公司的经营状况及债权人与债务人的自身特征有关。从本书所采用的衡量大股东掏空手段的两个代理变量的回归结果来看，债权治理总体上能够降低大股东资金占用行为，但是没有抑制大股东通过关联交易进行掏空；从公司所处的经营状况来看，当公司处于财务困境时虽然能够在一定程度上提升债权治理对大股东掏空的抑制作用，但是其提升作用比较微弱，只是显著地提升了短期债权及债券的治理效应对大股东掏空的抑制作用，而没有显著地提升其他债权主体、长期债权及债权总的治理效应对大股东掏空的抑制作用；从债权人与债务人的自身特征来看，公司面临的融资约束程度及不同债权主体和不同债权期限在公司债务中的分布情况可能会提升债权治理对大股东掏空的抑制作用。

Faccio等（2001）认为，由于大股东控制增加了公司内部人与中小股东、债权人等其他利益相关者之间的信息不对称程度，当法治环境对债权人及中小股东的利益保护不力时，将不仅使债权治理难以发挥出抑制大股东掏空的效果，反而由于债务融资增加了大股东掏空的资源，加剧了大股东的掏空行为。如果债务融资的治理作用较强，公司可能会为了维护自身利益加强对损害公司价值和降低公司会计信息质量的掏空行为进行监督，降低大股东掏空对公司的负面影响。第四、五、六章的实证结果表明债权总的治理效应对大股东掏空的抑制作用较弱，不同债权主体中的商业信用对大股东掏空的抑制作用强于银行借款和债券；而当公司处于财务困境时能够显著提升债券的治理效应对大股东掏空的抑制作用，表明银行借款的治理作用弱于债券的治理作用。由于受到我国上市公司债务"软约束"的影响，具有监督灵活性的短期债权对大股东掏空的抑制作用反而弱于长期债权。不同债权主体及债权期限的治理效应对大股东掏空的约束作用不同，因此其对大股东掏空后果的影响也可能不同，对大股东掏空约束能力越强的债权可能会降低大股东掏空对公司价值的损害，对大股东掏空约束能力越弱的债权则可能会加剧大股东的掏空行为，从而进一步损害公司价值。基于此，笔者提出假设7.2。

假设 7. 2：债权治理能够降低大股东掏空对公司价值的损害程度，不同债权主体及不同债权期限的债权治理对大股东掏空行为损害公司价值的影响不同，债券和商业信用对大股东掏空行为损害公司价值的抑制作用可能强于银行借款，而长期债权对大股东掏空行为损害公司价值的抑制作用可能强于短期债权。

第二节 实证研究设计

一、变量选取

本章主要以公司价值和会计信息质量衡量大股东掏空治理效应的经济后果，然后实证研究债权治理对大股东掏空后果的影响。从本章的实证目的可以看出，实证中的被解释变量是反映公司价值和会计信息质量的变量，而解释变量则为与债权治理相关的变量，另外还需要包括一些影响大股东掏空和债权治理的控制变量。

1. 被解释变量

（1）会计信息质量。一般用盈余管理衡量公司的会计信息质量，盈余管理的测量方法有很多种，主要分为两大类：应计盈余管理与真实盈余管理。其中应计盈余管理是指在现行会计准则允许的主观判断范围内，利用对会计政策和会计估计的选择，粉饰或掩盖公司真实经营业绩的过程，而真实盈余管理是指公司通过适时而刻意的构造、调整或改变公司实际的经营、投资或筹资活动等来干预会计信息（王福胜等，2014）。在本章的实证研究中，同时采用应计盈余管理与真实盈余管理进行实证分析。

应计盈余管理。黄梅和夏新平（2009）运用统计模型的方法对基本 Jones 模型、修正 Jones 模型等七种常用的截面操纵性应计盈余管理模型的效果进行检验发现，基于行业分类的截面修正 Jones 模型在应计盈余管理的识别和操纵性应计利润的估计方面表现最佳。因此，本书将采用截面修正 Jones 模型对样本数据分年度分行业进行回归，根据回归参数估算上市公司每年的非操纵性应计利润和操纵性应计利润，然后以操纵性应计利润的绝对值衡量应计盈余管理。截面修正 Jones 模型的计算公式如下：

$$NDA_t = a_1(1/A_{t-1}) + a_2(\Delta S_t - \Delta R_t)/A_{t-1} + a_3(PPE_t/A_{t-1}) \tag{7-1}$$

$$TA_t/A_{t-1} = a_1(1/A_{t-1}) + a_2(\Delta S_t/A_{t-1}) + a_3(PPE_t/A_{t-1}) + \varepsilon_t \tag{7-2}$$

$$DA_t = TA_t/A_{t-1} - NDA_t \tag{7-3}$$

$$JonesEM_t = |DA_t| \tag{7-4}$$

其中 TA_t 是净利润与经营现金流量净额的差额，NDA_t 是非操纵性应计利润，DA_t 是操纵性应计利润，A_{t-1} 是公司第 t 年年初总资产，ΔS_t 是公司第 t 年的营业收入变化，ΔR_t 是公司第 t 年的应收账款变化，PPE_t 是公司第 t 年年末的固定资产原值。首先对式（7-2）进行分年度分行业估计，得到参数后代入式（7-1）中估算出非操纵性应计利润，其次由式（7-3）计算出操控性应计利润（DA_t），最后取绝对值得到 JonesEM 用于衡量大股东掏空后采用应计盈余掩饰其掏空的行为。

真实盈余管理。真实盈余管理比应计盈余管理更具有隐蔽性，大股东也可能采用真实盈余管理的手段缓解潜在债权人对其掏空行为的约束。李增福等（2011）从债务契约的角度考察了真实盈余管理与公司负债水平的关系发现，负债水平越高的公司真实盈余管理动机越强，本章也用真实盈余管理进行实证研究。本书借鉴李增福等（2011）、王福胜等（2014）的方法，将真实盈余管理的手段具体分为销售操控、生产操控和费用操控三个方面，再使用异常经营活动现金流净额、异常产品成本和异常操控性费用衡量真实盈余管理。首先，通过分别对式（7-5）、式（7-6）、式（7-7）进行分行业分年度回归后计算相应的正常值，其次根据企业经营现金净流量、生产成本和可操控性费用的实际数减去正常值就分别得到异常经营活动现金流净额、异常生产成本和异常操控性费用。由于公司的异常经营现金流量越低、异常操控性费用越低、异常生产成本越高的公司真实盈余管理程度越高，因此需要根据式（7-8）将真实盈余管理的三个方面综合后取绝对值衡量公司的真实盈余管理程度（REM），真实盈余管理程度越大，表明公司会计信息质量越低，使大股东更容易通过盈余管理掩饰自己的掏空行为。

$$CFO_t = a_0 + a_1(1/A_{t-1}) + a_2(S_t/A_{t-1}) + a_3(\Delta S_t/A_{t-1}) + \varepsilon_t \qquad (7\text{-}5)$$

$$PROD_t = a_0 + a_1(1/A_{t-1}) + a_2(S_t/A_{t-1}) + a_3(\Delta S_t/A_{t-1}) + a_3(\Delta S_{t-1}/A_{t-1}) + \varepsilon_t \qquad (7\text{-}6)$$

$$DISEXP_t = a_0 + a_1(1/A_{t-1}) + a_2(S_{t-1}/A_{t-1}) + \varepsilon \qquad (7\text{-}7)$$

$$REM_t = |AbPROD_t - AbCFO_t - AbDISEXP_t| \qquad (7\text{-}8)$$

CFO_t 表示公司的经营现金净流量，$PROD_t$ 表示生产成本（当期营业成本与当期存货变动之和），$DISEXP_t$ 表示可操控性费用（用销售费用和管理费用之和衡量），$AbCFO_t$ 表示公司的异常经营活动现金流净额，$AbPROD_t$ 表示异常生产成本，$AbDISEXP_t$ 表示异常操控性费用。

（2）公司价值的衡量。衡量公司价值常用的指标有总资产收益率、托宾 Q 值等指标，由于总资产收益率等财务指标容易受到公司内部人的操纵，很多文献采用托宾 Q 值衡量企业价值（刘孟晖和高友才，2015）。本书在实证中采用托宾 Q 值衡量企业价值，而在稳健性检验中采用总资产收益率衡量公司价值进行稳健性检验。

2. 解释变量

（1）债权治理的衡量。本章的目的是考察债权对大股东掏空治理效应的经济后果，由于本章不仅考察债权的总体治理效应对大股东掏空的经济后果，而且从不同债权主体及不同债权期限的角度实证考察债权治理效应。参考第四、五、六章的方法，首先采用资产负债率衡量债权的总体治理效应；其次根据债权来源将债权主体分为银行借款、债券以及商业信用，分别用长期借款、短期借款和一年内到期的长期借款三者之和占总资产的比例（bank）衡量银行借款的治理效应，应付票据、应付账款、预收账款三者之和占总资产的比例（credit）衡量商业信用的治理效应，采用发行债券的本金和利息占总资产的比例（bond）衡量债券的治理作用；最后根据期限的不同可以将不同种类的债权划分为长期债权和短期债权后分别采用长期借款和短期借款占总资产的比例衡量长期债权和短期债权的治理效应。

（2）大股东掏空程度的衡量。公司价值作为被解释变量不能直接反映大股东掏空的经济后果，在研究债权治理对大股东掏空损害公司价值的影响时需要把大股东掏空与债权治理的交互项作为解释变量，同时需要在方程中加入大股东掏空的变量控制大股东掏空对公司价值的影响，通过大股东掏空与债权治理的交互项的系数符号及显著性判断债权治理对大股东掏空损害公司价值的影响。根据第四章的方法采用大股东资金占用（tunning1）和关联交易（tunning2）两个指标衡量大股东的掏空程度，其中大股东资金占用是用（其他应收款－其他应付款）／总资产进行衡量，关联交易是指与上市公司的母公司、子公司、受同一母公司控制的其他企业这三类关联交易主体发生的商品交易、担保抵押、提供或者接受劳务、资金交易的净流出金额占总资产的比例进行衡量。

3. 控制变量

为了控制其他因素对大股东掏空及公司价值的影响，本书在回归分析中控制了公司治理特征以及公司层面的其他一些变量，具体包括第一大股东的持股比例、两权分离度、股权制衡度、董事会的独立性、CEO是否兼任董事长、产权性质、审计意见类型等公司治理特征的变量和公司规模、每股净资产、股利分配率、每股收益、经营活动产生的现金流量净额、账面市值比等公司层面的一些变量，另外本书还控制了公司的行业特征和年度特征。各控制变量的定义及说明见第四章第二节，此处不再赘述。

二、实证模型

由于盈余管理反映公司的会计信息质量，盈余管理越大的企业会计信息质量越差，大股东越可能会采取盈余管理掩饰其掏空行为，表明可以直接用盈余管理衡量大股东掏空对公司会计信息质量所产生的负面影响。为了验证假设7.1的结论，本书以资产负债率及不同来源和不同期限的债权融资占总资产的比例为解释变量，以应计盈余管理和真实盈余管理为被解释变量，从会计信息质量的角度考察债权对大股东掏空治理效应的经济后果，具体实证模型如式（7-9）所示：

$$EM_{i,t} = a_0 + a_1 \times debt_{i,t} + ControlVar_{i,t} + \sum industry_{i,t} + \sum year_{i,t} + \varepsilon_{i,t}$$

$$(7-9)$$

其中，EM 包括应计盈余管理（JonesEM）和真实盈余管理（REM）两个变量，debt 表示公司总的负债规模以及银行借款、商业信用、发行债券等不同来源的债权人占公司总资产的比例和长期借款、短期借款等不同期限的债务融资占公司总资产的比例，回归系数 a_1 反映债权治理对盈余管理的影响，如果系数 a_1 显著小于 0 表明债权治理能够降低公司的盈余管理行为。

为了检验假设 7.2 的结论，本章以 tbinq 作为被解释变量，以资产负债率及不同来源和不同期限的债权融资占总资产的比例为解释变量。由于公司价值作为被解释变量不能直接反映大股东掏空的经济后果，在研究债权治理对大股东掏空损害公司价值的影响时还需要把大股东掏空与债权治理的交互项作为解释变量，通过交互项的系数符号和显著性考察债权治理对大股东掏空损害公司价值的影响，具体实证模型如式（7-10）所示：

$$tbinq_{i,t} = a_0 + a_1 \times tunning_{i,t} + a_2 \times debt_{i,t} + a_3 \times tunning_{i,t} \times debt_{i,t} + ControlVar_{i,t} +$$

$$\sum industry_{i,t} + \sum year_{i,t} + \varepsilon_{i,t}$$

$$(7-10)$$

其中，tunning 包括 tunning1 和 tunning2 两个变量，debt 的指代与式（7-9）一致，回归系数 a_3 从公司价值的角度反映债权对大股东掏空治理效应的经济后果。

三、数据来源及描述性统计分析

笔者选取 2003~2015 年沪深两市 A 股上市公司为研究对象，数据来源于 CSMAR 数据库，经处理后样本变量的基本统计特征如表 7-1 所示。

表 7-1 变量的基本统计特征

变量	样本数	平均值	标准差	最小值	最大值
tbinq	17134	1.931332	1.667036	0.290008	7.937515
JonesEM	15425	0.087066	0.082336	0.00000189	0.344326
REM	15425	0.132405	0.138414	0.00000556	0.57207
tunning1	17134	−0.0153	0.159547	−0.41019	0.57833
tunning2	17134	0.030122	0.094827	−0.16428	0.375859
lev	17134	0.484266	0.211354	0.085807	0.980186

续表

变量	样本数	平均值	标准差	最小值	最大值
bank	17134	0.206036	0.164483	0	0.625123
bond	17134	0.010785	0.031011	0	0.130057
credit	17134	0.167116	0.120619	0.005333	0.494132
shortdebt	17134	0.130469	0.121942	0	0.493146
longdebt	17134	0.054571	0.08445	0	0.337764
divratio	17134	0.226971	0.267256	0	1.113918
mb	17134	0.969011	0.79172	0.125984	3.448182
size	17134	21.80139	1.308896	11.34833	28.51065
bvps	17134	3.997049	2.343757	0.022554	10.46865
cashflow	17134	0.016294	0.10664	−0.82561	0.935121
eps	17134	0.306368	0.430664	−0.86525	1.512093
sh1	17134	0.371423	0.151323	0.128012	0.723663
sh210	17134	0.198412	0.128693	0.01674	0.505412
cv	17134	0.05817	0.08022	0	0.263917
state	17134	0.303549	0.459803	0	1
audit	17134	0.950041	0.217867	0	1
power	17134	0.191491	0.393486	0	1
director	17134	0.363733	0.048822	0	0.5

tbinq 的平均值为 1.931332，最大值为 7.937515，最小值为 0.290008，表明不同公司之间的差异程度比较大。JonesEM 的平均值为 0.087066、REM 的平均值为 0.132405，表明上市公司的盈余管理程度比较严重，真实盈余管理程度较应计盈余管理程度更能表明上市公司可能采用隐蔽性更强的真实盈余管理操纵财务报表，JonesEM 和 REM 经缩尾后的最大值分别达到 0.344326 和 0.57207，进一步说明了上市公司的盈余管理程度比较严重。资产负债率（lev）的平均值为 0.484266，lev 的最大值达到 0.980186，接近 1，表明我国上市公司的资产负债率较高。

shortdebt 和 longdebt 分别表示短期债权和长期债权占公司总资产的比例，shortdebt 的平均值为 13%，大于 longdebt 的平均值，表明我国上市公司的债务期限较短，根据第四章对我国上市公司融资现状的分析，由于我国上市公司的治理机制不完善及经营状况较差，债权人为公司提供长期借款的意愿较低，与肖作平和廖理（2012）、陈建勇（2009）等文献的观点一致。bank、bond、credit 分别表示银行借款、发行债券和商业信用占公司总资产的比例，bank、bond、credit 的平均值分别为 0.206036、0.010785 和 0.167116，表明我国上市公司的主要债务来源是银行借款。当企业不能从银行获得债务融资时，商业信用能够作为银行借款的补充，使商业信用成为我国上市公司债务融资的重要来源。我国债券市场还处于发展初期，我国债券市场从 2006 年以后才逐步成为上市公司债务融资的重要渠道，根据所有样本数据计算得到 bond 只占上市公司总资产比例的 1%左右。

从控制变量的情况来看，第一大股东持股比例的平均值达到 37.1%，表明我国上市公司的大股东控制非常明显；第二大股东至第十大股东的持股比例之和为 19.8%左右，表明第一大股东持股比例将近第二大股东至第十大股东的持股比例之和的两倍，其他股东难以制衡大股东的掏空行为。大股东的两权分离度的平均值为 5.8%，说明存在大股东现金流权和控制权分离的情况。eps 的平均值为 0.306368、标准差为 0.430664、最小值为 -0.86525、最大值为 1.512093，说明上市公司创造价值的能力不稳定、波动性很大。divratio 的平均值为 22.7%左右，表明大部分上市公司将资源掌握在控制人手中而不愿意过多地发放股利。mb 的平均值为 0.969011，由于本样本数据没有考虑创业板等高成长性上市公司，公司的成长性一般。cashflow 的平均值为 0.016294，标准差为 0.10664，波动性很大。state 的平均值为 0.303549，表明国有性质的公司占样本中公司总数的 30.4%左右。power 的平均值为 0.191491，表明约 19.2%的上市公司的 CEO 兼任公司董事长。director 的平均值为 0.363733，表明独立董事占上市公司董事会成员的比例在 36.4%左右，基本达到了相关政策对上市公司独立董事人数的要求。audit 的平均值为 0.950041，表明大部分上市公司的审计报告都是标准非保留意见，但是还有 5%左右的上市公司的审计报告不是标准的非保留意见。

第三节　实证结果分析

一、相关性分析

表 7-2 为变量间的相关系数矩阵，反映变量的两两之间的相关性。可以发现 JonesEM 和 REM 都与 tbinq 正相关，公司会计信息质量的下降反而提升了公司价值，表明盈余管理为企业内部人操纵财务报表的常用方式，上市公司常常需要通过盈余管理提升公司的价值以便达到在资本市场进行融资、增加管理层的薪酬、逃避政治监管等目的。JonesEM 与 REM 正相关，表明两种衡量盈余管理的方式在衡量企业的会计信息质量时与表 7-2 变量的相关性分析具有一致性，当公司的

会计信息质量较差时，无论是采用应计盈余管理计算方法还是真实盈余管理计算方法均能够反映公司的会计信息质量。资产负债率（lev）、不同债权主体（bank、bond、credit）及不同债权期限（shortdebt、longdebt）均与tbinq呈负相关关系。很多文献研究了债务融资与公司价值的关系，其结论显示公司价值与债务融资呈负相关关系，由于导致公司价值与债务融资负相关的原因不是本书考察的重要内容，本书只是考察债权治理是否能够影响大股东掏空对公司价值的负面影响，需要采用回归分析考察债权治理的代理变量与大股东掏空的交互项对公司价值的影响。资产负债率（lev）、不同债权主体（bank、bond、credit）及不同债权期限（shortdebt、longdebt）均与JonesEM呈负相关关系，表明债权治理可能会降低公司的应计盈余管理行为，提升公司的会计信息质量。除了credit与REM正相关之外，其他与债权治理相关的变量均与REM负相关，表明债权治理可能也会降低公司的真实盈余管理行为，但是由于真实盈余管理比应计盈余管理更加隐蔽，使债权治理对真实盈余管理的降低效果不如应计盈余管理。lev与bank、bond和credit的相关性分别为0.674、0.105和0.449，表明我国上市公司的债权来源主要以银行借款为主，商业信用为辅；lev与shortdebt和longdebt的相关性分别为0.504和0.385，表明我国债权期限主要以短期债权为主。bank与bond和credit分别呈现出正相关和负相关，表明容易从银行获得借款的企业也更容易通过发行债券获得债务融资，商业信用作为银行借款和发行债券的补充，在公司难以通过银行或者债券市场获得资金时通过商业信用获得资金；bank与shortdebt和longdebt的相关性分别为0.746和0.603，表明银行更倾向于向企业提供短期债权。tunning1与tunning2的相关性不大，其可能的原因是大股东掏空也会兼顾公司经营的持续性，因为损害公司经营的持续性也会损害大股东的利益，大股东在采用一种方式掏空上市公司时可能不会同时采用另一种掏空方式。资产负债率与反映大股东掏空程度的tunning1负相关，表明债权治理总体上来说降低了大股东的资金占用行为；资产负债率与tunning2正相关，表明债权治理总体上没有抑制大股东通过关联交易掏空上市公司的行为。由于大股东的资金占用行为严重影响了公司的经营发展，使大股东的资金占用行为更容易受到政府及债权人的关注，而关联交易由于交易主体的复杂性和形式的多样性增加了债权人的监督难度，使债权人对关联交易的抑制作用小于对大股东资金占用的抑制作用。银行借款（bank）与tunning1和tunning2都呈正相关，表明银行借款没有发挥出抑制大股东掏空的治理作用；商业信用（credit）和债券（bond）与tunning1负相关、与tunning2正相关，与资产负债率跟大股东掏空程度的相关性类似，表明债权治理总体上所发挥出抑制大股东资金占用的效果主要来源于商业信用和债券。从不同期限的债权与大股东掏空的相关性来看，长期债权与tunning1呈现负相关、与

tunning2 呈现正相关，而短期债权与 tunning1 和 tunning2 均呈现正相关，表明长期债权能够在一定程度上抑制大股东的资金占用行为，而短期债权没有发挥出抑制大股东掏空的治理作用。tunning1 和 tunning2 与 tbinq 分别表现出正相关关系和负相关关系，其中 tunning1 与 tbinq 的正相关关系与大股东掏空损害公司价值的依据不符合，其可能的原因是没有控制样本其他变量的特征，tunning1 与 tbinq需要从回归分析中进一步考察。tunning1 和 tunning2 都与真实盈余管理表现出负相关关系，tunning2 与应计盈余表现出负相关关系而 tunning1 与应计盈余表现出正相关关系，其中正相关关系的系数很小。衡量大股东掏空两个指标与盈余管理的负相关关系表明大股东可能会利用盈余管理掩饰其掏空行为，tunning1 和 tunning2 与真实盈余管理的负相关程度要强于与应计盈余管理的负相关程度，进一步说明了当公司采用隐蔽的盈余管理行为时将更能够掩饰大股东的掏空行为。另外，从控制变量间的相关系数可以发现，两两之间的相关性均小于 0.7，表明各控制变量之间不存在多重共线性问题。

二、债权治理影响会计信息质量的实证结果

为了验证假设 7.1 的结论，本书采用面板数据固定效应模型对式（7-9）进行参数估计得到的结果如表 7-3 所示。其中第（1）、（2）列是以应计盈余管理和真实盈余管理为被解释变量，以公司的资产负债率为解释变量，总体上考察债权治理对公司会计信息质量的影响；第（3）~（8）列是以应计盈余管理和真实盈余管理为被解释变量，以银行借款、商业信用、发行债券等不同来源债权占公司总资产比例为解释变量，从不同债权主体的角度考察债权治理对公司会计信息质量的影响；第（9）~（12）列是以应计盈余管理和真实盈余管理为被解释变量，以长期借款和短期借款占公司总资产比例为解释变量，考察不同债权期限的治理效应对公司会计信息质量的影响。表中所有的回归方程都控制了行业特征和年度特征，并且所有的标准误都是 cluster 在省份层面得到的稳健标准误。

第（1）~（12）列的回归结果显示资产负债率及不同债权主体和不同债权期限的治理效应对应计盈余管理的影响都显著为负，对真实盈余管理的影响都为负，其中资产负债率、银行借款以及短期债权对真实盈余管理的影响显著为负，而发行债券、商业信用和长期债权对真实盈余管理的影响为负但不显著，表明债权治理能够显著地提升公司的会计信息质量。资产负债率及不同来源和不同期限的债权融资占总资产的比例对应计盈余管理的影响都显著为负，而只有部分种类的债权对真实盈余管理的影响显著为负，表明债权治理对应计盈余管理的抑制作用强于真实盈余管理。这正是反映了改变公司实际的经营、投资或筹资活动等来干预会计信息的真实盈余管理更隐蔽，从而更难以被监督。

表7-2 变量的相关性分析

	tbinq	JonesEM	REM	lev	bank	bond	credit	shortdebt	longdebt	turning1	turning2	divratio	mb	size	bvps	cashflow	eps	sh1	sh210	cv	state	audit	power	director
tbinq	1.000																							
JonesEM	0.268	1.000																						
REM	0.154	0.410	1.000																					
lev	-0.364	-0.128	-0.040	1.000																				
bank	-0.360	-0.139	-0.088	0.674	1.000																			
bond	-0.162	-0.069	-0.070	0.105	0.010	1.000																		
credit	-0.190	-0.072	0.014	0.449	0.746	-0.127	1.000																	
shortdebt	-0.224	-0.110	-0.079	0.504	0.603	-0.067	-0.039	1.000																
longdebt	-0.275	-0.091	-0.044	0.385	0.106	0.088	-0.152	-0.029	1.000															
turning1	0.050	0.001	-0.070	-0.281	0.205	-0.009	-0.375	0.237	-0.101	1.000														
turning2	-0.076	-0.032	-0.016	0.150	0.041	0.024	0.224	-0.056	0.041	0.056	1.000													
divratio	-0.043	-0.021	-0.056	-0.236	-0.156	0.043	-0.057	-0.147	-0.051	0.007	-0.049	1.000												
mb	-0.661	-0.216	-0.101	0.499	0.429	0.201	0.215	0.215	0.373	-0.133	0.071	-0.029	1.000											
size	-0.451	-0.137	-0.070	0.259	0.175	0.367	0.175	-0.058	0.325	-0.214	-0.009	0.126	0.523	1.000										
bvps	-0.211	0.003	-0.013	-0.209	-0.184	0.168	0.017	-0.249	0.032	-0.028	-0.071	0.214	0.180	0.489	1.000									
cashflow	0.072	-0.001	0.165	0.018	-0.024	0.019	0.032	-0.042	0.024	-0.090	-0.019	-0.001	-0.042	0.070	0.057	1.000								
eps	0.048	0.081	0.085	-0.186	-0.265	0.061	0.080	-0.316	-0.008	-0.114	-0.108	0.184	-0.082	0.335	0.612	0.146	1.000							
sh1	-0.121	-0.022	0.014	0.011	-0.012	0.066	0.057	-0.073	0.079	-0.085	0.084	0.131	0.129	0.276	0.158	-0.010	0.149	1.000						
sh210	0.133	0.117	0.063	-0.106	-0.089	-0.026	-0.025	-0.073	-0.052	0.096	-0.087	0.058	-0.140	-0.044	0.110	0.031	0.113	-0.411	1.000					
cv	0.052	0.046	0.052	0.027	0.016	-0.015	0.027	0.046	-0.041	0.022	0.042	-0.051	-0.046	-0.090	-0.052	0.014	-0.008	-0.078	0.034	1.000				
state	-0.145	-0.070	-0.018	0.080	0.085	-0.065	0.029	0.036	0.108	-0.031	0.002	0.000	0.142	0.066	-0.021	0.031	-0.015	0.189	-0.111	-0.260	1.000			
audit	-0.102	-0.096	-0.042	-0.238	-0.134	0.057	-0.002	-0.182	0.052	-0.014	-0.032	0.159	0.024	0.208	0.257	0.076	0.270	0.099	-0.005	-0.042	0.026	1.000		
power	0.111	0.068	0.028	-0.082	-0.066	-0.036	-0.024	-0.005	-0.096	0.073	-0.014	-0.005	-0.113	-0.108	-0.003	-0.018	-0.015	-0.089	0.079	0.024	-0.127	-0.015	1.000	
director	0.067	0.023	0.016	-0.002	-0.014	0.035	-0.008	-0.038	0.017	-0.015	-0.019	-0.023	-0.010	0.063	0.014	0.003	-0.006	0.007	0.001	-0.019	-0.112	0.009	0.095	1.000

表7-3　债权治理对盈余管理的回归结果

	(1) JonesEM	(2) REM	(3) JonesEM	(4) REM	(5) JonesEM	(6) REM	(7) JonesEM	(8) REM	(9) JonesEM	(10) REM	(11) JonesEM	(12) REM
lev	-0.0212** (-2.25)	-0.0291** (-2.20)										
bank			-0.0253*** (-2.91)	-0.0441*** (-3.33)								
bond					-0.0732*** (-2.86)	-0.0940 (-1.63)						
credit							-0.0267** (-2.12)	0.00148 (0.09)				
shortdebt									-0.0228** (-2.10)	-0.0358** (-2.72)		
longdebt											-0.0300** (-2.50)	-0.0117 (-0.61)
divratio	-0.00397 (-1.22)	-0.0103* (-1.75)	-0.00350 (-1.05)	-0.00991* (-1.74)	-0.00299 (-0.88)	-0.00897 (-1.56)	-0.00326 (-0.98)	-0.00882 (-1.51)	-0.00333 (-0.98)	-0.00953 (-1.65)	-0.00298 (-0.88)	-0.00887 (-1.54)
mb	-0.0152*** (-7.11)	-0.0176*** (-5.85)	-0.0156*** (-7.91)	-0.0179*** (-5.60)	-0.0163*** (-8.52)	-0.0192*** (-6.20)	-0.0162*** (-7.97)	-0.0196*** (-6.57)	-0.0161*** (-8.10)	-0.0188*** (-6.15)	-0.0163*** (-8.34)	-0.0195*** (-6.25)
size	-0.00393* (-1.72)	0.0104* (2.00)	-0.00377* (-1.87)	0.0111* (2.29)	-0.00477** (-2.48)	0.00917* (1.94)	-0.00497** (-2.50)	0.00854 (1.77)	-0.00477** (-2.49)	0.00930* (1.96)	-0.00442** (-2.19)	0.00887 (1.82)
bvps	0.00377*** (3.88)	0.00222* (1.91)	0.00405*** (4.54)	0.00248** (2.27)	0.00437*** (5.04)	0.00305*** (2.92)	0.00417*** (4.55)	0.00309*** (2.80)	0.00423*** (4.83)	0.00282*** (2.67)	0.00426*** (4.83)	0.00302*** (2.87)
cashflow	-0.0159 (-0.84)	0.253*** (9.91)	-0.0165 (-0.87)	0.252*** (9.85)	-0.0162 (-0.86)	0.253*** (9.84)	-0.0162 (-0.86)	0.253*** (9.84)	-0.0163 (-0.86)	0.252*** (9.88)	-0.0163 (-0.86)	0.253*** (9.84)

续表

	(1) JonesEM	(2) REM	(3) JonesEM	(4) REM	(5) JonesEM	(6) REM	(7) JonesEM	(8) REM	(9) JonesEM	(10) REM	(11) JonesEM	(12) REM
eps	0.00410	0.0223***	0.00301	0.0204***	0.00383	0.0219***	0.00469	0.0223***	0.00330	0.0210***	0.00408	0.0223***
	(1.05)	(5.54)	(0.78)	(4.97)	(0.97)	(5.42)	(1.15)	(5.33)	(0.85)	(5.24)	(1.04)	(5.51)
sh1	0.0662***	0.113***	0.0667***	0.113***	0.0667***	0.114***	0.0680***	0.115***	0.0655***	0.111***	0.0690***	0.115***
	(4.07)	(6.12)	(4.05)	(6.25)	(4.10)	(6.23)	(4.22)	(6.35)	(4.00)	(6.09)	(4.19)	(6.39)
sh210	0.111***	0.123***	0.111***	0.124***	0.110***	0.123***	0.113***	0.124***	0.111***	0.123***	0.112***	0.124***
	(9.83)	(6.16)	(9.81)	(6.12)	(9.83)	(6.12)	(10.13)	(6.26)	(9.80)	(6.09)	(9.95)	(6.28)
cv	0.00295	0.00257	0.00311	0.00288	0.00278	0.00236	0.00303	0.00246	0.00320	0.00299	0.00274	0.00242
	(1.04)	(0.45)	(1.11)	(0.50)	(0.97)	(0.41)	(1.06)	(0.43)	(1.13)	(0.52)	(0.97)	(0.42)
state	0.00477**	0.00817**	0.00482**	0.00805**	0.00519***	0.00875***	0.00516***	0.00888***	0.00491***	0.00828***	0.00528***	0.00887***
	(2.65)	(2.49)	(2.61)	(2.45)	(2.86)	(2.77)	(2.89)	(2.77)	(2.73)	(2.58)	(2.89)	(2.77)
audit	-0.0260***	-0.0296***	-0.0249***	-0.0286***	-0.0236***	-0.0263***	-0.0238***	-0.0262***	-0.0247***	-0.0281***	-0.0232***	-0.0261***
	(-7.25)	(-4.59)	(-7.31)	(-4.49)	(-6.77)	(-4.20)	(-6.85)	(-4.18)	(-7.05)	(-4.59)	(-6.67)	(-4.20)
power	-0.00319	-0.00532	-0.00310	-0.00522	-0.00300	-0.00507	-0.00311	-0.00512	-0.00319	-0.00535	-0.00297	-0.00509
	(-1.62)	(-1.29)	(-1.54)	(-1.25)	(-1.48)	(-1.22)	(-1.58)	(-1.24)	(-1.60)	(-1.29)	(-1.47)	(-1.24)
director	-0.000770	0.0327	-0.000272	0.0337	-0.00178	0.0313	-0.00112	0.0322	-0.00138	0.0318	-0.000194	0.0325
	(-0.03)	(1.39)	(-0.01)	(1.41)	(-0.08)	(1.30)	(-0.05)	(1.35)	(-0.06)	(1.35)	(-0.01)	(1.37)
_cons	0.145***	-0.158	0.136***	-0.179*	0.150***	-0.151*	0.157***	-0.139	0.156***	-0.144	0.142***	-0.146
	(3.53)	(-1.68)	(3.58)	(-1.96)	(4.08)	(-1.71)	(4.16)	(-1.54)	(4.19)	(-1.60)	(3.66)	(-1.58)
N	15425	15425	15425	15425	15425	15425	15425	15425	15425	15425	15425	15425
r²_w	0.0498	0.152	0.0500	0.153	0.0497	0.152	0.0496	0.152	0.0496	0.152	0.0496	0.152
F	105.9	211.2	96.09	601.4	98.28	278.1	107.3	224.9	148.3	949.1	112.9	216.7

注: * 表示 p<0.1, ** 表示 p<0.05, *** 表示 p<0.01。

不同债权主体的债权治理对盈余管理的回归结果表明银行债权比商业信用和债券更能够提升公司的会计信息质量。公司甚至不需要披露公司的财务报告和经营状况，而只是根据公司的信用就能获得商业信用融资，发行债券时虽然需要公开披露财务报告，但是一般披露的是公司的总的财务状况，而对于大股东掏空的一些细节信息可能不会披露，导致债券和商业信用对盈余管理的抑制作用较小。另外，由于商业信用和债券的债权人由分散的公众持有，与银行相比缺乏相应的专业水平，难以对复杂的会计细节进行监督，也在一定程度上影响了债券和商业信用的债权人对公司会计信息的监督能力，使债券和商业信用没有显著地降低公司的真实盈余管理行为。

不同期限的债权治理对盈余管理的回归结果表明短期借款更能提升公司的会计信息质量。由于我国存在一定程度的债务"软约束"问题，债权人不愿意为公司治理质量较差的债务人提供长期债权，使一些公司治理质量较差的公司被动地获得了更多的短期债权，而获得短期债权较多的公司由于公司治理不完善而存在更加严重的大股东掏空问题，导致短期债权对大股东掏空的约束能力反而弱于长期债权。但是债务期限越短，债务人需要频繁地向债权人获得债务融资，在每次获得短期债权时都需要向债权人披露相应的财务报表，相关审查人员也要对财务报表的内容负责，从会计信息质量的角度发现短期债权发挥了除了提升公司会计信息质量的治理作用。

从控制变量的回归结果来看，divratio 对盈余管理的影响为负，表明股利支付率越高的公司会计信息质量越高，但不显著。mb 对盈余管理的影响显著为负，表明成长性越低的公司会计信息质量越高，可能的原因是成长性越低的企业经营越成熟，而成长性越高的企业信息不对称程度更大从而降低公司的会计信息质量。size 对会计信息质量的影响方向不确定，一方面，公司规模越大，大股东越能掌握更多的资源进行掏空从而会降低会计信息质量；另一方面，规模越大的公司越容易受到公众的关注从而提升会计信息质量。bvps 对盈余管理的影响显著为正，表明每股净资产较高的公司盈余管理程度较高，公司可能通过更多的盈余管理提升公司的每股净资产，导致每股净资产的公司的会计信息质量较低。cashflow 对应计盈余管理的影响为负但不显著而对真实盈余管理的影响显著为正，表明现金净流入较多的公司可能进行了盈余管理行为。eps 对盈余管理的影响与cashflow 类似，总体表现出显著的正向作用，表明每股收益高的公司可能进行了盈余管理。sh1 对盈余管理的影响显著为正，表明第一大股东持股比例的上升反而降低了公司的会计信息质量，由于第一大持股比例越高的公司会计信息与大股东的利益更密切，大股东会更看重会计信息从而进行更多的盈余管理。sh210 对公司的盈余管理行为也显著为正，表明通过盈余管理提升公司的绩效可能会提升公司市值从而对所有股东来说是有利的，使股权制衡度没有降低公司的盈余管理行为。cv 对盈余管理的影响为正，但不显著，表明大股东的两权分离度也会降低公司的会计信息质量。state 对盈余管理的影响显著为正，表明国有性质的企业会计信息质量较差。audit 对盈余管理的影响显著为负，表明财务报表质量能够减少公司的盈余管理行为，可能的原因是财务质量较差的企业容易受到政府及债权人的监督，使盈余管理的风险较大，导致公司进行更少的盈余管理行为。power 和 director 两个控制变量对盈余管理的影响都不显著。

三、债权治理对公司价值的实证结果

为了验证假设 7.2 的结论，本书采用面板数据固定效应模型对式（7-10）进行参数估计得到的结果如表 7-4 所示。其中第（1）、（2）列是以公司的资产负债率及其与大股东掏空程度的交互项为解释变量，考察公司总的债权治理效应对大股东掏空损害公司价值行为的影响；第（3）~（8）列是以银行借款、商业信用、发行债券等不同来源的债权占总资产的比例及其与大股东掏空程度的交互项为解释变量，考察不同债权主体的治理效应对大股东掏空损害公司价值行为的影响；第（9）~（12）列是以短期债权和长期债权占总资产的比例及其与大股东掏空程度的交互项为解释变量，考察不同债权期限的治理效应对大股东掏空损害公司价值行为的影响。表中所有的回归方程都控制了行业特征和年度特征，并且所有的标准误都是 cluster 在省份层面得到的稳健标准误。

第（1）~（12）列的结果显示 tunning1 和 tunning2 对公司价值的影响系数都为负，表明衡量大股东掏空的两个指标都损害了公司的价值，大股东掏空不仅侵害了中小股东的利益，而且对公司价值产生了显著的负面影响。第（1）~（12）列的结果同时显示，资产负债率及不同来源和不同期限的债权融资占总资产的比例对公司价值的影响系数都为负，表明我国的债务融资总体上没有提升上市公司的绩效，与于东智（2003）、李义超和蒋振声（2001）等文献的研究结论一致。由于导致公司价值与债务融资负相关关系的原因，不是本书考察的重要内容，而本章主要目的是考察债权治理对大股东掏空损害公司价值的影响，下面重点对债权治理与大股东掏空的交互项对公司价值的影响系数进行详细的探讨。

第（1）列和第（2）列的结果显示资产负债率与衡量大股东掏空的两个指标的交互项都对公司价值的影响为负但不显著，表明债权治理总体上没有减少大股东掏空损害公司价值的行为，结合第四章的实证结果，债权治理总体上没有显著地抑制大股东的掏空行为，表明债权治理总体上对大股东掏空的约束能力不强，使总体的债权治理也没有减少大股东掏空损害公司价值的行为。从第（3）~（8）列中不同来源的债权对大股东掏空损害公司价值行为的影响来看，银行借款与大股

表 7-4　债权治理对公司价值的回归结果

	(1) tbinq	(2) tbinq	(3) tbinq	(4) tbinq	(5) tbinq	(6) tbinq	(7) tbinq	(8) tbinq	(9) tbinq	(10) tbinq	(11) tbinq	(12) tbinq
tunning1	-0.263 (-0.68)		-0.0387 (-0.22)		-0.285** (-2.64)		-0.765*** (-5.19)		0.00275 (0.02)		-0.403*** (-2.80)	
tunning2		-0.0426 (-0.14)		-0.448* (-2.04)		-0.248** (-2.52)		-0.241 (-1.54)		-0.406* (-1.90)		-0.316*** (-3.08)
lev	-1.059*** (-9.08)	-0.944*** (-8.04)										
lev×tunning1	-0.362 (-0.61)											
lev×tunning2		-0.161 (-0.28)										
bank			-0.881*** (-6.85)	-0.931*** (-8.06)								
bank×tunning1			-0.432 (-0.77)									
bank×tunning2				1.065 (1.48)								
bond					-1.295*** (-3.83)	-1.473*** (-3.65)						
bond×tunning1					2.932* (1.72)							

续表

	(1) tbinq	(2) tbinq	(3) tbinq	(4) tbinq	(5) tbinq	(6) tbinq	(7) tbinq	(8) tbinq	(9) tbinq	(10) tbinq	(11) tbinq	(12) tbinq
bond×tunning2						2.542 (1.12)						
credit							-1.131*** (-6.06)	-0.913*** (-6.33)				
credit×tunning1							1.161** (2.06)					
credit×tunning2								0.0660 (0.10)				
shortdebt									-0.902*** (-7.29)	-0.985*** (-7.81)		
shortdebt×tunning1									-0.864 (-1.29)			
shortdebt×tunning2										1.302 (1.41)		
longdebt											-0.286 (-1.55)	-0.403** (-2.31)
longdebt×tunning1											2.441** (2.18)	
longdebt×tunning2												1.235 (1.10)

续表

	(1) tbinq	(2) tbinq	(3) tbinq	(4) tbinq	(5) tbinq	(6) tbinq	(7) tbinq	(8) tbinq	(9) tbinq	(10) tbinq	(11) tbinq	(12) tbinq
divratio	-0.139*** (-4.53)	-0.129*** (-4.00)	-0.104*** (-3.24)	-0.104*** (-3.24)	-0.0830** (-2.59)	-0.0803** (-2.46)	-0.101*** (-3.25)	-0.0932*** (-2.85)	-0.102*** (-3.25)	-0.102*** (-3.23)	-0.0826** (-2.61)	-0.0812** (-2.46)
mb	-0.174*** (-5.31)	-0.179*** (-5.44)	-0.210*** (-6.42)	-0.208*** (-6.51)	-0.239*** (-7.70)	-0.239*** (-7.73)	-0.233*** (-7.36)	-0.233*** (-7.28)	-0.224*** (-6.81)	-0.225*** (-6.98)	-0.242*** (-7.72)	-0.241*** (-7.80)
size	-0.883*** (-14.25)	-0.894*** (-14.69)	-0.899*** (-15.71)	-0.898*** (-15.50)	-0.937*** (-16.19)	-0.939*** (-16.23)	-0.929*** (-15.94)	-0.938*** (-16.30)	-0.926*** (-16.13)	-0.926*** (-16.17)	-0.931*** (-16.26)	-0.938*** (-16.34)
bvps	-0.135*** (-10.92)	-0.137*** (-11.07)	-0.120*** (-10.33)	-0.122*** (-10.33)	-0.109*** (-9.14)	-0.112*** (-9.26)	-0.115*** (-9.57)	-0.118*** (-9.79)	-0.117*** (-10.04)	-0.118*** (-9.99)	-0.110*** (-9.31)	-0.113*** (-9.34)
cashflow	0.560*** (6.97)	0.598*** (7.91)	0.572*** (6.87)	0.585*** (7.56)	0.568*** (6.77)	0.593*** (7.61)	0.533*** (6.38)	0.583*** (7.67)	0.566*** (6.89)	0.578*** (7.51)	0.561*** (6.53)	0.591*** (7.51)
eps	0.696*** (17.89)	0.709*** (18.53)	0.668*** (16.79)	0.669*** (17.29)	0.696*** (17.88)	0.702*** (18.25)	0.719*** (18.23)	0.727*** (18.79)	0.676*** (16.77)	0.675*** (17.18)	0.701*** (18.10)	0.706*** (18.78)
sh1	1.058*** (5.04)	1.106*** (5.18)	1.122*** (5.11)	1.148*** (5.28)	1.125*** (5.16)	1.139*** (5.24)	1.140*** (5.25)	1.177*** (5.51)	1.069*** (5.02)	1.085*** (5.07)	1.173*** (5.32)	1.178*** (5.43)
sh210	1.678*** (9.49)	1.684*** (9.87)	1.695*** (9.67)	1.704*** (9.87)	1.696*** (9.35)	1.684*** (9.44)	1.747*** (9.70)	1.735*** (9.84)	1.667*** (9.60)	1.668*** (9.73)	1.729*** (9.75)	1.719*** (9.68)
cv	0.0417 (0.98)	0.0402 (0.94)	0.0443 (1.06)	0.0440 (1.05)	0.0345 (0.81)	0.0340 (0.79)	0.0467 (1.08)	0.0420 (0.97)	0.0480 (1.14)	0.0484 (1.16)	0.0310 (0.74)	0.0349 (0.81)
state	0.137*** (3.96)	0.141*** (4.08)	0.149*** (4.26)	0.149*** (4.28)	0.161*** (4.56)	0.163*** (4.66)	0.156*** (4.54)	0.160*** (4.69)	0.151*** (4.22)	0.152*** (4.23)	0.161*** (4.60)	0.165*** (4.78)

续表

	(1) tbinq	(2) tbinq	(3) tbinq	(4) tbinq	(5) tbinq	(6) tbinq	(7) tbinq	(8) tbinq	(9) tbinq	(10) tbinq	(11) tbinq	(12) tbinq
audit	-0.194***	-0.174**	-0.114*	-0.110*	-0.0629	-0.0607	-0.0755	-0.0655	-0.111*	-0.107*	-0.0568	-0.0566
	(-2.98)	(-2.64)	(-1.79)	(-1.71)	(-1.00)	(-0.96)	(-1.17)	(-1.03)	(-1.81)	(-1.71)	(-0.91)	(-0.91)
power	-0.0409	-0.0392	-0.0356	-0.0347	-0.0335	-0.0329	-0.0386	-0.0353	-0.0405	-0.0396	-0.0329	-0.0322
	(-1.15)	(-1.09)	(-1.03)	(-0.99)	(-0.93)	(-0.91)	(-1.10)	(-0.99)	(-1.17)	(-1.13)	(-0.92)	(-0.89)
director	0.588**	0.584**	0.604**	0.602**	0.548*	0.550*	0.569**	0.569**	0.572**	0.560**	0.596**	0.577**
	(2.28)	(2.28)	(2.25)	(2.25)	(1.94)	(1.96)	(2.14)	(2.13)	(2.15)	(2.11)	(2.14)	(2.09)
_cons	20.19***	20.29***	20.10***	20.05***	20.64***	20.64***	20.68***	20.74***	20.66***	20.64***	20.48***	20.62***
	(18.30)	(18.56)	(19.62)	(19.17)	(19.91)	(19.82)	(19.78)	(19.86)	(19.93)	(19.86)	(19.94)	(19.96)
N	17134	17134	17134	17134	17134	17134	17134	17134	17134	17134	17134	17134
r^2_w	0.521	0.519	0.518	0.518	0.515	0.514	0.518	0.516	0.517	0.517	0.515	0.514
F	3838.6	1899.1	7870.0	4434.1	4524.4	4177.9	46131.1	7046.8	6539.1	1932.9	14611.9	5740.4

注：* 表示 $p<0.1$，** 表示 $p<0.05$，*** 表示 $p<0.01$。

东资金占用的交互项对公司价值的影响为负，与关联交易的交互项对公司价值的影响为正但都不显著，银行借款与关联交易的交互项对公司价值的影响系数的 t 值大于 1，说明银行借款微弱地发挥了降低大股东掏空损害公司价值的行为，债券和商业信用与衡量大股东掏空程度两个指标的交互项都对公司价值的影响为正，其中债券和商业信用与大股东资金占用的交互项对公司价值的影响显著为正，表明债券和商业信用对大股东掏空损害公司价值的抑制作用要强于银行借款。从第（9）~（12）列中不同期限的债权对大股东掏空损害公司价值行为的影响来看，短期债权与大股东资金占用的交互项对公司价值的影响为负，与关联交易的交互项对公司价值的影响为正，但都不显著；长期债权与大股东资金占用的交互项对公司价值的影响显著为正，与关联交易的交互项对公司价值的影响为正但不显著，表明长期债权显著地降低了大股东掏空行为对公司价值的负面影响。结合第五、六章的实证结果，银行借款对大股东掏空的约束作用弱于发行债券和商业信用，短期债权对大股东掏空的约束作用弱于长期债权，对大股东掏空约束能力越强的债权越可能会降低大股东掏空对公司价值的损害，使发行债券和商业信用对大股东掏空损害公司价值的抑制作用要强于银行借款，长期债权对大股东掏空损害公司价值的抑制作用要强于短期债权。

从控制变量回归结果来看，divratio 对公司价值的影响为负，表明股利支付降低了公司价值，一般来说，股利支付和股票价格负相关，使股利支付率越高的公司价值越低。mb 对公司价值的影响显著为负，账面市值比越高表明大部分投资者对公司价值的预期越低，账面市值比对公司价值负相关性在一定程度上反映了投资者的预期。size 对公司价值的影响显著为负，公司的边际利润随公司的规模增大而降低，导致公司规模与公司价值负相关。bvps 对公司价值的影响显著为负，一般来说，每股净资产越多的公司成长性越低，降低了投资者对公司价值的预期。cashflow 对公司价值的影响显著为正，经营现金净流入越多的公司经营状况越好。eps 对公司价值的影响为正，每股收益越高的公司价值越高。sh1 对公司价值的影响显著为正，第一大股东持股比例的提高能够增大第一大股东与公司的协同效应，提升公司价值。sh210 对公司价值的影响显著为正，表明股权制衡度的增加，能够发挥大股东之间的相互监督作用，提升公司价值。state 对公司价值的影响显著为正，表明国有企业的公司价值较非国有企业的价值要高，与预期相反，其可能的原因是国有性质的企业的资产质量较差，导致国有企业的资产价值存在虚高的现象。audit 对公司价值的影响为负，表明财务报表良好的企业价值反而要高，与预期相反，其可能的原因是中国的股票市场存在操纵行为，一些资产质量较差的企业也维持了较高的市值。director 对公司价值的影响显著为正，表明独立董事能够发挥出提升公司价值的作用。cv、power 对公司价值的影响不显著。

第四节　稳健性检验

既往文献发现一些上市公司可能为了避免退市风险而采取各种手段提高盈余（蒋义宏和王丽琨，2003），杨七中（2010）通过研究发现 ST 公司在亏损后一年为了扭亏会采取大量盈余管理行为。为了避免 ST 公司为了扭亏采用更多的盈余管理对本书研究的干扰，剔除 ST 样本后采用面板数据固定效应模型对式（7-9）进行参数估计，得到的结果如表 7-5 所示，其中第（1）、（2）列是以应计盈余管理和真实盈余管理为被解释变量，以公司的资产负债率为被解释变量，总体上考察债权治理对公司会计信息质量的影响；第（3）~（8）列是以应计盈余管理和真实盈余管理为被解释变量，以银行借款、商业信用、发行债券等不同来源债权占公司总资产比例为解释变量，从不同债权主体的角度考察债权治理对会计信息质量的影响；第（9）~（12）列是以应计盈余管理和真实盈余管理为被解释变量，以长期借款和短期借款占公司总资产比例为解释变量，考察不同期限的债权治理对公司会计信息质量的影响。表中所有的回归方程都控制了行业特征和年度特征，并且所有回归结果的标准误都是 cluster 在省份层面得到的稳健标准误，因篇幅有限，笔者在表 7-5 中省去了控制变量的回归结果。

从表 7-5 的回归结果显示，资产负债率及不同来源和不同期限的债权融资占总资产的比例对应计盈余管理的影响都显著为负，对真实盈余管理的影响都为负，其中资产负债率、银行借款以及短期债权对真实盈余管理的影响显著为负，而发行债券、商业信用和长期债权对真实盈余管理的影响为负但不显著，表明债权治理能够显著地提升公司的会计信息质量。不同来源的债权治理对盈余管理的回归结果表明，银行债权比商业信用和发行债券更能够提升公司的会计信息质量，不同期限的债权治理对盈余管理的回归结果表明短期借款更能够提升公司的会计信息质量，与表 7-3 的实证结果基本一致。

在实证分析中，笔者是以托宾 Q 值衡量公司价值，虽然很多文献也用托宾 Q 值衡量公司的价值，但仍存在不足。托宾 Q 值是采用公司的市场价值为基础衡量企业的价值，而公司的市场价值也容易受到市场操纵，因此本书以总资产收益率（roa）替代托宾 Q 值进行稳健性检验。为了对债权治理对大股东损害公司价值的影响进行稳健性检验，本章采用面板数据固定效应模型对式（7-10）进行参数估计，得到的结果如表 7-6 所示，其中第（1）、（2）列是以公司的资产负债率及其与大股东掏空程度的交互项为解释变量，考察公司总的债权对大股东掏空治

表7-5　稳健性检验1

	(1) JonesEM	(2) REM	(3) JonesEM	(4) REM	(5) JonesEM	(6) REM	(7) JonesEM	(8) REM	(9) JonesEM	(10) REM	(11) JonesEM	(12) REM
lev	-0.0335*** (-3.18)	-0.0340** (-2.24)										
bank			-0.0328*** (-3.55)	-0.0469*** (-3.25)								
bond					-0.0712*** (-2.86)	-0.0887 (-1.59)						
credit							-0.0486*** (-3.62)	-0.0124 (-0.53)				
shortdebt									-0.0266** (-2.52)	-0.0360** (-2.25)		
longdebt											-0.0294** (-2.39)	-0.0113 (-0.61)
_cons	0.0828 (1.56)	-0.221** (-2.31)	0.0842* (1.70)	-0.235** (-2.59)	0.110** (2.34)	-0.195** (-2.26)	0.120** (2.47)	-0.182* (-2.02)	0.115** (2.38)	-0.191** (-2.14)	0.102** (2.16)	-0.189** (-2.06)
N	14592	14592	14592	14592	14592	14592	14592	14592	14592	14592	14592	14592
r^2_w	0.0527	0.151	0.0525	0.152	0.0518	0.151	0.0527	0.151	0.0518	0.151	0.0517	0.151
F	78.57	236.8	78.17	184.2	86.36	1110.0	84.14	193.7	87.97	276.4	92.90	196.6

注：* 表示 $p<0.1$，** 表示 $p<0.05$，*** 表示 $p<0.01$。

表7-6　稳健性检验2

	(1) roa	(2) roa	(3) roa	(4) roa	(5) roa	(6) roa	(7) roa	(8) roa	(9) roa	(10) roa	(11) roa	(12) roa
tunning1	-0.0168** (-2.08)		0.0419*** (6.61)		0.0163*** (3.30)		-0.00514 (-0.61)		0.0410*** (7.18)		0.0159*** (3.37)	
tunning2		0.0270* (1.77)		0.00377 (0.52)		-0.0139*** (-4.90)		-0.0121** (-2.18)		-0.000801 (-0.15)		-0.0185*** (-4.47)
lev	-0.112*** (-26.62)	-0.110*** (-26.10)										
lev×tunning1	0.0179 (1.20)											
lev×tunning2		-0.0468* (-1.88)										
bank			-0.0810*** (-14.13)	-0.0735*** (-13.68)	0.0434*** (-3.77)	-0.0510*** (-4.05)						
bank×tunning1			-0.0497** (-2.24)									
bank×tunning2				-0.0173 (-0.86)								
bond					0.172** (2.11)							
bond×tunning1												

续表

	(1) roa	(2) roa	(3) roa	(4) roa	(5) roa	(6) roa	(7) roa	(8) roa	(9) roa	(10) roa	(11) roa	(12) roa
bond×tunning2						0.222*** (3.05)						
credit							-0.0460*** (-5.76)	-0.0547*** (-7.26)				
credit×tunning1							0.0582* (2.01)					
credit×tunning2								0.00338 (0.11)				
shortdebt									-0.0767*** (-12.10)	-0.0666*** (-10.15)		
shortdebt×tunning1									-0.0724*** (-2.95)			
shortdebt×tunning2										-0.0207 (-0.87)		
longdebt											-0.0509*** (-6.39)	-0.0552*** (-7.70)
longdebt×tunning1											0.00804 (0.18)	
longdebt×tunning2												0.104*** (2.86)

续表

	(1) roa	(2) roa	(3) roa	(4) roa	(5) roa	(6) roa	(7) roa	(8) roa	(9) roa	(10) roa	(11) roa	(12) roa
_cons	-0.0772***	-0.0769***	-0.0791***	-0.0784***	-0.0212	-0.0219	-0.0212	-0.0202	-0.0275	-0.0273	-0.0433**	-0.0430**
	(-3.29)	(-3.32)	(-3.80)	(-3.51)	(-1.06)	(-1.06)	(-1.05)	(-1.00)	(-1.40)	(-1.32)	(-2.17)	(-2.05)
N	17134	17134	17134	17134	17134	17134	17134	17134	17134	17134	17134	17134
r^2_w	0.706	0.706	0.680	0.676	0.659	0.658	0.663	0.662	0.672	0.668	0.661	0.661
F	7499.5	2795.0	2306.9	47497.5	11389.9	7207.2	1672.3	13834.2	1491.3	955.1	28393.6	2771.6

注：* 表示 $p<0.1$，** 表示 $p<0.05$，*** 表示 $p<0.01$。

理效应的经济后果；第（3）~（8）列是以银行借款、商业信用、发行债券等不同来源的债权占总资产的比例及其与大股东掏空程度的交互项为解释变量，考察不同来源的债权对大股东掏空治理效应的经济后果；第（9）~（12）列是以短期债权和长期债权占总资产的比例及其与大股东掏空程度的交互项为解释变量，考察不同债权期限对大股东掏空治理效应的经济后果。表中所有的回归方程都控制了行业特征和年度特征，并且所有回归结果的标准误都是 cluster 在省份层面得到的稳健标准误，因篇幅有限，在表中省去了控制变量的回归结果。

表 7-6 的回归结果显示大股东资金占用行为对 roa 的影响在不同的回归方程中没有获得一致的影响，某些回归方程中的大股东资金占用行为提升了公司的经营绩效，与预期的结果不一致。其原因主要是因为会计性指标容易受到大股东的操纵，使大股东资金占用行为提升了公司的总资产收益率。关联交易对 roa 的影响也得出了类似的回归结果，某些方程中的关联交易行为反而提升了公司的经营绩效。表 7-6 的结果显示资产负债率及不同来源和不同期限的债务融资占总资产的比例对总资产收益率的影响系数都显著为负，与表 7-4 的结果基本一致。从资产负债率及不同来源和不同期限的债权治理与大股东掏空的交互项对 roa 的影响来看，资产负债率与关联交易的交互项对 roa 的影响显著为负，而资产负债率与资金占用的交互项对 roa 的影响不显著；银行借款与衡量大股东掏空的两个指标的交互项都对 roa 的影响为负，其中银行借款与资金占用的交互项对 roa 的影响显著为负；发行债券与衡量大股东掏空的两个指标的交互项都对 roa 的影响显著为正；商业信用与衡量大股东掏空的两个指标的交互项都对 roa 的影响为正，其中商业信用与资金占用的交互项对 roa 的影响显著为正；短期债权与衡量大股东掏空的两个指标的交互项都对 roa 的影响为负，其中短期债权与资金占用的交互项对 roa 的影响显著为负；长期债权与衡量大股东掏空的两个指标的交互项都对 roa 的影响为正，其中长期债权与关联交易的交互项对 roa 的影响显著为正。虽然总资产收益率等会计性指标容易受到公司内部人操纵，使大股东掏空程度对公司价值的影响与表 7-4 存在差异，但是债务融资以及债务融资与衡量大股东掏空的两个指标的交互项对公司价值影响的回归结果与表 7-4 基本一致。

本章小结

大股东掏空不仅侵害中小股东的利益，还会对公司价值和会计信息质量产生负面影响，本章从公司价值和盈余管理的角度实证研究了债权对大股东掏空治理效应的经济后果以考察债权治理的作用效果。研究结论如下：

（1）由于大股东可能会采用盈余管理掩饰其掏空行为，而盈余管理会降低公司的会计信息质量，提升了债权人与公司内部人之间的信息不对称，盈余管理越大的企业使债权人面临的风险越大，因此债权人会采取一定的监督措施降低公司的盈余管理行为，使债权治理能够降低大股东掏空对会计信息质量的负面影响。本章的实证研究结论表明债权治理能够降低公司的盈余管理，由于不同债权主体及不同债权期限的治理效应对大股东掏空的抑制作用不同，其对盈余管理的影响也可能因不同债权主体及债权期限的不同而存在差异，具体表现为银行借款对盈余管理的抑制作用强于债券和商业信用，而短期债权对盈余管理的抑制作用强于长期债权。

（2）债权治理对大股东掏空经济后果的影响与债权治理强度有关，如果债务融资的治理作用较强，公司可能会为了维护自身利益而对损害公司价值的掏空行为进行更多的监督，从而降低大股东掏空对公司价值的负面影响。不仅第四章的实证结果显示债权总体治理效应对大股东掏空的抑制能力较弱，而且本章的实证结果显示债权治理总体上没有减少大股东掏空行为损害公司价值的经济后果。由于不同债权主体及债权期限的治理效应对大股东掏空的约束作用不同，其对大股东掏空后果的影响可能也会不同，对大股东掏空约束能力越强的债权可能会降低大股东掏空对公司价值的损害，具体表现为债券和商业信用对大股东掏空行为损害公司价值的抑制作用要强于银行借款，长期债权对大股东掏空行为损害公司价值的抑制作用强于短期债权。

第八章　结论与政策建议

第一节　研究结论

为了研究债权治理对大股东掏空的影响，本书首先以委托代理理论、不完全契约理论为基础，构建相应的模型对债权治理影响大股东掏空的机制进行了理论分析；其次将理论分析的结果结合我国的现实背景提出实证研究假设，分别从债权的总体治理效应对大股东掏空的影响、不同债权主体及债权期限对大股东掏空的影响以及债权对大股东治理效应的经济后果进行实证分析；最后本书的研究主要得到以下结论：

（1）债务融资作为一项重要的制度安排，能够通过信号传递机制、约束机制、监督机制及相机治理机制抑制大股东的掏空行为。本书通过实证发现债权的总体治理效应能够降低大股东通过资金占用进行掏空的行为，但是关联交易主体及交易事项的复杂性增加了债权人及政府相关部门监督大股东通过关联交易进行掏空的难度，使债权的总体治理效应难以发挥出抑制大股东通过关联交易进行掏空的治理作用。

（2）不同债权主体对大股东掏空的抑制能力存在差别，具体表现为银行借款对大股东掏空的抑制作用最弱、商业信用对大股东掏空的抑制作用最强、发行债券对大股东掏空的抑制作用介于银行借款与商业信用之间。由于银行内部存在代理问题，公司通过银行获得贷款也不需要像发行债券一样公开披露信息，银行有可能在贷款审查过程中或贷后监督时存在偷懒行为，未对公司的财务指标和经营状况进行深入分析而只根据公司向银行提交的财务报表来完成贷款的审批，公众也难以对银行贷款审查不严或贷后监督不力的现象进行干预。当大股东能够在保障银行债务安全的情形下进行掏空时，作为理性人的银行有可能会为了自身的利益与大股东合谋，使银行借款难以发挥出抑制大股东掏空的治理作用。发行债券和商业信用的债权人直接拥有企业的债权，与银行等金融中介以储户的代理人身份拥有企业的债权存在本质区别。发行债券和商业信用的债权人可能对公司侵害其利益的行为进行监督和干预的动机要强于银行，但是发行债券只能根据公司公开披露的信息了解公司的经营状况，公司有可能不会披露大股东的掏空行为，使发行债券的治理作用受到限制，导致发行债券无法发挥出抑制大股东掏空的治理作用。而商业信用具有较好的信息优势，表现出良好的抑制大股东掏空的治理效果。由于不同债权主体具有不同的特征，公司是否处于财务困境对不同债权主体的影响也不同，研究结果表明财务困境能够提升银行借款和债券对大股东掏空的抑制作用，而商业信用的建立不像银行借款或者债券那样具有严格的流程和规定，因此商业信用可能不会对企业的经营业绩进行具体的规定，导致财务困境无法提升商业信用对大股东掏空的抑制作用。

（3）债权治理对大股东掏空的抑制作用与债务期限有关，短期借款对大股东资金占用和关联交易的影响显著为正；长期借款对大股东资金占用的影响为负，对关联交易的影响为正。这表明短期债权对大股东掏空的治理作用要弱于长期债权。Hart 和 Moore（1994）、Berglöf 和 Von Thadden（1994）等文献关于债务期限的研究结论显示短期债权对公司内部人的约束能力强于长期债权，但是由于我国很多上市公司治理机制不完善、经营绩效较差，导致债权人为企业提供长期借款的意愿较低，因此我国很多治理机制不完善的企业的债务期限较短。我国地方政府为了本地经济增长或就业的考虑可能会造成债务"软约束"问题，导致短期债权难以发挥出相应的约束作用，而短期债权较多的公司可能因公司治理不完善而存在更加严重的大股东掏空问题。只有公司治理机制相对完善的公司才能够获得长期债权，而大股东资金占用行为一直被政府和公众视为上市公司治理不完善的表现，大股东为了获得长期债权势必减少其对上市公司的资金占用行为，从而使长期债权对大股东资金占用的影响为负；而关联交易主体及交易事项的多样性使关联交易更加难以被监督，导致长期债权无法抑制大股东通过关联交易掏空上市公司的行为。

（4）财务困境能够在一定程度上发挥出债权的相机治理作用，从而提升债权治理对大股东掏空的治理效果，但是由于《中华人民共和国破产法》对债权人的保护规定不完善，导致财务困境提升债权治理对大股东掏空的抑制作用不显著。

（5）由于债务融资使大股东掌握了更多的资源，大股东通过掏空能够获得更多的收益从而可能加剧大股东的掏空行为，而债权治理可能影响大股东掏空的成本，进而促使大股东权衡增加掏空获得的收益与付出的成本。一般来说，当公司经营不善影响公司的偿债能力时，会在一定程度上提高了债权人的风险，债权人为了收回本息可能会对公司进行更多的监督，从而影响大股东掏空的成本。另外，债权人与债务人作为债务契约的双方，债权人与债务人的自身特征也可能会影响债权人对公司的监督力度，从而影响大股东的掏空成本，进而影响债权治理对大股东掏空的约束作用。具体表现为，不同债权主体及不同债权期限在公司债务中的分布情况以及公司面临的融资约束程度可能会影响相应债权主体及债权期限对大股东的监督力度，从而影响大股东的掏空成本，进而影响债权治理对大股东掏空的约束作用。

（6）债权治理能够降低公司的盈余管理和大股东掏空对公司价值的损害程度。由于不同债权主体及不同债权期限的治理效应对大股东掏空的抑制作用不同，其对盈余管理和大股东掏空对公司价值的损害程度的影响也可能存在差异。具体表现为，银行借款对盈余管理的抑制作用强于债券和商业信用，而短期债权对盈余管理的抑制作用强于长期债权，发行债券和商业信用对大股东掏空行为损害公司价值的抑制作用要强于银行借款，长期债权对大股东掏空行为损害公司价值的抑制作用强于短期债权。

第二节　政策建议

债权治理要发挥出对大股东掏空的抑制作用不仅需要一定的理论支撑，更需要现实条件的配合，如果缺少债权人参与公司治理的现实依据，那么债权治理也难以发挥相应的治理作用。我国通过改变企业与银行的关系、确立企业的法人主体地位、进行商业银行改革以及发展债券市场等一系列举措，以求改变过去计划经济体制下债权治理机制失效的局面。从本书的研究结果来看，这些举措提升了我国债权治理的效果，具体表现在发行债券、商业信用等在一定程度上发挥出抑制大股东掏空的治理作用，当公司处于财务困境时也能够发挥相机治理机制，提升债权治理的效果。但是我国债务"软约束"问题依然存在，短期债权对大股东掏空的约束作用不如长期债权；具有较强的信息优势、监督能力以及专业能力的银行由于自身的代理问题导致银行对大股东掏空的抑制作用不如商业信用和发行债券的力度大；发行债券一般是根据公开披露的财务信息了解公司的经营状况，而难以获取公司没有公开披露的信息，导致发行债券获取信息的能力不足；虽然商业信用具有较好的信息优势，但是商业信用债权债务关系的签订仅仅依靠商业信用债权人的主观判断，其他债权人难以根据商业信用债权人对公司的判断进行决策。本书针对这些问题提出以下几点政策建议，以期提升我国债权治理的效果。

（1）进一步明晰产权、减少政府对企业的干预，破解我国债务"软约束"问题。随着我国市场经济体制改革的不断推进，银行和企业作为独立的法人主体，产权不明晰导致的债务"软约束"问题将逐渐得到解决，但是政府也可能会为了本地经济增长、就业及社会稳定等目标对企业和债权人的关系进行干预，让债权人为经营不善的企业提供债务。当债权人不愿意为经营不善的企业提供长期债务时，则会选择提供短期债务以延续企业的生命，而这些行为将导致短期债权失去应有的约束作用，这显然违背了债权治理的机制。为了提升债权治理的约束作用，需要采取一定的措施解决我国债务"软约束"问题：一方面，要进一步明晰产权，以防债权人对企业监督不严而产生债务"软约束"问题；另一方面，政府应该树立经济健康发展的理念，不要为了追求短期经济增长而对企业进行过多的干预，当企业经营绩效较差时，要尊重市场规律，淘汰这类企业，鼓励经营绩效较好、治理机制完善的企业进行快速的发展以促进经济的持续健康发展。

（2）提高债券持有人独立搜集公司信息的积极性、拓宽债券持有人获取信息的渠道。由于分散的债券持有人比较多，如果都参与公司治理可能会对公司的正常经营活动产生频繁干扰，影响公司的经营效率，导致债权人治理成本过高，因此债券持有人主要依托债权人会议制度和债券受托人制度发挥治理作用。无论是依托债权人会议制度还是依托债券受托人制度，债券持有人一般只能根据公司公开披露的信息掌握公司的经营状况，在公司正常经营状况下债券持有人独立搜集公司信息的动力不足，严重影响了债券持有人在公司正常经营状况下的治理效率。而当公司陷入财务困境时，债券持有人才能依托相应的制度发挥治理作用。为了提升发行债券的债权治理效率，有必要采取措施提高债券持有人独立搜集公司信息的积极性，拓宽债券持有人获取公司信息的渠道：一方面应该鼓励债券持有人独立搜集公司信息，完善债权人会议制度和债券受托人制度，并降低债券持有人搜集信息的成本；另一方面要通过制度设置赋予债券持有人更多获取公司经营信息的权力，使债券持有人不局限于通过债权人会议制度或者债券受托人制度获取公司经营状况的信息，可以通过一定的制度安排使债权人能够参与公司的股东大会，拓宽债券持有人获取信息的渠道。

（3）完善银行自身的治理机制，提升银行对公司的监督作用。长期以来，银行作为公司最大债权人在公司中具有一定的话语权，这让银行有潜力成为抑制大股东掏空的重要监督力量，德国和日本成功的银行治理模式也说明了银行治理的可行之处。另外，银行与企业长期的交往不仅使银行能够掌握企业的大量信息，而且使银行积累了大量的监管经验，有利于发挥治理作用。但是由于我国外部制度环境不完善以及银行自身治理机制存在缺陷，导致我国银行难以像德国和日本的银行一样发挥出较强的治理作用，因此有必要采取一定的措施激活银行治理的潜能，提升银行监督对大股东掏空的抑制作用，具体措施主要有以下几个方面：

1）借鉴德国和日本银行治理模式的成功经验。无论是德国的全能银行制度还是日本的主银行制度，银行都以股东的身份参与公司治理。全能银行制度使银行不仅可以经营传统银行的存款、贷款、汇款业务，而且可以经营证券、外汇、贵金属交易和项目融资、证券经纪、资产管理以及投资咨询等业务，全能银行可以通过持有公司股票以股东的身份参与公司治理。全能银行不仅促进了银行与企业之间的紧密联系，而且使银行在公司中占有主导地位，增强了银行治理的作用。日本的主银行制度是指每个企业都有一个主银行，企业从主银行获得的贷款规模远远大于其他银行，日本的银行虽然在持有公司股份时会受到一定的限制，但是由于日本的企业之间交叉持股特征比较明显，主银行可以通过多个企业之间的相互持股提高其在上市公司的持股比例，通过交叉持股及大规模贷款使主银行具备强大的公司治理能力。我国在20世纪90年代初也尝试推行主银行制度，但是由于当时我国债务"软约束"现象比较严重，导致我国推行主银行制度的进程比较缓慢。随着我国公司治理理论及实践的发展，银行内部治理机制也在不断加强，债务"软约束"问题也逐渐得到缓解，待时机成熟可以酌情推动主银行制度的进一步发展，借用银行治理的优势促进我国上市公司治理机制的完善，抑制大股东掏空问题。

2）完善银行自身治理机制。银行作为信贷机构，往往存在一定的信贷压力，如果大股东能够给银行提供较多的抵押资产以保障银行的本息安全，不仅能够使银行减少干预大股东的掏空行为，而且可能会促使银行给公司提供更多的贷款，这有可能进一步降低银行对大股东掏空的治理作用。另外，由于银行作为金融中介机构，其对企业的债权资金主要来源于储户的存款，银行作为储户的代理人拥有企业的债权，进一步复杂了银行与企业之间的代理关系。上述问题将会使银行难以抑制大股东的掏空行为，而产生上述问题的本质在于银行自身治理机制的不完善，因此有必要从完善银行自身治理机制出发提升其对大股东掏空的治理作用。首先，在贷款审批及发放环节要严格按照"三个办法一个指引"的规定进行，相关责任人要对贷款质量负责，降低银行内部人因代理问题导致的监督不严；其次，优化银行的股权结构，强化董事会和监事会对管理层的监督考核机制，降低管理层为了应付信贷压力而忽视债务人的内部治理状况，促使银行对债务人公司治理质量进行考察；最后，完善信息披露机制，要求银行对债务人的经营现状及治理质量进行披露，使广大储户能够了解银行的贷款行为，加强对银行的约束。

3）鼓励银行进入董事会。长期以来，我国的银行都是公司融资的重要来源，作为公司的最大债权人，银行对公司的经营状况比较熟悉，银行进入董事会不仅能够加强对上市公司的监督，而且能够为企业的经营战略提供指导，促进企业的稳定发展。

（4）进一步强化商业信用的治理作用。商业信用的债权人直接拥有企业的债权，其对企业的监督动力较强，商业信用作为企业与企业之间的债权债务关系，商业信用的债权人具有较好的信息优势，能发挥出较强地抑制大股东掏空的治理作用。但是商业信用债权债务关系的签订一般依靠商业信用债权人的主观判断，其他债权人难以根据商业信用债权人对公司的判断进行决策，制约了商业信用的信号传递机制对公司治理的影响。因此有必要采取一定的措施提升商业信用的信号传递机制：一方面，需要商业信用的债权人提供发放债务的客观依据，通过行业协会或者组织制定并签订商业信用的标准条款，使商业信用的债权人根据相应的条款与企业建立债权债务关系，促使其他债权人能够根据商业信用的信号传递机制进行决策；另一方面，完善商业信用的信息披露机制，由于商业信用的债权人能够掌握较多的公司内部信息，完善相应的信息披露机制能够促使其他的债权人通过商业信用了解企业的经营状况。

（5）采取相应的措施抑制大股东的掏空行为。本书的研究结论显示债权治理对大股东掏空的抑制作用较弱，债权治理能够对大股东资金占用具有抑制作用，而对关联交易不仅不具有抑制作用反而可能会增加公司的关联交易行为，这从一定层面上说明了大股东掏空手段的多样性会影响债权治理的效果。当大股东利用债务增加掏空所获得的收益大于所付出的成本时，债权治理不仅不能抑制大股东的掏空行为反而可能会加剧大股东的掏空行为，因此需要采取措施杜绝上述情况的发生。首先，加强法制建设、加大惩罚力度，特别是需要加强和完善对债权人利益的立法保护，加大对失信行为的惩戒，提高债权人的利益主体地位。其次，由于公司向银行借款时只需要向银行披露信息，公众难以了解公司所披露的信息，一方面弱化了银行债权人深入解读公司所披露信息的动力，另一方面也降低了公众对银行的监督力度，使银行借款更容易成为大股东掏空的工具。因此要求上市公司加强信息披露机制可能会使公众对银行等债权人进行更多的监督，提高银行等债权人的监督力度，提高大股东利用债务掏空的成本。再次，完善上市公司独立董事、监事会等治理机制，使公司治理机制不仅能为股东的利益尽责，也能保护债权人等其他相关者的利益，提升大股东利用债务进行掏空的成本。最后，重视社会中介机构、媒体舆论的监督作用。随着我国市场经济的发展，社会中介机构的作用越来越重要，会计师事务所和资产评估等中介机构与上市公司的关系也越来越密切，上市公司的财务报表一般要经过会计师事务所审计后才能公布，资产评估机构对上市公司资产的评估活动也越来越多，发挥会计师事务所和资产评估等中介机构的监督作用不仅有利于我国证券市场的发展，而且有利于提升上市公司信息披露的准确性和客观性，有利于债权治理更好地利用相关信息对大股东的掏空行为进行抑制。另外，新闻媒体和社会舆论的监督作用也越来越重要，增加媒体对大股东掏空行为的报道，能够对上市公司的掏空行为起到一定的威慑作用，促使大股东为维护公司形象而减少掏空行为。

第三节　未来研究方向

自 Modigliani 和 Miller（1963）提出资本结构与公司价值无关的理论以来，很多学者对债务融资与公司价值进行了研究。随着学术界对公司本质的认识，公司是由各利益相关者组成的契约联结，而各利益相关者之间的利益往往不一致，甚至还存在一定的冲突。公司的债务融资对公司内部人具有信号传递机制、约束机制、监督机制以及相机治理机制，这些能够缓和公司内部人与外部投资者之间的利益冲突。债权治理不仅能够缓解外部投资者与公司内部人之间的信息不对称，随着产权理论和不完全合同理论的发展，债权的相机治理机制还能够在不完全契约情况下解决信息不对称所导致的代理问题。相关文献的研究结果发现债权治理能够提高公司投资效率、降低公司的代理成本、提高企业的融资能力，这说明债权治理能够提高公司价值；但是也有相关文献发现债权治理没有提升公司价值，甚至一些文献发现债权治理降低了公司价值。笔者在实证中发现债权治理失效，说明债权治理的理论研究还存在一些缺陷，但是同时也表明对债权治理的研究还需要进一步完善。针对现有文献的研究成果以及笔者对债权治理的认识，未来可能需要在以下几个方面进一步完善研究：

（1）现有文献在研究债权治理的机制设计中只是考察了外部投资者与内部人之间的利益冲突，但是根据利益相关者理论，公司的各利益相关者不仅包括外部投资者和公司内部人，还应该考虑雇员、政府等其他利益相关者的行为对债权治理可能产生的影响。一些实证研究表明政府的干预可能导致债权治理的"软约束"，使一些经营业绩下降的企业不仅受不到债权治理的约束，反而能获得更多的贷款，造成资金无效投资、代理成本上升等问题，但是这些研究尚缺乏一个规范的理论框架，并且将雇员、消费者等其他利益相关者纳入债权治理研究框架的文献也不多见，这方面还有广阔的空间，值得进一步深入研究。

（2）根据不完全契约理论，契约的执行需要相关法律作保障，债权治理依赖于债务合同的约束力，如果相关法律制度不完善，则会导致公司在违反债务合同时得不到法律惩罚，那么设计得再完善、再合理的债务合同也难以发挥相应的治理作用。Faccio 等（2001）发现在欧洲等具有良好的债权人保护制度的国家，债权人能够有效约束控股股东对资金的不合理使用或者侵占，而在东亚等对债权人保护较弱的国家，债务不仅不能对控制性股东形成约束，反而增加了控制性股东所控制的资源，在东亚等国家表现出债务融资规模与大股东利益侵占行为正相关。因此，需要从法律制度的角度研究债务合同的执行情况对债权治理效应的影响，债权治理和法律制度的有效结合将有可能提升债权治理的效果。

（3）公司治理结构对债权治理的影响。现有关于债权治理的理论研究结果表明，债权治理能够缓解股权分散情况下的公司内部人与外部投资者的利益冲突，虽然本书将相应的债权治理机制拓展到股权集中框架下发现债权治理也能发挥一定的治理效应，但可能会忽略股权集中情况下的大股东控制和股权分散情况下的经理人控制在公司治理层面存在的一些影响债权治理效果的因素。由于股权集中情况下的大股东控制和股权分散情况下的经理人控制存在很大的差异，这些差异是否会影响债权治理的机制及效果值得进一步研究。另外，由于公司内部治理机制有利于改善债权人与大股东之间的信息不对称，不同公司内部治理机制是否会影响债权治理的效应也值得考察。

参考文献

〔1〕 Aghion P. , Bolton P. An incomplete contracts approach to financial contracting 〔J〕. The Review of Economic Studies, 1992, 59 (3): 473-494.

〔2〕 Agrawal A. , Knoeber C. R. Firm performance and mechanisms to control agency problems between managers and shareholders 〔J〕. Journal of Financial and Quantitative Analysis, 1996, 31 (3): 377-397.

〔3〕 Akins B. , De Angelis D. , Gaulin M. Debt contracting on management 〔J〕. Journal of Finance, 2020, 75 (4): 2095-2137.

〔4〕 Alchian A. A. , Demsetz H. Production, information costs, and economic organization 〔J〕. The American Economic Review, 1972, 62 (5): 777-795.

〔5〕 Aslan H. , Kumar P. Controlling shareholders and the agency cost of debt: Evidence from syndicated loans 〔C〕//FIRS Prague Meetings and EFA 2009 Bergen Meetings, 2009.

〔6〕 Attig N. , Fong W. M. , Gadhoum Y. , Lang L. H. Effects of large shareholding on information asymmetry and stock liquidity 〔J〕. Journal of Banking & Finance, 2006, 30 (10): 2875-2892.

〔7〕 Baba N. Increased presence of foreign investors and dividend policy of Japanese firms 〔J〕. Pacific-Basin Finance Journal, 2009, 17 (2): 163-174.

〔8〕 Bai C. E. , Liu Q. , Lu J. , Song F. M. , Zhang J. Corporate governance and market valuation in China 〔J〕. Journal of Comparative Economics, 2004, 32 (4): 599-616.

〔9〕 Barclay M. J. , Holderness C. G. , Sheehan D. P. Private placements and managerial entrenchment 〔J〕. Journal of Corporate Finance, 2007, 13 (4): 461-484.

〔10〕 Barclay M. J. , Holderness C. G. Private benefits from control of public corporations 〔J〕. Journal of Financial Economics, 1989, 25 (2): 371-395.

［11］ Barclay M. J. , Smith C. W. The maturity structure of corporate debt ［J］ . The Journal of Finance, 1995, 50 (2): 609-631.

［12］ Baxter N. D. Leverage, risk of ruin and the cost of capital ［J］ . The Journal of Finance, 1967, 22 (3): 395-403.

［13］ Berglöf E. , Von Thadden E. L. Short - term versus long - term interests: Capital structure with multiple investors ［J］ . The Quarterly Journal of Economics, 1994, 109 (4): 1055-1084.

［14］ Berle A. A. , Means G. C. The Modern Corporation and Private Property, ［M］ . New York: Macmillan, 1932.

［15］ Bertrand M. , Mehta P. , Mullainathan S. Ferreting out tunneling: An application to Indian business groups ［R］ . National Bureau of Economic Research, 2000.

［16］ Bhattacharya U. , Daouk H. , Welker M. The world price of earnings opacity ［C］ //EFA 2002 Berlin Meetings Presented Paper, 2002.

［17］ Black F. , Cox J. C. Valuing corporate securities: Some effects of bond indenture provisions ［J］ . The Journal of Finance, 1976, 31 (2): 351-367.

［18］ Bolton P. , Scharfstein D. S. Optimal debt structure and the number of creditors ［J］ . Journal of Political Economy, 1996, 104 (1): 1-25.

［19］ Boot A. W. A. , Greenbaum S. I. , Thakor A. V. Reputation and discretion in financial contracting ［J］ . The American Economic Review, 1993, 83 (5): 1165-1183.

［20］ Boubakri N. , Ghouma H. Control/ownership structure, creditor rights protection, and the cost of debt financing: International evidence ［J］ . Journal of Banking and Finance, 2010, 34 (10): 2481-2499.

［21］ Bradley M. Interfirm tender offers and the market for corporate control ［J］ . Journal of Business, 1980, 53 (4): 345-376.

［22］ Brealey R. , Leland H. E. , Pyle D. H. Informational asymmetries, financial structure, and financial intermediation ［J］ . The Journal of Finance, 1977, 32 (2): 371-387.

［23］ Burkart M. , Panunzi F. , Shleifer A. Family firms ［J］ . The Journal of Finance, 2003, 58 (5): 2167-2202.

［24］ Bushman R. M. , Piotroski J. D. , Smith A. J. What determines corporate transparency? ［J］ . Journal of Accounting Research, 2004, 42 (2): 207-252.

［25］ Byrd J. W. , Hickman K. A. Do outside directors monitor managers? Evidence from tender offer bids ［J］ . Journal of Financial Economics, 1992, 32 (2):

195-221.

[26] Cantillo M. , Wright J. How do firms choose their lenders? An empirical investigation [J] . Review of Financial Studies, 2000, 13 (1): 155-189.

[27] Chan W. S. Stock price reaction to news and no-news: Drift and reversal after headlines [J] . Journal of Financial Economics, 2003, 70 (2): 223-260.

[28] Chava S. , Roberts M. R. How does financing impact investment? The role of debt covenants [J] . The Journal of Finance, 2008, 63 (5): 2085-2121.

[29] Chemmanur T. J. , Fulghieri P. Reputation, renegotiation, and the choice between bank loans and publicly traded debt [J] . Review of Financial Studies, 1994, 7 (3): 475-506.

[30] Claessens S. , Djankov S. , Fan J. P. H, Lang L. H. P. Disentangling the incentive and entrenchment effects of large shareholdings [J] . The Journal of Finance, 2002, 57 (6): 2741-2771.

[31] Claessens S. , Djankov S. , Lang L. H. P. The separation of ownership and control in East Asian corporations [J] . Journal of Financial Economics, 2000, 58 (1): 81-112.

[32] Cornett M. M. , Travlos N. G. Information effects associated with debt-for-equity and equity-for-debt exchange offers [J] . The Journal of Finance, 1989, 44 (2): 451-468.

[33] De La Bruslerie H. , Latrous I. Ownership structure and debt leverage: Empirical test of a trade-off hypothesis on French firms [J] . Journal of Multinational Financial Management, 2012, 22 (4): 111-130.

[34] Demirgüç-Kunt A. , Maksimovic V. Institutions, financial markets, and firm debt maturity [J] . Journal of Financial Economics, 1999, 54 (3): 295-336.

[35] Denis D. J. , Mihov V. T. The choice among bank debt, non-bank private debt, and public debt: Evidence from new corporate borrowings [J] . Journal of Financial Economics, 2003, 70 (1): 3-28.

[36] Dewatripont M. , Tirole J. A theory of debt and equity: Diversity of securities and manager-shareholder congruence [J] . The Quarterly Journal of Economics, 1994, 109 (4): 1027-1054.

[37] Diamond D. W. Financial intermediation and delegated monitoring [J] . The Review of Economic Studies, 1984, 51 (3): 393-414.

[38] Diamond D. W. Monitoring and reputation: The choice between bank loans and directly placed debt [J] . Journal of Political Economy, 1991, 99 (4):

689-721.

[39] Diamond D. W. Reputation acquisition in debt markets [J]. The Journal of Political Economy, 1989, 97 (4): 828-862.

[40] Du J., Dai Y. Ultimate corporate ownership structures and capital structures: Evidence from East Asian economies [J]. Corporate Governance: An International Review, 2005, 13 (1): 60-71.

[41] Dyck A., Volchkova N., Zingales L. The corporate governance role of the media: Evidence from Russia [J]. The Journal of Finance, 2008, 63 (3): 1093-1135.

[42] Dyck A., Zingales L. Private benefits of control: An international comparison [J]. The Journal of Finance, 2004, 59 (2): 537-600.

[43] Esty B. C., Megginson W. L. Creditor rights, enforcement, and debt ownership structure: Evidence from the global syndicated loan market [J]. Journal of Financial and Quantitative Analysis, 2003, 38 (1): 37-60.

[44] Faccio M., Lang L. H. P., Young L. Pyramiding vs leverage in corporate groups: International evidence [J]. Journal of International Business Studies, 2010, 41 (1): 88-104.

[45] Faccio M., Lang L. H. P., Young L. Debt and corporate governance [C]. Meetings of Association of Financial Economics in New Orleans, 2001.

[46] Faccio M., Lang L. H. P., Young L. Debt and expropriation [C] //EFMA 2001 Lugano Meetings, 2003.

[47] Fama E. F., Jensen M. C. Separation of ownership and control [J]. The Journal of Law and Economics, 1983, 26 (2): 301-325.

[48] Fama E. F. What's different about banks? [J]. Journal of Monetary Economics, 1985, 15 (1): 29-39.

[49] Fazzari S. M., Hubbard R. G., Petersen B. C., Blinder A. S., Poterba J. M. Financing constraints and corporate investment [J]. Brookings Papers on Economic Activity, 1988, 19 (1): 141-206.

[50] Filatotchev I., Mickiewicz T. Ownership concentration, "private benefits of control" and debt financing [J]. Corporate Governance and Finance in Poland and Russia, 2001 (4): 159-176.

[51] Flannery M. J. Asymmetric information and risky debt maturity choice [J]. The Journal of Finance, 1986, 41 (1): 19-37.

[52] Francis J. R., Wang D. The joint effect of investor protection and Big 4 au-

dits on earnings quality around the world [J] . Contemporary Accounting Research, 2008, 25 (1): 157-191.

[53] Frederick W. C. Business and society: Corporate strategy, public policy, ethics [M] . New York: McGraw-Hill Companies, 1988.

[54] Freeman R. E. , Reed D. L. Stockholders and stakeholders: A new perspective on corporate governance [J] . California Management Review, 1983, 25 (3): 88-106.

[55] Gale D. , Hellwig M. Incentive-compatible debt contracts: The one-period problem [J] . The Review of Economic Studies, 1985, 52 (4): 647-663.

[56] Gao L. , Kling G. Corporate governance and tunneling: Empirical evidence from China [J] . Pacific-Basin Finance Journal, 2008, 16 (5): 591-605.

[57] Gerschenkron A. Economic backwardness in historical perspective: A book of essays [R] . Cambridge, MA: Belknap Press of Harvard University Press, 1962.

[58] Gilson S. C. Bankruptcy, boards, banks, and blockholders: Evidence on changes in corporate ownership and control when firms default [J] . Journal of Financial Economics, 1990, 27 (2): 355-387.

[59] Grossman S. J. , Hart O. D. Corporate financial structure and managerial incentives [M] //The Economics of Information and Uncertainty. Chicago: University of Chicago Press, 1982.

[60] Grossman S. J. , Hart O. D. One share-one vote and the market for corporate control [J] . Journal of Financial Economics, 1988 (20): 175-202.

[61] Grossman S. J. , Hart O. D. The costs and benefits of ownership: A theory of vertical and lateral integration [J] . The Journal of Political Economy, 1986, 94 (4): 691-719.

[62] Guedes J. , Opler T. The determinants of the maturity of corporate debt issues [J] . The Journal of Finance, 1996, 51 (5): 1809-1833.

[63] Hadlock C. J. , Pierce J. R. New evidence on measuring financial constraints: Moving beyond the KZ index [J] . Review of Financial Studies, 2010, 23 (5): 1909-1940.

[64] Harris M. , Raviv A. Capital structure and the informational role of debt [J] . The Journal of Finance, 1990, 45 (2): 321-349.

[65] Hart O. , Moore J. A theory of debt based on the inalienability of human capital [R] . National Bureau of Economic Research, 1991.

[66] Hart O. , Moore J. Debt and seniority: An analysis of the role of hard claims

in constraining management [R]. National Bureau of Economic Research, 1994.

[67] He W. Agency problems, product market competition and dividend policies in Japan [J]. Accounting and Finance, 2012, 52 (3): 873-901.

[68] Hirshleifer D., Thakor A. V. Managerial conservatism, project choice, and debt [J]. Review of Financial Studies, 1992, 5 (3): 437-470.

[69] Holmstrom B. Design of incentive schemes and the new Soviet incentive model [J]. European Economic Review, 1982, 17 (2): 127-148.

[70] Holmström B., Tirole J. Liquidity and risk management [J]. Journal of Money, Credit and Banking, 2000, 32 (3): 295-319.

[71] Hoshi T., Kashyap A., Scharfstein D. Corporate structure, liquidity, and investment: Evidence from Japanese industrial groups [J]. The Quarterly Journal of Economics, 1991, 27 (1): 33-60.

[72] Hoshi T., Kashyap A., Scharfstein D. The role of banks in reducing the costs of financial distress in Japan [J]. Journal of Financial Economics, 1990, 27 (1): 67-88.

[73] Hsiao H. C., Chang H., Cianci A. M., Huang L. H. First financial restructuring and operating efficiency: Evidence from Taiwanese commercial banks [J]. Journal of Banking and Finance, 2010, 34 (7): 1461-1471.

[74] Höwer D. The role of bank relationships when firms are financially distressed [J]. Journal of Banking and Finance, 2016 (65): 59-75.

[75] Jensen M. C., Meckling W. H. Theory of the firm: Managerial behavior, agency costs and ownership structure [J]. Journal of Financial Economics, 1976, 3 (4): 305-360.

[76] Jensen M. C. Agency cost of free cash flow, corporate finance, and takeovers [J]. Corporate Finance, and Takeovers. American Economic Review, 1986, 76 (2): 323-329.

[77] Jeon J. Q., Lee C., Moffett C. M. Effects of foreign ownership on payout policy: Evidence from the Korean market [J]. Journal of Financial Markets, 2011, 14 (2): 344-375.

[78] Johnson S., La Porta R., Lopez-de-Silanes F., Shleifer A. Tunneling [J]. The American Economic Review, 2000, 90 (2): 22-27.

[79] Kahan M., Rock E. B. Hedge fund activism in the enforcement of bondholder rights [J]. Northwestern University Law Review, 2009 (103): 281.

[80] Kang J. K., Stulz R. M. Do banking shocks affect borrowing firm perform-

ance? An analysis of the Japanese experience [J] . The Journal of Business, 2000, 73 (1): 1-23.

[81] Kaplan S. N. , Zingales L. Do investment–cash flow sensitivities provide useful measures of financing constraints? [J] . The Quarterly Journal of Economics, 1997, 112 (1): 169-215.

[82] Kim W. S. , Sorensen E. H. Evidence on the impact of the agency costs of debt on corporate debt policy [J] . Journal of Financial and Quantitative Analysis, 1986, 21 (2): 131-144.

[83] Klein B. , Leffler K. B. The role of market forces in assuring contractual performance [J] . The Journal of Political Economy, 1981, 89 (4): 615-641.

[84] Krasker W. S. Stock price movements in response to stock issues under asymmetric information [J] . The Journal of Finance, 1986, 41 (1): 93-105.

[85] La Porta R. , Lopez–de–Silane F. , Shleifer A. , Vishny R. Law and finance [R] . National Bureau of Economic Research, 1996.

[86] La Porta R. , Lopez–de–Silanes F. , Shleifer A. , Vishny R. Investor protection and corporate valuation [J] . The Journal of Finance, 2002, 57 (3): 1147-1170.

[87] La Porta R. , Lopez – de – Silanes F. , Shleifer A. Corporate ownership around the world [J] . The Journal of Finance, 1999, 54 (2): 471-517.

[88] Lang L. , Ofek E. , Stulz R. M. Leverage, investment, and firm growth [J] . Journal of Financial Economics, 1996, 40 (1): 3-29.

[89] Lease R. C. , McConnell J. J. , Mikkelson W. H. The market value of differential voting rights in closely held corporations [J] . Journal of Business, 1984, 57 (4): 443-467.

[90] Mackey A. The effect of CEOs on firm performance [J] . Strategic Management Journal, 2008, 29 (12): 1357-1367.

[91] Majumdar S. K. , Chhibber P. Capital structure and performance: Evidence from a transition economy on an aspect of corporate governance [J] . Public Choice, 1999, 98 (3-4): 287-305.

[92] Manos R. Dividend policy and agency theory: Evidence from Indian firms [J] . South Asia Economic Journal, 2003, 4 (2): 275-300.

[93] Margaret B. Ownership and Control. Rethinking corporate governance for the twenty–first century [J] . The Brookings Institution, Washington DC, 1995 (371): 1193-1195.

[94] Maskin E., Tirole J. Unforeseen contingencies and incomplete contracts [J]. The Review of Economic Studies, 1999, 66 (1): 83–114.

[95] Mauer D. C., Sarkar S. Real options, agency conflicts, and optimal capital structure [J]. Journal of Banking and Finance, 2005, 29 (6): 1405–1428.

[96] Maury B., Pajuste A. Multiple large shareholders and firm value [J]. Journal of Banking and Finance, 2005, 29 (7): 1813–1834.

[97] Meyer M., Milgrom P., Roberts J. Organizational prospects, influence costs, and ownership changes [J]. Journal of Economics & Management Strategy, 1992, 1 (1): 9–35.

[98] Mitchell R. K., Agle B. R., Wood D. J. Toward a theory of stakeholder identification and salience: Defining the principle of who and what really counts [J]. Academy of Management Review, 1997, 22 (4): 853–886.

[99] Modigliani F., Miller M. H. Corporate income taxes and the cost of capital: A correction [J]. The American Economic Review, 1963, 53 (3): 433–443.

[100] Modigliani F., Miller M. H. The cost of capital, corporation finance and the theory of investment [J]. The American Economic Review, 1958, 48 (3): 261–297.

[101] Morck R., Shleifer A., Vishny R. W. Management ownership and market valuation: An empirical analysis [J]. Journal of Financial Economics, 1988 (20): 293–315.

[102] Moyen N. Investment – cash flow sensitivities: Constrained versus unconstrained firms [J]. The Journal of Finance, 2004, 59 (5): 2061–2092.

[103] Myers S. C., Majluf N. S. Corporate financing and investment decisions when firms have information that investors do not have [J]. Journal of Financial Economics, 1984, 13 (2): 187–221.

[104] Myers S. C. Determinants of corporate borrowing [J]. Journal of Financial Economics, 1977, 5 (2): 147–175.

[105] Nalebuff B. J., Stiglitz J. E. Information, competition, and markets [J]. The American Economic Review, 1983, 73 (2): 278–283.

[106] Nini G., Smith D. C., Sufi A. Creditor control rights and firm investment policy [J]. Journal of Financial Economics, 2009, 92 (3): 400–420.

[107] Nini G., Smith D. C., Sufi A. Creditor control rights, corporate governance, and firm value [J]. Review of Financial Studies, 2012, 25 (6): 1713–1761.

[108] Novaes W. Multiple large shareholders in corporate governance [R]. Es-

cola de Pós-Graduação em Economia da FGV, 1999.

[109] Peng M. W. , Jiang Y. Institutions behind family ownership and control in large firms [J] . Journal of Management Studies, 2010, 47 (2): 253-273.

[110] Rajan R. G. , Winton A. Covenants and collateral as incentives to monitor [J] . The Journal of Finance, 1995, 50 (4): 1113-1146.

[111] Rajan R. G. Insiders and outsiders: The choice between informed and arm's-length debt [J] . The Journal of Finance, 1992, 47 (4): 1367-1400.

[112] Robichek A. A. , Myers S. C. Problems in the theory of optimal capital structure [J] . Journal of Financial and Quantitative Analysis, 1966, 1 (2): 1-35.

[113] Ross S. A. The determination of financial structure: The incentive-signalling approach [J] . The Bell Journal of Economics, 1977, 8 (1): 23-40.

[114] Schellenger M. , Wood D. , Tashakori A. Board of director composition [J] . Shareholder Wealth, and Dividend Policy, JourC, 1989.

[115] Sharpe S. A. Asymmetric information, bank lending, and implicit contracts: A stylized model of customer relationships [J] . The Journal of Finance, 1990, 45 (4): 1069-1087.

[116] Shepherd J. , Tung F. , Yoon A. What else matters for corporate governance?: The case of bank monitoring [J] . Boston University Law Review, Forthcoming, 2008 (11): 8-35.

[117] Shleifer A. , Vishny R. W. A survey of corporate governance [J] . The Journal of Finance, 1997, 52 (2): 737-783.

[118] Shleifer A. , Vishny R. W. Large shareholders and corporate control [J] . Journal of Political Economy, 1986, 94 (3): 461-488.

[119] Smith C. W. , Warner J. B. On financial contracting: An analysis of bond covenants [J] . Journal of Financial Economics, 1979, 7 (2): 117-161.

[120] Sul W. , Kim S. J. Impact of foreign investors on firm's dividend policy [J] . Asia-Pacific Journal of Financial Studies, 2006, 35 (1): 1-40.

[121] Thomas A. B. Does leadership make a difference to organizational performance? [J] . Administrative Science Quarterly, 1988 (33): 388-400.

[122] Townsend R. M. Optimal contracts and competitive markets with costly state verification [J] . Journal of Economic Theory, 1979, 21 (2): 265-293.

[123] Wasserman N. , Nohria N. , Anand B. N. When does leadership matter? The contingent opportunities view of CEO leadership [J] . Available at SSRN, 2001 (4): 1-47.

[124] Weinstein D. E., Yafeh Y. Japan's corporate groups: Collusive or competitive? An empirical investigation of keiretsu behavior [J]. The Journal of Industrial Economics, 1995, 43 (4): 359-376.

[125] Wheeler D., Sillanpa M. Including The stakeholders: The business case [J]. Long Range Planning, 1998, 31 (2): 201-210.

[126] Whited T. M., Wu G. Financial constraints risk [J]. Review of Financial Studies, 2006, 19 (2): 531-559.

[127] Williamson O. E. Corporate finance and corporate governance [J]. The Journal of Finance, 1988, 43 (3): 567-591.

[128] Zhang M, Gao S, Guan X., Jiang F. Controlling shareholder-manager collusion and tunneling: Evidence from China [J]. Corporate Governance: An International Review, 2014, 22 (6): 440-459.

[129] 白云霞, 林秉旋, 王亚平, 吴联生. 所有权、负债与大股东利益侵占——来自中国控制权转移公司的证据 [J]. 会计研究, 2013 (4): 66-72+96.

[130] 薄澜. 上市公司债务融资中的盈余管理实证研究 [D]. 辽宁大学博士学位论文, 2013.

[131] 陈赤平. 公司治理的契约分析: 基于企业合作效率的研究 [M]. 北京: 中国经济出版社, 2006.

[132] 陈建勇, 王东静, 张景青. 公司债务期限结构与投资效率 [J]. 数量经济技术经济研究, 2009 (4): 80-92.

[133] 陈骏. 基于债务契约的银行监督有效吗? 来自盈余管理视角的经验证据 [J]. 中央财经大学学报, 2010 (12): 84-90.

[134] 陈炜, 孔翔, 许年行. 我国中小投资者法律保护与控制权私利关系实证检验 [J]. 中国工业经济, 2008 (1): 24-31.

[135] 陈政. 大股东资金占用与盈余管理: 问题掩饰还是揭露 [J]. 证券市场导报, 2008 (12): 51-58.

[136] 杜莹, 刘立国. 中国上市公司债权治理效率的实证分析 [J]. 证券市场导报, 2002 (12): 66-69.

[137] 冯旭南. 债务融资和掠夺——来自中国家族上市公司的证据 [J]. 经济学 (季刊), 2012 (3): 943-968.

[138] 高雷, 何少华, 仪垂林. 国家控制、政府干预、银行债务与资金侵占 [J]. 金融研究, 2006 (6): 90-98.

[139] 高雷, 张杰. 公司治理、资金占用与盈余管理 [J]. 金融研究, 2009 (5): 121-140.

［140］何贤杰，孙淑伟，曾庆生．券商背景独立董事与上市公司内幕交易［J］．财经研究，2014（8）：67-80.

［141］洪剑峭，薛皓．股权制衡对关联交易和关联销售的持续性影响［J］．南开管理评论，2008（1）：24-30.

［142］洪怡恬．政企关系和银企关系对企业融资约束影响效应研究［D］．华侨大学博士学位论文，2014.

［143］黄辉．中国上市公司资本结构动态调整：速度、路径与效率［M］．成都：西南财经大学出版社，2012.

［144］黄娟，刘岩，刘燚．我国 A 股上市公司首次发行公司债券的公告效应研究［J］．投资研究，2013（5）：108-123.

［145］黄梅，夏新平．操纵性应计利润模型检测盈余管理能力的实证分析［J］．南开管理评论，2009（5）：136-143.

［146］江伟，李斌．制度环境、国有产权与银行差别贷款［J］．金融研究，2006（11）：116-126.

［147］江伟，曾业勤．金融发展、产权性质与商业信用的信号传递作用［J］．金融研究，2013（6）：89-103.

［148］姜付秀，黄磊，张敏．产品市场竞争、公司治理与代理成本［J］．世界经济，2009（10）：46-59.

［149］姜国华，岳衡．大股东占用上市公司资金与上市公司股票回报率关系的研究［J］．管理世界，2005（9）：119-126+157+171-172.

［150］蒋义宏，王丽琨．非经常性损益缘何经常发生：来自亏损上市公司年报的证据［J］．证券市场导报，2003（6）：9-13.

［151］兰艳泽，周雪峰．债权治理功效研究现状及其评述［J］．会计之友（上旬刊），2009（4）：82-85.

［152］兰艳泽．中国国有控股上市公司债权治理功效研究［D］．暨南大学博士学位论文，2006.

［153］李明．媒体负面报道对控股股东掏空行为的影响研究［D］．西南交通大学博士学位论文，2015.

［154］李胜楠，牛建波．上市公司负债水平与投资支出关系的实证研究［J］．证券市场导报，2005（3）：44-48.

［155］李义超，蒋振声．上市公司资本结构与企业绩效的实证分析［J］．数量经济技术经济研究，2001（2）：118-120.

［156］李有根，赵西萍．大股东股权、经理自主权与公司绩效［J］．中国软科学，2004（4）：86-92.

［157］李增福，曾庆意，魏下海．债务契约、控制人性质与盈余管理［J］．经济评论，2011（6）：88-96.

［158］李增泉，孙铮，王志伟．"掏空"与所有权安排：来自我国上市公司大股东资金占用的经验证据［J］．会计研究，2004（12）：3-13+97.

［159］刘成立．对外担保、掏空与外部审计治理效应［J］．财贸研究，2010（3）：131-138.

［160］刘娥平，贺晋．不同融资方式下的大股东行为研究［J］．中大管理研究，2014（2）：118-139.

［161］刘黎明，张颂梅．"利益相关者"公司治理模式探析［J］．西南政法大学学报，2005（2）：96-104.

［162］刘孟晖，高友才．现金股利的异常派现、代理成本与公司价值：来自中国上市公司的经验证据［J］．南开管理评论，2015（1）：152-160.

［163］刘仁伍，盛文军．商业信用是否补充了银行信用体系［J］．世界经济，2011（11）：103-120.

［164］刘善敏，林斌．大股东掏空与经理人薪酬激励：基于资金占用的视角［J］．中国会计评论，2011（4）：387-404.

［165］刘少波，马超．经理人异质性与大股东掏空抑制［J］．经济研究，2016（4）：129-145.

［166］刘少波．控制权收益悖论与超控制权收益：对大股东侵害小股东利益的一个新的理论解释［J］．经济研究，2007（2）：85-96.

［167］刘淑花．真实盈余管理影响债务融资成本吗［J］．财会月刊，2016（30）：35-39.

［168］刘义鹃，朱燕萍．中国上市公司资本结构与企业价值的关系研究［J］．财贸研究，2009（5）：148-153.

［169］刘志远，花贵如．政府控制、机构投资者持股与投资者权益保护［J］．财经研究，2009（4）：119-130.

［170］卢太平，张东旭．融资需求、融资约束与盈余管理［J］．会计研究，2014（1）：35-41+94.

［171］陆正飞，杨德明．商业信用：替代性融资，还是买方市场？［J］．管理世界，2011（4）：6-14+45.

［172］吕长江，赵岩．上市公司财务状况分类研究［J］．会计研究，2004（11）：53-61+97.

［173］雒敏．国家控制、债务融资与大股东利益侵占：基于沪深两市上市公司的经验证据［J］．山西财经大学学报，2011（3）：107-115.

［174］马君潞,周军,李泽广.双重代理成本与债务治理机制的有效性:来自我国上市公司的证据(1998-2006)［J］.当代经济科学,2008(3):92-100+127.

［175］马曙光,黄志忠,薛云奎.股权分置、资金侵占与上市公司现金股利政策［J］.会计研究,2005(9):44-50+96.

［176］孟祥展,张俊瑞,程子健.金字塔结构、投资者保护与关联担保:基于控制权和现金流权的分析［J］.山西财经大学学报,2015(4):11-20.

［177］青木昌彦,张春霖.对内部人控制的控制:转轨经济中公司治理的若干问题［J］.改革,1994(6):11-24.

［178］沈晨光.债权人参与公司治理问题研究［M］.北京:中国人民大学出版社,2015.

［179］沈艺峰,许年行,杨熠.我国中小投资者法律保护历史实践的实证检验［J］.经济研究,2004(9):90-100.

［180］宋淑琴.信贷契约治理效应研究［M］.北京:中国社会科学出版社,2014.

［181］宋小保.最终控制人、负债融资与利益侵占:来自中国民营上市公司的经验证据［J］.系统工程理论与实践,2014(7):1633-1647.

［182］苏冬蔚,熊家财.大股东掏空与CEO薪酬契约［J］.金融研究,2013(12):167-180.

［183］谭昌寿.债权治理效率的理论与实证［J］.求索,2004(6):10-12.

［184］唐雪松,周晓苏,马如静.上市公司过度投资行为及其制约机制的实证研究［J］.会计研究,2007(7):44-52+96.

［185］唐跃军,李维安.公司和谐、利益相关者治理与公司业绩［J］.中国工业经济,2008(6):86-98.

［186］唐忠良.我国上市公司审计合谋治理对策研究［J］.审计研究,2012(5):68-75.

［187］唐宗明,蒋位.中国上市公司大股东侵害度实证分析［J］.经济研究,2002(4):44-50+94.

［188］田利辉.制度变迁、银企关系和扭曲的杠杆治理［J］.经济学(季刊),2005(S1):119-134.

［189］佟岩,程小可.关联交易利益流向与中国上市公司盈余质量［J］.管理世界,2007(11):127-138+172.

［190］万良勇.银行道德风险、利益侵占与信贷资金配置效率:基于中国上

市公司的经验证据［J］.金融研究，2010（4）：177-190.

　　［191］汪辉.上市公司债务融资、公司治理与市场价值［J］.经济研究，2003（8）：28-35+91.

　　［192］王超恩，张瑞君.内部控制、大股东掏空与股价崩盘风险［J］.山西财经大学学报，2015（10）：79-90.

　　［193］王福胜，吉姗姗，程富.盈余管理对上市公司未来经营业绩的影响研究：基于应计盈余管理与真实盈余管理比较视角［J］.南开管理评论，2014（2）：95-106.

　　［194］王国刚.论"公司债券"与"企业债券"的分立［J］.中国工业经济，2007（2）：5-11.

　　［195］王国俊，陈浩，王跃堂.现金股利承诺对控股股东掏空行为的影响：基于委托代理视角的分析［J］.南京社会科学，2015（7）：24-32.

　　［196］王满四，邵国良.银行债权的公司治理效应研究：基于广东上市公司的实证分析［J］.会计研究，2012（11）：49-56+95.

　　［197］王满四.上市公司负债融资的公司治理效应分析：考虑环境因素［J］.证券市场导报，2005（5）：71-77.

　　［198］王鹏，周黎安.中国上市公司外部审计的选择及其治理效应［J］.中国会计评论，2006（2）：321-344.

　　［199］王善平，李志军.银行持股、投资效率与公司债务融资［J］.金融研究，2011（5）：184-193.

　　［200］王贞洁，沈维涛.外部治理环境与上市公司债权人治理效率［J］.山西财经大学学报，2012（3）：98-107.

　　［201］王佐发.上市公司重整中债权人与中小股东的法律保护［M］.北京：中国政法大学出版社，2014.

　　［202］魏明海，黄琼宇，程敏英.家族企业关联大股东的治理角色：基于关联交易的视角［J］.管理世界，2013（3）：133-147+171+188.

　　［203］吴春岐.论预告登记之债权在破产程序中的法律地位和保障［J］.法学论坛，2012（1）：67-71.

　　［204］吴红军，吴世农.股权制衡、大股东掏空与企业价值［J］.经济管理，2009（3）：44-52.

　　［205］吴娓，涂燕，付强.财务造假、盈余管理与管理层期权激励［J］.内蒙古社会科学（汉文版），2006（3）：72-75.

　　［206］吴育辉，吴世农.股票减持过程中的大股东掏空行为研究［J］.中国工业经济，2010（5）：121-130.

［207］席宁，严继超．利益相关者治理与公司财务绩效：来自中国制造业上市公司的经验［J］．经济与管理研究，2010（2）：75-80．

［208］肖坤，刘永泽．债务结构对股权代理成本的影响：来自中国上市公司的经验证据［J］．山西大学学报（哲学社会科学版），2010（4）：84-88．

［209］肖星，王琨．证券投资基金：投资者还是投机者？［J］．世界经济，2005（8）：75-81．

［210］肖作平，廖理．终极控制股东、法律环境与融资结构选择［J］．管理科学学报，2012（9）：84-96．

［211］许慧．政府控制、债务结构与大股东侵占：基于中国国有上市公司的经验研究［J］．广西财经学院学报，2009（4）：22-29．

［212］杨七中．亏损上市公司盈余管理实证研究：以 2006 年首次被 ST 公司为例［J］．财会通讯，2010（27）：60-62．

［213］杨瑞龙，杨其静．专用性、专有性与企业制度［J］．经济研究，2001（3）：3-11+93．

［214］叶康涛，祝继高，陆正飞，张然．独立董事的独立性：基于董事会投票的证据［J］．经济研究，2011（1）：126-139．

［215］伊志宏，姜付秀，秦义虎．产品市场竞争、公司治理与信息披露质量［J］．管理世界，2010（1）：133-141+161+188．

［216］伊志宏，李艳丽．机构投资者的公司治理角色：一个文献综述［J］．管理评论，2013（5）：60-71．

［217］于东智．资本结构、债权治理与公司绩效：一项经验分析［J］．中国工业经济，2003（1）：87-94．

［218］余峰燕，郝项超．具有行政背景的独立董事影响公司财务信息质量吗？——基于国有控股上市公司的实证分析［J］．南开经济研究，2011（1）：120-131．

［219］袁淳，刘思森，高雨．大股东控制与利益输送方式选择：关联交易还是现金股利［J］．经济管理，2010（5）：113-120．

［220］袁淳，刘思森，薛蔚，吴晓彤，姜沙沙，眭芯．公司债券对代理成本影响的实证分析［J］．证券市场导报，2011（5）：37-40．

［221］袁卫秋．债务融资与企业价值［J］．重庆工商大学学报（社会科学版），2005（1）：73-78．

［222］张晖，赵涛．制约大股东侵害小股东利益的模式比较及启示［J］．中州学刊，2005（2）：65-69．

［223］张杰，刘元春，翟福昕，芦哲．银行歧视、商业信用与企业发展［J］．

世界经济，2013（9）：94-126.

[224] 张亮亮，李强，黄国良．高管政府背景、会计信息与银行债务契约结构：基于我国上市公司面板数据的实证检验［J］．山西财经大学学报，2014（2）：113-124.

[225] 张玲，刘启亮．治理环境、控制人性质与债务契约假说［J］．金融研究，2009（2）：102-115.

[226] 张敏，王成方，姜付秀．我国的信贷资源配置是有效的吗——基于我国上市公司投资效率视角的经验证据［J］．南方经济，2010（7）：27+61-71.

[227] 张维迎，吴有昌．公司融资结构的契约理论：一个综述［J］．改革，1995（4）：52+109-116.

[228] 张维迎．所有制、治理结构及委托-代理关系：兼评崔之元和周其仁的一些观点［J］．经济研究，1996（9）：3-15+53.

[229] 张文魁．企业负债的作用和偿债保障机制研究［J］．经济研究，2000（7）：48-55+79-80.

[230] 张祥建，王东静，徐晋．关联交易与控制性股东的"隧道行为"［J］．南方经济，2007（5）：53-64.

[231] 张亦春，李晚春，彭江．债权治理对企业投资效率的作用研究：来自中国上市公司的经验证据［J］．金融研究，2015（7）：190-203.

[232] 张逸杰，王艳，唐元虎，蔡来兴．上市公司董事会特征和盈余管理关系的实证研究［J］．管理评论，2006，18（3）：14-19.

[233] 张跃文．股东大会何以成"股东小会"［J］．中国金融，2015（22）：41-42.

[234] 张兆国，曾牧，刘永丽．政治关系、债务融资与企业投资行为——来自我国上市公司的经验证据［J］．中国软科学，2011（5）：106-121.

[235] 郑国坚，林东杰，张飞达．大股东财务困境、掏空与公司治理的有效性：来自大股东财务数据的证据［J］．管理世界，2013（5）：157-168.

[236] 郑建明，范黎波，朱媚．关联担保、隧道效应与公司价值［J］．中国工业经济，2007（5）：64-70.

[237] 郑志刚．外部控制、内部治理与整合：公司治理机制理论研究文献综述［J］．南大商学评论，2006（2）：74-101.

[238] 支晓强，童盼．盈余管理、控制权转移与独立董事变更——兼论独立董事治理作用的发挥［J］．管理世界，2005（11）：137-144.

[239] 周铭山，任哲，李涛．产权性质、融资约束与现金调整：兼论货币政策有效性［J］．国际金融研究，2012（6）：83-91.

［240］周中胜，陈俊. 大股东资金占用与盈余管理［J］. 财贸研究，2006（3）：128-135.

［241］朱明秀，封美霞. 资本结构、债务结构与公司治理效率：对中国上市公司的经验分析［J］. 财政研究，2007（3）：70-74.